AMRA

Alfred Lambremont Webre

OMNI DAS VERSUM

Transdimensionale Intelligenz, hyperdimensionale Zivilisationen und die geheime Marskolonie

Aus dem Amerikanischen von
Miriam Mabée

AMRA

Brandheiße Infos finden Sie regelmäßig auf:
www.facebook.com/AMRAVerlag

Besuchen Sie uns im Internet:
www.AmraVerlag.de

Amerikanische Originalausgabe:
The Omniverse. Transdimensional Intelligence,
Time Travel, the Afterlife and the Secret Colony on Mars

2017 erstmals Deutsch im AMRA Verlag
Auf der Reitbahn 8, D-63452 Hanau
Telefon: + 49 (0) 61 81 – 18 93 92
Kontakt: Info@AmraVerlag.de

Herausgeber & Lektor	Michael Nagula
Umschlaggestaltung	Guter Punkt
Covermotiv & Illus	Damir Bogdan
Satz & Layout	Birgit Letsch
Druck	CPI books GmbH

ISBN Printausgabe 978-3-95447-248-2
ISBN eBook 978-3-95447-249-9

Originally published in 2014 by Universe Books
under the title *The Dimensional Ecology of the Omniverse.*

Inhalt

Vorbemerkung
Zur Entstehungsgeschichte des Buches 7

Einführung
Eine Karte des Omniversums 10

Erster Teil:
Das Omniversum und seine Bewohner 21

1 Das Omniversum verstehen lernen 22
2 Typologie intelligenter Zivilisationen 49

Zweiter Teil:
Exopolitische Dimensionen des Omniversums 71

3 Zivilisationen in der Raumzeit unseres Sonnensystems 72
4 Hyperdimensionale Zivilisationen 111
5 Lenkungsstrukturen der intelligenten Zivilisationen 136

Dritter Teil:
Spirituelle Dimensionen des Omniversums 159

6 Die Dimensionen des Zwischenlebens 160

7 Die intelligenten Zivilisationen der Seele 184

8 Die Rolle hyperdimensionaler Zivilisationen im Omniversum 206

Schlusswort
Das Omniversum, wissenschaftlich betrachtet 217

Danksagung 227

Über den Autor 229

Anmerkungen 231

Literaturverzeichnis 244

Register 259

Vorbemerkung

Zur Entstehungsgeschichte des Buches

An einem schönen Julitag des Jahres 2009 gelangte ich bei meinem Vorhaben, das Omniversum zu kartieren, in Barcelona an eine wichtige Wegmarke. An diesem Tag interviewte mich Ima Sanchis, eine erfahrene Journalistin der wichtigsten katalanischen Zeitung *La Vanguardia* – zugleich eines der renommiertesten Blätter Spaniens – für ihre ganzseitige Kolumne *La Contra.* Ich befand mich auf einer Lese- und Vortragsreise durch Spanien, um mein jüngst auf Spanisch erschienenes Buch *Exopolitics: Politics, Government and Law in the Universe* vorzustellen.[1]

Gegen Ende des Interviews, das wir in einem kleinen Besprechungszimmer des Hauptsitzes von *La Vanguardia* in Barcelona durchführten, legte Ima ihren Stift nieder, schaltete den Kassettenrecorder aus, wandte sich mir zu und fragte mich unverblümt:

> »¿Alfred, Como funciona el universo? ¿Cuál es la relación entre los extraterrestres y la reencarnación del alma humano?«

Aus dem Spanischen übersetzt lautete die Frage:

> »Wie funktioniert das Universum, Alfred? Welche Beziehung besteht zwischen Außerirdischen und der Reinkarnation der menschlichen Seele?«

Während Ima mich befragte, wurde mir klar, was sie da von mir verlangte: auf wissenschaftliche Weise jene Kernfragen zu behandeln, die sehr viele Menschen, darunter Philosophen, Wissenschaftler und Geistliche und die auf der Erde verbreiteten Religionen schon seit Jahrtausenden zu beantworten versuchen – objektiv und nach wissenschaftlichen Kriterien betrachtet ohne großen Erfolg. In diesem Augenblick wurde mir klar, dass es Ima um eine neue Möglichkeit ging, empirisch zu erforschen, welche Beziehungen intelligente Zivilisationen im physikalischen Multiversum zueinander wie auch zu der größeren Gemeinschaft intelligenter Zivilisationen der Seelen, spirituellen Wesenheiten und der Quelle allen Seins haben.

Nach meinem Vortrag in Barcelona kehrte ich nach Madrid zurück, um später von dort aus die Heimreise nach Vancouver anzutreten. In meinem Hotelzimmer in Madrid dachte ich über die Beziehungen zwischen Außerirdischen und der Seele nach und machte mir auf Hotelpapier Notizen zu grundlegenden Gemeinsamkeiten zwischen den in diesem Universum beheimateten Menschen und den Außerirdischen sowie zwischen Menschen und Seelen im Jenseits, soweit es Kommunikation und Verkehr betrifft. Hinsichtlich der Vermittlung und Übermittlung von Informationen existierten in beiden Forschungsbereichen strukturelle Parallelen – doch meines Wissens hatte sich bislang niemand detailliert mit diesen Strukturen beschäftigt.

Eine zweite wichtige Wegmarke tauchte kurz danach auf, im August 2009: Ein Redakteur der Oxford University Press bat mich, ein Buch zu verfassen, das die »Grundsätze des Internationalen Rechts für den Kontakt mit Außerirdischen« geltend macht.

Um ein solches Buch schreiben zu können, so wurde mir klar, würde ich zunächst den Terminus »intelligente außerirdische Zivilisationen« definieren müssen. Und an diesem Punkt musste ich feststellen, dass bislang niemand eine angemessene Typologie solcher Zivilisationen erstellt hatte. Während ich mich an die Arbeit machte, eine neue Typologie außerirdischer Zivilisationen und außerirdischer Verwaltungskörperschaften und Lenkungsstrukturen zu entwickeln, merkte ich, dass diese Typologie eine auf Fakten beruhende konzeptuelle Grundlage für die Kartierung der zahlreichen Dimensionen des Omniversums liefern würde.

Einführung

Eine Karte des Omniversums

Eine Karte des Omniversums? Um diese einschüchternde Aufgabe in Angriff zu nehmen, beginnen wir wohl am besten mit einigen hilfreichen Definitionen und fragen als Erstes: Was *ist* das Omniversum?

Um das zu verstehen, müssen wir uns zunächst mit dem *Multiversum* befassen. Das *Multiversum* wird als die Summe aller Universen, einschließlich des unsrigen, definiert. Man geht davon aus, dass es »allen Raum, alle Zeit, alle Materie und alle Energie« umfasst.[1]

Die Kosmologen L. Amoroso und Elizabeth A. Rauscher merken dazu an:

> Allgemein gesagt bezeichnet man als Multiversum, manchmal auch Meta-Universum oder Megaversum genannt, die hypothetische Menge möglicher mehrfacher Universen (einschließlich unseres Einstein-Hubble-Universums), die zusammengenommen die gesamte Realität umfassen. [...] Die angenommene Struktur des Multiversums, die Eigenart jedes dazugehörigen Universums und die Verbindungen zwischen den

Universen hängen dabei von der speziellen Hypothese ab, von der die jeweilige Theorie ausgeht. Obwohl der Begriff *Universum* eigentlich für alles Existierende stehen soll, hat sich wegen Ausdrücken wie »Mr. Tompkins Universum« oder »das Universum der Ameise« mittlerweile die Vorstellung von zahlreichen Universen eingebürgert, zumindest in der Umgangssprache. Wohlgemerkt hat der amerikanische Psychologe William James den Begriff des *Multiversums* bereits im Jahr 1895 eingeführt. In wissenschaftlichen Kreisen existieren viele unterschiedliche Definitionen des Multiversums, die sich beispielsweise auf Paralleluniversen, Blasenuniversen, alternative Realitäten (wie in Hugh Everetts Viele-Welten-Interpretation der Quantenmechanik) beziehen oder auch auf die als M-Theorie bekannte Erweiterung der String-Theorie, wonach unser Universum und andere durch Kollisionen zwischen Membranen in einem [11-dimensionalen] Raum entstanden sein sollen.[2]

Über die Gesamtzahl von Universen, die außer dem unsrigen existieren sollen, ist man sich bislang nicht schlüssig. Die Physiker Andrei Linde und Vitaly Vanchurin von der Stanford University haben jüngst berechnet, »dass die Gesamtzahl solcher Universen in den einfachsten inflationären Modellen« möglicherweise eine Zahl überschreitet, die man folgendermaßen[3] ausschreiben könnte:

10 hochgerechnet zur Potenz 10 hoch 10^7

Das ist eine trügerisch verdichtete Darstellung. Erstens ist 10^7 eine 1 mit sieben Nullen dahinter, das heißt ein Wert von 10.000.000 oder zehn Millionen. Zweitens ist 10 hoch 10 Millionen eine 1 mit zehn Millionen Nullen dahinter. Ausgeschrieben in einer Größe, in der jeweils sechs Nullen auf eine Zollgröße (2,54 cm) kommen, würde sich diese Zahl über 26 Meilen (oder fast 42 Kilometer) erstrecken. Drittens würde der nächste Schritt (10 hoch der 42

Kilometer langen Zahl) eine so große Zahl ergeben, dass wir sie nicht benennen und schon gar nicht ausschreiben könnten. Sie würde sich über mindestens 260 Millionen Meilen (circa 420 Millionen Kilometer) erstrecken. Linde und Vanchurin erklären darüber hinaus: »Diese gigantische Zahl hängt stark vom jeweilig angenommenen Modell ab und kann sich ändern, wenn man andere Definitionen dessen zugrunde legt, was die Grenze unaufhörlicher Aufblähung darstellt.«[4]

An dieser Stelle müssen wir zum Konzept eines Multiversums noch hinzufügen, dass die Universen des Multiversums hier insgesamt als die *exopolitischen Dimensionen* bezeichnet werden. Das hebt ihre Funktion als Basis intelligenter Zivilisationen hervor. Die wissenschaftliche Erforschung der Exopolitik befasst sich mit den Beziehungen zwischen den intelligenten Zivilisationen im Multiversum.

Um zu einem vollständigen Verständnis dessen zu gelangen, was wir mit *Omniversum* meinen, muss ein weiterer Aspekt berücksichtigt werden: der Aspekt spiritueller Dimensionen. Sie umfassen die intelligenten Zivilisationen der Seelen, die spirituellen Wesenheiten und die Quelle allen Seins. Das *Omniversum* reicht also über die konventionellen wissenschaftlichen Definitionen des Multiversums hinaus (wonach es ausschließlich aus physikalischen Paralleluniversen der Zeit, des Raums, der Energie und der Materie besteht). Die spirituelle Dimension versorgt das Omniversum mit der nötigen Energie – Energie, die Wissenschaftler wie Lawrence M. Krauss, Verfasser des Werks *Ein Universum aus Nichts*, erschienen im Jahr 2012, sich bislang nicht erklären können.[5] Diese Energie ist für die Entstehung und Aufrechterhaltung jedes physikalischen Universums innerhalb des Multiversums unabdingbar. Das Omniversum umfasst sowohl das Multiversum als auch die spirituellen Dimensionen – anders ausgedrückt: Alles, was existiert.

Unser Verständnis des Universums lässt sich in zwei grundlegenden Gleichungen ausdrücken:

Multiversum (exopolitische Dimensionen) = Summe aller physikalischen Dimensionen
Omniversum = Multiversum (exopolitische Dimensionen) + spirituelle Dimensionen (intelligente Zivilisationen von Seelen, spirituellen Wesenheiten und dem Ursprung allen Seins/Gott)

Diese Gleichungen liegen der Annahme zugrunde, die ich als »die dimensionale Ökologie des Omniversums« bezeichne. Wikipedia definiert *Ökologie* als »wissenschaftliche Analyse und Untersuchung von Interaktionen zwischen Organismen und deren Umgebung«.[6] *Dimensionale Ökologie* ist folglich »die wissenschaftliche Analyse und Untersuchung von Interaktionen zwischen Organismen und deren Umgebung in miteinander verschränkten Dimensionen des Seins, einschließlich der Universen des Multiversums und der spirituellen Dimensionen«.

HYPOTHESE

Dimensionale Ökologie des Omniversums

Diese Hypothese beruht auf der Auffassung, dass *Dimensionalität* – die Fähigkeit von Intelligenz zur Selbstorganisation mittels Dimensionen (eigenständigen Frequenzbereichen bewusster Energie) – wesentliches Kennzeichen des Omniversums ist, sowohl in den spirituellen als auch in den exopolitischen Dimensionen. Gemäß dieser Hypothese ist unsere menschliche Zivilisation auf der Erde lediglich eine einzige von zahlreichen intelligenten Zivilisationen, die ihre Basis in parallelen Dimensionen und Universen innerhalb des Multiversums haben, zusammen mit den intelligenten Zivilisationen der Seelen und spirituellen Wesenheiten sowie der Quelle allen Seins in den spirituellen Dimensionen. Mit *Seelen* meine ich individuierte, nicht an einen bestimmten Ort gebundene, mit Bewusstsein und Intelligenz ausgestattete Wesenheiten, die sich in den Dimensionen des Jenseits befinden. *Spirituelle Wesenheiten* sind gleichfalls individuiert, nicht an einen bestimmten Ort gebunden, mit Bewusstsein und Intelligenz ausgestattet. Sie befinden sich an unterschiedlichen Orten der spirituellen Dimensionen, werden durch einen anderen Prozess geschaffen als die Seelen und entwickeln sich zu einer anderen spirituellen Bestimmung hin als die Seelen. Typische spirituelle Wesenheiten reinkarnieren nicht innerhalb der Universen des Multiversums, sondern kümmern sich eher um die Seelen, die sich in einem Prozess des Wandels befinden, etwa in dem der Reinkarnation.

Eine Möglichkeit, diese Hypothese in Worte zu fassen, ist die Formulierung, dass wir, die auf der Erde verorteten Menschen, innerhalb eines Omniversums leben, das beides umfasst:

> **Exopolitische Dimensionen**, die aus dem uns bekannten physikalischen Universum und multiplen Paralleluniversen bestehen. Diese Paralleluniversen beherbergen außerirdische und hyperdimensionale intelligente Zivilisationen.[a]
>
> **Spirituelle Dimensionen**, die aus dem »Nachleben« oder »Zwischenleben« und anderen spirituellen Dimensionen bestehen.[b] Sie beherbergen die intelligenten Zivilisationen der Seelen und spirituellen Wesenheiten sowie eine bestimmte Quelle des Seins (Gott).

Nach allgemein akzeptierter Definition ist eine Hypothese »eine auf Sachkenntnis gestützte Annahme, die auf Beobachtung beruht. Üb-

---

a *Hyperdimensionale Zivilisationen* sind intelligente Zivilisationen in Dimensionen unseres Universums, die parallel zu unserer eigenen Raumzeit in der Erddimension oder in Paralleluniversen des uns bekannten Universums verlaufen.

b Bei unseren Forschungen haben wir Hinweise darauf gefunden (vorgestellt in Kapitel 6), dass in den Universen des Multiversums die Reinkarnation ein fester Bestandteil intelligenten Lebens ist. Deshalb benutzen wir den Begriff *Zwischenleben* als Synonym für die Begriffe *Nachleben* oder auch *Jenseits* zur Bezeichnung für die Zeitspanne, in der sich eine Seele zwischen den Inkarnationen innerhalb eines Universums vollständig in den spirituellen Dimensionen verortet.

licherweise kann eine Hypothese durch Experimente oder weitere Beobachtungen gestützt oder entkräftet werden. Eine Hypothese kann nur widerlegt, jedoch nicht als zutreffend bewiesen werden.«[7] Die Hypothese, dass im Omniversum eine dimensionale Ökologie existiert, dient uns als Wegweiser zu intelligentem Leben. Es ist eine wohlbegründete Annahme, die auf Beobachtungen beruht, unter anderem auf Zeugenaussagen, Daten und Fakten und Beispielen dafür, wie, wo und warum es intelligentes Leben im ganzen Omniversum gibt. Gestützt wird diese Annahme durch die wissenschaftliche Empirie, wobei wir das rechtswissenschaftliche Beweisrecht anwenden, das Zeugenaussagen, Dokumentationen und auf Versuchen aufgebaute Befunde berücksichtigt.

Bei der Kartierung des Universums werden wir sowohl allgemeinwissenschaftliche als auch rechtswissenschaftliche Beweismittel nutzen. Nach bestimmten Quellen[8] »umfassen rechtliche Beweismittel Zeugenaussagen, dokumentierendes und materiell greifbares Beweismaterial. [...] Wissenschaftliche Beweismittel umfassen Beobachtungen sowie Ergebnisse von Versuchen, die dazu dienen, eine wissenschaftliche Hypothese oder Theorie zu stützen, auszuschließen oder zu modifizieren, wenn sie in Übereinstimmung mit der wissenschaftlichen Moethode gesammelt und interpretiert werden.«

Beispielsweise werden wir Berichte verlässlicher Augenzeugen aus den Reihen der Projektmitarbeiter von geheimen Marsprogrammen der nordamerikanischen Regierung auswerten (rechtswissenschaftliche Beweismittel). Ebenso werden wir Unterstützung für unsere Hypothesen in den Ergebnissen von Fällen finden, in denen hypnotische Rückführungen unter vorschriftsmäßigen Laborbedingungen durchgeführt wurden. Diese Rückführungen zielten darauf ab, replizierbare Seelenerinnerungen an das Nachleben zu bekommen.

Der erste Teil des Buches, »Das Omniversum und seine Bewohner«, ist die Grundlage für alles, was folgt.

Im ersten Kapitel untersuchen wir gegenwärtige wissenschaftliche Einschätzungen der Anzahl der in unserem Multiversum existierenden Universen und rekapitulieren die besten der auf Empirie beruhenden Schätzungen der Anzahl intelligenter Zivilisationen in unserer Galaxis, in unserem Universum und im Multiversum. Darüber hinaus führt dieses Kapitel in die intelligenten Zivilisationen der Seele, der spirituellen Wesenheiten und des Ursprungs oder der Quelle allen Seins in den spirituellen Dimensionen ein und bietet damit etwas, das die String-Theorie nicht bereitstellen konnte: ein Gerüst für das Verständnis jener Energie, die Wissenschaftlern auf der Erde bislang Rätsel aufgibt. Gemeint ist die Energie, die zur Entstehung und Aufrechterhaltung jedes physikalischen Universums innerhalb des Multiversums nötig ist. Das Kapitel verdeutlicht, dass die Annahme einer dimensionalen Ökologie eine Lücke in der gegenwärtigen wissenschaftlichen Forschung füllt: den Bedarf für eine umfassendere Hypothese und Betrachtungsweise. Danach gehen wir in diesem Kapitel ausführlich auf die Datenquellen und die Methoden der Exopolitik und Parapsychologie ein. Soweit es diese Hypothese betrifft, sind es die beiden wichtigsten Wissenschaften.

Im zweiten Kapitel stellen wir die auf Dimensionen beruhende Typologie intelligenter Zivilisationen innerhalb des Multiversums vor. Im Unterschied zu bereits existierenden Typologien beruht diese Typologie auf Selbstbeschreibungen intelligenter Zivilisationen. Demnach sind sie in einer spezifischen Dimension, »Dichte« oder Energiefrequenz angesiedelt – was die wichtigsten typologischen, den Standort bestimmenden und entwicklungsgeschichtlichen Merkmale einer Zivilisation sind. Diese neue Typologie verwendet auf Dimensionen beruhende Unterscheidungskriterien für außerirdische und interdimensionale Zivilisationen und außerirdische Lenkungs- und Verwaltungsgebilde. Diese Kriterien stützen sich auf aktuelle Hinweise von Informanten, Aussagen unmittelbarer Zeugen und auf Dokumente.

Entsprechend der Dimension, in der eine bestimmte intelligente Spezies oder Zivilisation angesiedelt ist, kann diese Spezies oder Zivilisation auch durch »Exophänotypologie« kategorisiert werden – jener Typologie oder Klassifizierung von Außerirdischen, die auf den wahrnehmbaren körperlichen Besonderheiten beruht. In unserer Kartierung der dimensionalen Ökologie untersuchen wir menschenähnliche »Greys«, auch »Graue« genannt, sowie reptilienartige, insektenartige und andere Erscheinungsformen von intelligenten Zivilisationen im Multiversum.

Im zweiten Teil des Buches (»Exopolitische Dimensionen des Omniversums«) konzentriert sich unsere Kartierung *in den Kapiteln 3 bis 5* besonders auf das Multiversum und erkundet die intelligenten Zivilisationen innerhalb der physikalischen Universen von Zeit, Raum, Energie und Materie.

Im dritten Kapitel behandeln wir eine Fallstudie mit Indizien für eine intelligente Zivilisation, die in der raumzeitlichen Dimension eines Planeten innerhalb unseres eigenen Sonnensystems angesiedelt ist. In diesem Fall geht es um die Existenz von drei menschenähnlichen Exophänotypen auf dem Mars. Diese Schlussfolgerung ergibt sich aus empirischem *prima facie*-Material (Beweis nach Augenschein), das ausreicht, eine solche Vermutung zu unterstützen. Die Fallstudie beinhaltet Beweismaterial von Augenzeugen und dokumentarische (fotografische) Belege, einschließlich von Aufzeichnungen der von der NASA zur Erforschung des Mars ausgeschickten Fahrzeuge.

Im vierten Kapitel beschäftigen wir uns mit den aussagekräftigen empirischen Belegen dafür, dass (und auf welche Weise) hyperdimensionale intelligente Zivilisationen innerhalb des Multiversums agieren. Unabhängig davon, ob sie in höheren Dimensionen unseres eigenen Sonnensystems, in unserer Galaxis (der Milchstraße), in anderen Galaxien unseres Universums oder in Paralleluniversen unseres Universums im Multiversum angesiedelt sind, können wir davon ausgehen, dass diese hyperdimensionalen intelligenten Zivilisationen sowohl fortgeschrittene interdimensionale Transporttechnologie als auch fortgeschrittene Bewusstseinstechnologie nutzen, wenn sie in das uns bekannte physikalische Universum oder in die irdische Raumzeit-Dimension teleportieren.

Im fünften Kapitel untersuchen wir die *prima facie*-Beweise auf die Existenz von Verwaltungs- und Lenkungsstrukturen bei intelligenten Zivilisationen in den Universen des Multiversums, die für bestimmte territoriale Dimensionen zuständig sind, beispielsweise für die Galaxis der Milchstraße in unserem Universum. Die wissenschaftliche Erforschung der Exopolitik akzeptiert zwei verschiedene Arten von Beweismaterial. Die erste Art umfasst die wissenschaftlich reproduzierbare Fernwahrnehmung, die zweite die Aussagen von Augenzeugen und dokumentarisches Material, das den Kontakt von Augenzeugen und den telepathischen Austausch mit Vertretern und Vermittlern der Lenkungseinrichtungen intelligenter Zivilisationen betrifft.

In den Kapitel 6 bis 8 des dritten Teils erkunden wir die spirituellen Dimensionen des Omniversums. Die »erkennbaren« Paralleluniversen (oder das Multiversum) bezeichnet man treffender als die exopolitischen Dimensionen, da dort die in den spirituellen Dimensionen angesiedelten Zivilisationen der Seelen mit dem Ziel moralischer und seelischer Entwicklung in unterschiedlichen intelligenten Geschöpfen Gestalt annehmen (inkarnieren). Die Kommunikation der in den Dimensionen des Zwischenlebens angesiedelten Seelen mit den Erdlingen im Raumzeit-Hologramm ist der Beleg für die Existenz der spirituellen Dimensionen.

Das sechste Kapitel konzentriert sich auf die *prima facie*-Beweise für die Dimensionen des Zwischenlebens (Nachlebens). Für die Hypothese der dimensionalen Ökologie des Universums ist es von großer Bedeutung, dass zwei katholische Geistliche aus Italien, die Pater Pellegrino Ernetti (1925-1994) und Agostino Gemelli (1878-1959), die die instrumentale Kommunikation (ITC) als Technologie zur Erforschung des Zwischenlebens entwickelten, zur

Erforschung von Zeitlinien im Multiversum auch die »Chronovision« entwickelten, eine Zeitreise-Technologie.

Im siebten Kapitel behandeln wir die wichtigsten Hinweise auf die Existenz intelligenter Zivilisationen von Seelen und die fehlenden Nachweise für gegenteilige Annahmen. Diese individuierten, nicht ortsgebundenen, mit Bewusstsein und Intelligenz ausgestatteten Wesenheiten – angesiedelt in den Dimensionen des Zwischenlebens – sind holografische Fragmente des eigentlichen Ursprungs allen Seins oder Schöpfers. Aus replizierbarem Datenmaterial geht hervor, dass Seelen in einem Vorgang geschaffen werden, der darin mündet, dass jede Seele zu einem holografischen »Ei aus Licht« wird, wobei das Licht von der ursprünglichen Quelle des Seins gespeist wird.[9] Erinnerungen von Seelen an das Zwischenleben, die durch hypnotische Rückführung gewonnen werden konnten, stützen die Annahme einer dimensionalen Ökologie des Omniversums, denn sie bieten detaillierte Informationen über die dimensionalen Interaktionen intelligenter Zivilisationen der Seelen, der spriritullen Wesenheiten und der ursprünglichen Quelle allen Seins mit den Universen und intelligenten Zivilisationen des Multiversums.

Die zentrale Rolle, welche die intelligenten Zivilisationen von Seelen in der Schöpfung und Bewahrung der Universen von Zeit, Raum, Energie und Materie spielen, wird ebenfalls *im siebten Kapitel* beschrieben. Es gibt Hinweise darauf, dass Seelen an der Entstehung von galaktischer Materie, Sternen, Planeten und vielleicht auch Leben beteiligt sind.

Das achte Kapitel befasst sich mit der hyperdimensionalen Kontrolle außerirdischer Greys über die Vorgänge bei der Reinkarnation von Seelen. Es gibt empirische Belege dafür, dass sich menschliche Seelen an Bord eines Raumschiffs hyperdimensionaler außerirdischer Greys befunden haben und sich dort komplexen Prozessen der Seelenreinkarnation unterzogen haben, die von diesen Greys durchgeführt wurden. In diesem Zusammenhang untersuchen wir eine Fallstudie, die zeigt, dass Seelen und bestimmte hyperdimensionale Greys die dimensionale Ökologie des Multiversums als interdimensional agierende Wesenheiten gemeinschaftlich lenken.

Unsere Kartierung des Omniversums schließt mit einer Präsentation der zehn wichtigsten Folgerungen für eine positive menschliche Zukunft, die man aus der wissenschaftlichen Erforschung des Omniversums ziehen kann. Sie regt zur weiteren Erkundung der dimensionalen Ökologie des Omniversums an.

ERSTER TEIL

Das Omniversum und seine Bewohner

1

Das Omniversum verstehen lernen

Gegenwärtig ist die Wissenschaft dem Verständnis unseres Universums mit großen Schritten näher gekommen. Beispielsweise haben Forscher mit Hilfe der Baryon Oscillation Spectroscopic Survey (BOSS) jetzt eine »hochpräzise Karte der Galaxien« entwickelt, die selbst die Entfernung zu Galaxien in unserem Universum, die durch mehr als sechs Milliarden Lichtjahre von uns getrennt sind, mit einem Abweichungsgrad von maximal 1 Prozent bestimmen kann.

In einem Bericht dazu heißt es:

»Es gibt nicht viele Dinge in unserem täglichen Leben, die wir mit einem Unsicherheitsfaktor von lediglich 1 Prozent wissen«, erklärt David Schlegel, Physiker am Lawrence Berkeley National Laboratory und Forschungsleiter des Projekts BOSS. »Jetzt weiß ich über die Größe des Universums besser Bescheid als über die meines Hauses.«

Die neuen Ergebnisse, die Schlegel und seine Kollegen [am 8. Januar 2014] bei der 223. Konferenz der American Astronomical

Society vorstellten, bieten darüber hinaus die bislang besten Bestimmungen der Raumkrümmung, wie Forscher bestätigen. Kurz gesagt, scheint das Universum recht »flach« zu sein, das heißt seine Gestalt lässt sich gut durch die euklidische Geometrie beschreiben, nach der gerade Linien, die in derselben Ebene liegen, parallel verlaufen und die Summe der Innenwinkel in einem Dreieck stets 180 Grad beträgt.

»Einer der Gründe dafür, dass wir dieses Projekt so wichtig nehmen, besteht darin, dass ein flaches Universum auch Implikationen für die Frage hat, ob das Universum unendlich ist«, erklärt Schlegel. »Wir können zwar nicht mit Sicherheit behaupten, dass es niemals an ein Ende gelangen wird, aber unser Befund legt die Wahrscheinlichkeit nahe, dass sich das Universum ewig im Raum ausdehnen wird und sich in der Zeit ewig fortsetzen wird. Unsere Ergebnisse entsprechen einem unendlichen Universum.«[1]

Der vorläufige Befund, dass unser Universum unendlich ist, passt auch zu Lindes und Vanchurins Entdeckung, dass es eine »gigantische« Zahl von Universen innerhalb des Multiversums gibt, da Universen, die sich ewig im Raum ausdehnen und sich in der Zeit ewig fortsetzen, parallel nebeneinander bestehen können.

Die Unendlichkeit wirklich zu begreifen, ob es sich nun um ein einziges Universum handelt oder eine unermessliche Anzahl von Universen, ist schon schwierig genug. Doch selbst die Wissenschaft gelangt an ihre Grenzen, wenn es darum geht, die zahlreichen Dimensionen unseres *Omniversums* zu verstehen – das sowohl die Gesamtheit aller Universen von Zeit, Raum, Energie und Materie umfasst als auch alle intelligenten Zivilisationen im Multiversum *zusätzlich zu* den intelligenten Zivilisationen von Seelen in den Dimensionen des Zwischenlebens (Nachlebens) sowie die der spirituellen Wesenheiten und der Quelle allen Seins in den spirituellen Dimensionen.

Schon seit Jahrtausenden, ja seit Menschengedenken, ist man sich in den Religionen der Erde, in unseren heiligen und okkulten

Schriften sowie in den kollektiven und individuellen Überzeugungen menschlicher Gesellschaften der wesentlichen Elemente in den Dimensionen des Omniversums bewusst, wenn auch nicht in Einzelheiten und in unterschiedlicher, fragmentarischer Form. Das multidimensionale Omniversum ist daher beides: eine wissenschaftliche Hypothese und eine Wahrheit, mit der viele Menschen intuitiv vertraut sind oder die sie während ihres Lebens in ihren Familien, Schulen, Religionen oder auch durch das Lesen und Philosophieren erfasst haben.

Die Menschen sind mit vielen Konzepten vertraut, die in der Hypothese der dimensionalen Ökologie enthalten sind, etwa mit den Vorstellungen von einem Nachleben oder Jenseits, von Seelen und von einer Quelle allen Seins. Allerdings haben sie höchst unterschiedliche Meinungen darüber, ob solche Dinge tatsächlich existieren, und wenn ja, in welcher Form. Diese Meinungen hängen von der jeweiligen ethnischen Zugehörigkeit, der Nationalität, dem Geschlecht und von Erziehung und Bildung ab. Viele Annahmen über spezifische Aspekte, etwa über das Leben nach dem Tod, sind in den Glaubensbekenntnissen und heiligen Schriften festgehalten, auf die sich die Religionsgemeinschaften seit Jahrtausenden stützen, um Anhänger zu gewinnen. Allerdings sind wesentliche Einzelheiten – etwa Aussagen, die verschiedene Religionen über das Leben nach dem Tod treffen – mitunter faktisch unzutreffend, wenn man sie zu den nachprüfbaren wissenschaftlichen Erkenntnissen darüber, was nach dem Sterben des Körpers geschieht, in Beziehung setzt.

Im folgenden Abschnitt werden wir überlieferte Glaubenssätze mit dem vergleichen, was wir mittlerweile durch die wissenschaftliche Forschung erfahren konnten.

Intelligente Zivilisationen in unserem Universum und im Multiversum

Die Simulation eines deutschen Supercomputers hat eine Schätzung ergeben, nach der es »500 Milliarden Galaxien in unserem Universum« gibt.[2] Mittlerweile schätzen Astronomen, dass es 100 Milliarden bewohnbare, erdähnliche Planeten in der Galaxis unserer Milchstraße gibt und 50 Trilliarden besiedelbare erdähnliche Planeten innerhalb unseres eigenen Universums.[3] Eine zurückhaltende Schätzung der Anzahl von intelligenten, kommunizierenden Zivilisationen in unserem Universum beläuft sich auf 100 Milliarden (100.000.000.000). Diese Schätzung beruht auf der Drake-Gleichung aus dem Jahre 1960. Sie geht davon aus, dass es in der Galaxis unserer Milchstraße lediglich zwölf kommunizierende intelligente Zivilisationen gibt – gemessen an der geschätzten Gesamtzahl von 100 Milliarden besiedelbarer, erdähnlicher Planeten in der Galaxis der Milchstraße also nur sehr wenige.[4]

Zwangsläufig stellt sich in diesem Zusammenhang die Frage, wie viele intelligente Zivilisationen es im Multiversum wohl geben mag. Wenn wir die auf der Drake-Gleichung beruhende Schätzung, nach der es 100 Milliarden kommunizierende intelligente Zivilisationen in unserem Universum gibt, mit Lindes und Vanchurins Berechnung für die Anzahl der Universen im Multiversum multiplizieren, ist das Ergebnis eine ungeheure Anzahl von intelligenten Zivilisationen im Multiversum; sie beläuft sich nämlich auf das 100.000.000.000-fache der 260 Millionen Meilen langen Zahl. Unmöglich, diese Zahl tatsächlich ganz auszuschreiben.

Die öffentliche Meinung der Welt und das intelligente Leben im Multiversum

Die öffentliche Meinung in der Welt entspricht den jüngsten, auf der Forschung beruhenden Schätzungen, dass es 100 Milliarden kommunizierender intelligenter Zivilisationen in unserem Universum gibt und darüber hinaus eine »gigantische« Anzahl von kommunizierenden intelligenten Zivilisationen im Multiversum.

Doch die Möglichkeit, dass unser Kosmos besiedelt ist, gilt gewöhnlich als umstritten und esoterisch. Noch immer ist man überall auf der Welt geteilter Meinung darüber, ob wir allein im Kosmos sind. Nicht zuletzt deshalb, weil man der Weltöffentlichkeit das tatsächlich existierende Wissen über die Rolle von außerirdischen intelligenten Zivilisationen auf der Erde vorenthalten hat. Statt die Öffentlichkeit über die Existenz Außerirdischer und die Geschichte der Erde innerhalb unserer Galaxis zu informieren, haben die Regierungen die Weltöffentlichkeit wissentlich und kontinuierlich mit falschen Informationen gefüttert und einer Gehirnwäsche unterzogen, soweit es den Umgang der Erde mit intelligenten Zivilisationen betrifft. Spätestens seit dem Robertson-Panel, das die Central Intelligence Agency der USA 1953 durchführte, werden die Existenz außerirdischer intelligenter Zivilisationen und deren Besuche auf der Erde streng geheimgehalten und sind für die Zivilgesellschaft mit einem Tabu belegt.[5] Folglich ist die öffentliche Meinung in der Frage der Präsenz außerirdischer und hyperdimensionaler Zivilisationen in der Lebenswelt der Erde geteilt. Dennoch gibt es einen harten Kern in der öffentlichen Meinung weltweit und in bestimmten Ländern, der davon ausgeht, dass die Menschheit gemeinsam mit anderen intelligenten Zivilisationen im Kosmos existiert.

Eine im Jahre 2013 durchgeführte Meinungsumfrage unter exakt 5.886 erwachsenen Bürgern der USA erbrachte, dass sich »37 Prozent zu der Überzeugung bekannten, außerirdisches Leben existiere. Ganze 21 Prozent teilten diese Überzeugung nicht, und immerhin 42 Prozent waren sich in dieser Hinsicht nicht sicher und antworteten: ›Ich weiß es nicht genau.‹«[6]

2010 führte das französische Marktforschungsinstitut Ipsos weltweit eine Meinungsumfrage zu Außerirdischen durch. Das Ergebnis: »Einer von fünf (20 Prozent) der mutmaßlich menschlichen

Erwachsenen, die in 22 Ländern befragt wurden (und 75 Prozent der Allgemeinen Demografischen Bevölkerungsverteilung repräsentierten), glaubt nach eigenen Aussagen, dass außerirdische Wesen auf die Erde gekommen sind und, getarnt als Menschen, unter uns in unseren Gemeinwesen wandeln.« Am ehesten tendieren die Menschen in Indien (45 Prozent) und in China (42 Prozent) zu der Ansicht, dass Außerirdische die Erde besuchen.[7]

Intelligente Zivilisationen in den spirituellen Dimensionen

Die Universen des Multiversums sind nicht die einzigen Dimensionen, in denen intelligente Zivilisationen angesiedelt sind. Offenbar gibt es auch in Dimensionen außerhalb des Multiversums eine beträchtliche Anzahl davon. Diese Dimensionen bezeichnen wir als »spirituelle Dimensionen«.

Eine wichtige Datenbank empirischer Evidenz für die Existenz intelligenter Zivilisationen in den spirituellen Dimensionen besteht aus mehr als 7.000 Fallstudien hypnotischer Rückführung. Dabei wurden mit Hilfe eines standardisierten, von Dr. Michael Newton entwickelten Forschungsverfahrens seelische Erinnerungen an das Zwischenleben (oder Nachleben) erfasst.[8] Diese Datenbank enthält Hinweise auf intelligente Zivilisationen von Seelen, auf intelligente Zivilisationen spiritueller Wesenheiten und auf die ursprüngliche Quelle allen Seins, den Schöpfer der spirituellen Dimensionen.

Die grundsätzlichen Überzeugungen und Meinungen der Menschheit zum Zwischenleben (Nachleben), zur Seele und zur Quelle allen Seins sind großteils sowohl von den Religionen als auch von der Wissenschaft geprägt. Die wichtigsten Weltreligionen wie der christliche Glaube, der Islam, der Hinduismus, der Buddhismus, der Taoismus, der Konfuzianismus, der Shintoismus, der Sikhismus und der Judaismus sowie ein weiteres Dutzend kleinerer

Religionsgemeinschaften haben mehr als 6,5 Milliarden Anhänger. Das sind 90 Prozent der gesamten Weltbevölkerung (die heute circa 7,2 Milliarden Menschen umfasst).

Religionsgemeinschaften sind keine wissenschaftlichen Verbände, die sich in ihren Auffassungen über das Zwischenleben (Nachleben), die Seele und die Quelle allen Seins auf standardisierte Forschungsverfahren und empirische Wissenschaft stützen. Religionsgemeinschaften sind historisch gewachsene gesellschaftliche und politische Organisationen, deren Missionen und Lehren über das Zwischenleben (Nachleben), die Seele und Gott sich im Allgemeinen auf heilige Schriften berufen. Der Inhalt religiöser Glaubenssätze über diese Kernfragen kann in den Einzelheiten von Religion zu Religion durchaus unterschiedlich sein.

Gegenwärtig ist die Wissenschaft in den Fragen, ob das Zwischenleben (Nachleben), die Seele und Gott tatsächlich existieren, gespalten. Die akademische, an den Universitäten institutionalisierte Wissenschaft unterbindet weitgehend eine Forschung und Lehre, die sich mit Parapsychologie und Exopolitik befasst – den beiden wissenschaftlichen Ausrichtungen, die zur Erkundung empirischer Belege für die Existenz eines Zwischenlebens (Nachlebens), einer Seele und eines Ursprungs (Gott) unabdingbar sind.

Die öffentliche Meinung der Welt und die spirituellen Dimensionen

Gemäß einer Meinungsumfrage, die Ipsos 2011 in 23 Staaten bei 18.829 Erwachsenen durchführte, »glaubt die Hälfte der Weltbürger (51 Prozent) eindeutig an ein ›göttliches Wesen‹, während 18 Prozent das nicht tun und 17 Prozent sich nicht sicher sind«. Diese Meinungsumfrage ergab auch, dass die Hälfte (51 Prozent) »an irgendeine Art von Leben nach dem Tod glaubt, während die andere Hälfte annimmt, dass sie entweder einfach ›zu existieren aufhört‹ (23 Prozent), oder schlicht ›nicht weiß‹ (26 Prozent), was nach dem

Tod geschehen wird. Sieben Prozent der Befragten glaubt an Reinkarnation.«[9] Demnach hat ein wesentlicher Teil der Weltöffentlichkeit eine Realitätssicht, die mit den maßgeblichen replizierbaren Hinweisen auf ein Zwischenleben (Nachleben), intelligente Zivilisationen der Seele, Zivilisationen spiritueller Wesen und eine Quelle allen Seins oder einen Schöpfer übereinstimmt.

In den USA zeigte eine Umfrage von Harri Interactive im Dezember 2013, dass eine große Mehrheit amerikanischer Bürger von der Existenz Gottes und Grundzügen spiritueller Dimensionen überzeugt ist. Allerdings hat der Prozentsatz von Amerikanern mit solchen Überzeugungen in den letzten Jahren etwas abgenommen. Gemäß der Umfrage glauben 74 Prozent der erwachsenen Bürger der Vereinigten Staaten an Gott, was einen leichten Rückgang im Vergleich zu früheren Jahren bedeutet. In den Jahren 2005, 2007 und 2009 bekundeten noch 82 Prozent den Glauben an Gott. Der Glaube an das Weiterleben der Seele nach dem Tod ist in den jüngsten Umfragen von Harris von 89 auf 64 Prozent gesunken, allerdings glauben 24 Prozent amerikanischer Bürger an die Reinkarnation.[10]

Die Umfrage von Harris berücksichtigt auch Unterschiede zwischen den Generationen und politischen Affinitäten.

> Die »Echo Boomers« – Angehörige der »Generation Y«, geboren in den 1980er und 1990er Jahren –, tendieren weniger als Angehörige der älteren Generationen dazu, sich zu einem Glauben an Gott zu bekennen. Im Vergleich: Bei der »Generation Y« sind es 64 Prozent, bei der Vorläufergeneration »X«, geboren zwischen 1965 und 1980, sind es 75 Prozent, bei den »Baby Boomers«, geboren zwischen 1946 und 1964, hingegen 81 Prozent und bei den noch Älteren 83 Prozent.
>
> Auf der anderen Seite des Generationenspektrums tendieren die reiferen Jahrgänge weit weniger als jede andere Generation dazu, an Geister oder Gespenster zu glauben (nur 24 Prozent gegenüber 44 Prozent bei den »Echo Boomers«, 46

Prozent bei der »Generation X« und 46 Prozent bei den »Baby Boomers«). Das gilt auch für den Glauben an Hexen (18 Prozent bei den Ältesten gegenüber 27, 29 und 28 Prozent bei den anderen Generationen in der oben genannten Reihenfolge) und an die Reinkarnation (13 Prozent der Ältesten gegenüber 27, 25 und 23 Prozent bei den anderen Generationen in der oben genannten Reihenfolge).

Soweit es das politische Spektrum betrifft, weisen Angehörige oder Unterstützer der Demokratischen Partei und der Unabhängigen in den meisten abgefragten Meinungen ähnlich ausgeprägte oder eben nicht ausgeprägte Glaubensvorstellungen auf. Eher als diese beiden Gruppen äußern Angehörige oder Anhänger der Republikanischen Partei mit dem Christentum oder Judaismus verbundene Glaubensvorstellungen. Außerdem neigen sie weniger als die beiden anderen Gruppen dazu, Darwins Evolutionstheorie zu akzeptieren (nur 36 Prozent gegenüber 52 Prozent bei den Demokraten und 51 Prozent bei den Unabhängigen).[11]

Die Harris-Studie kommt zu dem Ergebnis, dass die vollkommene Gewissheit über die Existenz eines Gottes im vergangenen Jahrzehnt abgenommen hat.

Ein anderer Fragenkomplex konzentrierte sich auf die Untersuchung, wie stark der Glaube an Gott oder Unglaube jeweils ausgeprägt ist (Frage nach dem Grad der Überzeugung). Zwei Drittel der befragten amerikanischen Bürger (68 Prozent) gaben an, dass sie sich »völlig« oder auch »irgendwie« sicher sind, dass es einen Gott gibt. 54 Prozent waren sich absolut sicher. Diese Zahlen zeigen einen Rückgang von 11 beziehungsweise 12 Prozent gegenüber der Befragung von 2003. Damals gaben 79 Prozent völlige oder weitgehende Gewissheit über die Existenz Gottes an; 66 Prozent waren sich seinerzeit absolut sicher.

Mittlerweile hat der Prozentsatz derjenigen, die nicht an die Existenz eines Gottes glauben (16 Prozent) oder die sich darüber nicht im Klaren sind (ebenfalls 16 Prozent), gegenüber den Ergebnissen von 2003 zugenommen. Damals waren es im ersten Fall 9 Prozent und im zweiten Fall 12 Prozent. Wenn man die Angehörigen spezifischer Religionsgemeinschaften außer Acht lässt, umfassen die Gruppen, die am ehesten völlig von der Gottesexistenz überzeugt sind, vor allem Schwarze (70 Prozent), Republikaner (65 Prozent), Erwachsene im Rentenalter (62 Prozent), die »Baby Boomers« (Jahrgänge 1946-1964), Bürgerinnen und Bürger der nordamerikanischen Südstaaten (61 Prozent) und des amerikanischen Mittelwestens (58 Prozent) sowie Menschen, deren Bildung allenfalls den Besuch und Abschluss einer High School umfasst (60 Prozent).[12]

Bei der *geschlechtlichen Zuordnung* Gottes kommt die Umfrage von Harris zu folgendem Ergebnis:

Nach wie vor gibt es keinen Konsens darüber, ob Gott männlich oder weiblich ist. Beinahe vier von zehn Amerikanern (39 Prozent) halten Gott für männlich, hingegen lediglich ein Prozent für weiblich. Allerdings betrachten bemerkenswerte Minderheiten Gott als weder weiblich noch männlich (31 Prozent) oder als sowohl männlich als auch weiblich (10 Prozent). Es mag überraschen, dass Frauen eher als Männer zu der Annahme neigen, Gott sei männlich (43 Prozent bei den Frauen, 34 Prozent bei den Männern). Dafür neigen Männer eher als Frauen zu der Annahme, dass Gott weder männlich noch weiblich ist (34 Prozent bei den Männern, 28 Prozent bei den Frauen).

Was die Frage betrifft, ob Gott das Geschehen auf der Erde lenkt (und wenn ja, wie weit diese Lenkung reicht), so sehen die Menschen das nach wie vor und zunehmend unterschiedlich. Eine relative Mehrheit von Amerikanern (37 Prozent, davon 52 Prozent Katholiken) glauben, dass Gott das Geschehen auf der Erde beobachtet, aber nicht lenkt. 2003 waren noch 50 Prozent dieser Ansicht. Knapp drei von zehn Amerikanern (29

> Prozent), einschließlich von Mehrheiten jener, die sich als »sehr religiös« (60 Prozent) und/oder als »wiedergeborene Christen« bezeichnen (56 Prozent), glauben, dass Gott das Geschehen auf der Erde lenkt.[13]

Zu der Frage, ob religiöse Texte als das »Wort Gottes« gelten, vermerkt die Untersuchung von Harris:

> Knapp die Hälfte der amerikanischen Bürgerinnen und Bürger (49 Prozent) glaubt, dass der ganze oder größte Teil des Alten Testaments das »Wort Gottes« ist; 14 Prozent nehmen das beim Neuen Testament an. Das sind jeweils sechs Prozent weniger als bei der Umfrage im Jahre 2008. Knapp zwei von zehn Amerikanern (19 Prozent) beschreiben sich als »sehr religiös«, vier von zehn (40 Prozent) als »irgendwie« religiös (2007 waren es noch 49 Prozent). Fast ein Viertel der befragten Amerikanerinnen und Amerikaner (23 Prozent) erklärt sich für »überhaupt nicht religiös«. Diese Zahl hat sich seit 2007 fast verdoppelt. Seinerzeit waren es zwölf Prozent.[14]

Literatur zum dimensionalen Bewusstsein

Unterschiedliche Ausdrucksweisen, die jedoch mit der Hypothese der dimensionalen Ökologie des Omniversums übereinstimmen, kann man in der Literatur über dimensionales Bewusstsein finden. Darin geht man davon aus, dass die Ebenen des Bewusstseins bestimmte Reichweiten und Frequenzen von Energie umfassen. Jede Dimension hat spezifische, unterschiedliche Ebenen des Bewusstseins und des Lebens, etwa die Dimensionen von Zeit und Licht in unserem Universum, die die Wissenschaft der Menschen auf der Erde erst jetzt zu erkunden beginnt. Dimensionale Ebenen des Bewusstseins in unserem Universum sind auch mit den exopolitischen und spirituellen Dimensionen des Omniversums verknüpft.

Die Kosmologen Barbara Hand Clow und Gerry Clow haben neun Dimensionen des Bewusstseins erforscht, die für unser Universum, unsere Galaxis und unsere Erde spezifisch sind. Demnach sind die erste und die zweite Dimension Ebenen innerhalb unserer dreidimensionalen Erde (3D), die sich vom Kern bis zur Oberfläche erstrecken. In der vierten Dimension ist das kollektive Denken angesiedelt, das eine Brücke zu physikalischen und unsichtbaren Welten schlägt. Die fünfte, sechste, siebte, achte und neunte Dimension stellen Himmelssphären dar. Die Kosmologen nehmen an, dass die meisten Wissenschaftler nicht fähig sein werden, sich die unsichtbaren Regionen jenseits der vierten Dimension auch nur vorzustellen, es sei denn mittels mathematischer Vorgehensweisen, etwa durch Topologie oder die Superstring-Theorie.[15]

Die Wissenschaft braucht eine neue Hypothese

Wollen wir das Omniversum verstehen, müssen wir die Grenzen der gegenwärtigen Wissenschaft überschreiten. Wissenschaftliche Vorreiter neuer Konzepte wie der Physiker Professor Amit Goswani machen geltend, dass die gegenwärtige wissenschaftliche Annahme, nur Materie – bestehend aus Atomen oder, letztlich, aus Elementarteilchen – sei real, unzulänglich und somit eine neue Hypothese über die Realität erforderlich ist.

Professor Goswami schreibt:

> Wir können Quantenphysik nicht mit experimentellen Daten verknüpfen, ohne irgendein Deutungsschema zu benutzen. Und die Deutung hängt von der Philosophie ab, die wir bei der Untersuchung der Daten zur Anwendung bringen. Die Philosophie, die die Wissenschaft seit Jahrhunderten beherrscht (in physikalischer, materieller und realitätswirksamer Hinsicht), geht davon aus, dass nur Materie – bestehend aus Atomen oder, letztlich, Elementarteilchen – real ist. Alles andere sind demnach sekundäre Er-

scheinungsformen der Materie, also nichts anderes als ein Tanz der einzelnen Atome, aus denen die Materie besteht. Dieses Weltbild wird als realistisch bezeichnet, da man Objekte als real und unabhängig von Subjekten (also uns) und auch unabhängig von unserer Beobachtungsmethode betrachtet. Allerdings ist die Annahme, dass alle Dinge aus Atomen bestehen, keineswegs bewiesen. Sie beruht nicht auf irgendeinem Beweis, der für alle Dinge gilt. Wenn uns die neue Physik mit einer Situation konfrontiert, die aus Sicht des materiellen Realismus paradox erscheint, übersehen wir gerne die Möglichkeit, dass sich das Paradoxum möglicherweise aus der Unrichtigkeit unserer unbewiesenen Annahme ergibt. (Wir neigen dazu zu vergessen, dass eine lange vertretene Annahme im Laufe der Zeit keineswegs zu einer Tatsache wird, und oft nehmen wir es sogar übel, daran erinnert zu werden.) *Heutzutage vermuten viele Physiker, dass irgendetwas am materiellen Realismus faul ist, haben aber Angst, das Boot, mit dem sie lange Jahre so gut gefahren sind, ins Schwanken zu bringen. Ihnen ist nicht bewusst, dass ihr Boot orientierungslos dahin treibt und seine Navigation mittels einer neuen Weltsicht neu ausgerichtet werden muss.*[16] [Kursive Hervorhebung von A. L. Webre]

In einer kritischen Würdigung der Arbeiten Professor Goswamis schreibt der Informatiker Professor Facundo Bromberg:

Derzeit muss sich die Wissenschaft einer der größten Herausforderungen in ihrer ganzen Geschichte stellen: Sie muss nämlich eine Erklärung für die elementarste Fähigkeit des Menschen, seine mentale Begabung, finden. Lange Zeit dachte man, die mentalen Fähigkeiten des Menschen seien so kompliziert, dass man sie unmöglich begreifen könne. Und deshalb [ordnete man sie] der transzendentalen, der Realität entrückten Welt zu und verwies sie an die Religion. Doch das Auftauchen von Paradoxien in unserem Verständnis der materiellen Welt und die Erforschung künstlicher Intelligenz sowie die Kognitionswissen-

> schaften zwangen die Wissenschaft, sich mit den Mysterien des menschlichen Geistes zu befassen. Jede einzelne Disziplin, die sich mit dem Menschen beschäftigt, hat etwas zu diesem Thema zu sagen: die Naturwissenschaften, die Religion, die Kunst, die Dichtung und weitere. Doch keine ist bis jetzt in der Lage, ihre Annahmen zu beweisen.[17]

Die Hypothese der dimensionalen Ökologie des Omniversums und die replizierbaren Indizienbeweise, die sie stützen, stellen das nötige Werkzeug für eine neue Hypothese über die Realität bereit – und auch für die erhoffte »neue Navigation mittels einer neuen Weltsicht«, die Professor Goswami als nötig erkannt hat.

Exopolitik und Parapsychologie als Schlüsselwissenschaften zur Erforschung des Omniversums

Die Erforschung und das Begreifen der dimensionalen Ökologie des Omniversums werden durch die Verknüpfung von parallel verlaufenden Untersuchungen in zwei Schlüsselwissenschaften erleichtert: Gemeint sind Exopolitik und Parapsychologie.

Parapsychologie ist die Wissenschaft, die sich mit dem Psi-Bewusstsein (der Wahrnehmung von paranormalen Phänomenen) befasst, einschließlich der Telepathie, dem Überleben nach dem körperlichen Tod, der Seele und der Reinkarnation. Exopolitik ist die Wissenschaft, die Beziehungen zwischen intelligenten Zivilisationen im Multiversum untersucht.

Die Wissenschaft Exopolitik

Das Modell der Exopolitik habe ich erstmals im Juni 2000 in einem Vortrag bei einer Konferenz an der University of Wyoming, die Professor Leo Sprinkle leitete, öffentlich vorgestellt.[18] Offiziell nahm die Wissenschaft Exopolitik ihren Anfang mit meinem Buch *Exopolitics: A Decade of Contact*, das ich 1999 verfasste. Im Jahr 2000 habe ich es online als kostenfreies eBook veröffentlicht, um ein neues gedankliches Paradigma unter der Menschheit auf der Erde zu verbreiten.[19] Die Aufdeckung einer außerirdischen und multidimensionalen Präsenz auf der Erde hat sich seit 2000 beschleunigt, und das haben auch staatliche Stellen und die Öffentlichkeit zur Kenntnis genommen und verstanden. 2005 wurde *Exopolitik* für das »Wort des Jahres« nominiert.[20]

Als Wissenschaft benutzt die Exopolitik Methoden und Hilfsmittel, die auch in anderen Wissenschaften bekannt sind. Sie umfassen die Philosophie der Wissenschaft, eine wissenschaftliche Datenbank mit Standard-Klassifizierungen, das Beweisrecht als Methodik zur Auswertung von Zeugenaussagen sowie dokumentarisches Beweismaterial. Exopolitik setzt die Konzepte und Strukturen der Kosmologie und Ontologie zur Entwicklung grundsätzlicher Fragestellungen ein.

Als Zweig der Philosophie wie auch der Naturwissenschaft beschäftigt sich die Kosmologie mit der Natur des Omniversums und fragt dabei nach den Aufgaben, Bestandteilen und Zielen des Omniversums. Ontologie befasst sich als ein Zweig der Philosophie mit Fragen des Seins, der Existenz und der Wirklichkeit. Als Fachdisziplin packt die Ontologie auch die Frage an, ob und wie solche Gebilde wie intelligente Zivilisationen im Omniversum existieren. Die Exopolitik entwickelt Typologien von intelligenten Zivilisationen in den Dimensionen und Paralleluniversen der physikalischen Universen innerhalb des Multiversums, um das Kräftespiel und die wechselseitigen Beziehungen zwischen diesen intelligenten Zivilisationen zu untersuchen, zu kartieren, zu verstehen und zu erläutern.

Wie die Hypothese über die dimensionale Ökologie ist das exopolitische Modell ein Gegenstück zum wissenschaftlichen Kanon des 20. Jahrhunderts, der davon ausgeht, dass alles intelligente Leben in der Erdumlaufbahn endet. Jedem Forscher oder Wissenschaftler, der sich nicht an diese Vorgabe hält, droht als Strafe die

Abererkennung seines akademischen Status oder auch Schikane von staatlichen Behörden.

Das universumzentrierte Modell der Exopolitik vertritt, dass wir in einem stark bevölkerten Universum innerhalb eines Multiversums leben, in dem zahlreiche intelligente, sich entwickelnde Zivilisationen leben und dort nach universell geltenden Gesetzen agieren.

Uns, die wir auf der Erde leben, wird erst jetzt bewusst, dass wir in einem bevölkerten Universum und Multiversum leben. Während sich die Gesellschaft von einem Modell kanonischer Wissenschaft aus dem 20. Jahrhundert löst und einem Wissenschaftsmodell des 21. Jahrhunderts zuwendet, stellt die Exopolitik die empirisch begründete Wissenschaft dar, die bereit ist, das Beweismaterial dafür, dass das Omniversum von intelligenten, sich entwickelnden Zivilisationen bevölkert ist, zu prüfen. Wie alle gedanklichen Modelle eröffnet das Modell der Exopolitik Geist und Seele einen Weg, sich dorthin vorzuwagen, wo sie vorher noch niemals waren. Das Modell der Exopolitik sorgt für eine Schnittstelle zwischen den auf der Erde lebenden Menschen, Außerirdischen und interdimensionalen intelligenten Gesellschaften im Omniversum.

In diesem Buch sind die Begriffe »interdimensional« und »hyperdimensional« austauschbar – mit einer Einschränkung: Im Begriff »hyperdimensional« schwingt die Bedeutung mit, dass diese Dimension oberhalb unserer dritten Raumzeit-Dimension angesiedelt ist, das heißt in der vierten Dimension.

Die Wissenschaft der Exopolitik beschäftigt sich auch mit Fragen, die durch empirisches Beweismaterial und replizierbares wissenschaftliches Wissen über intelligente Zivilisationen im Omniversum aufgeworfen werden.

Kernfragen der Exopolitik sind zum Beispiel: Gibt es nichtirdische intelligente Zivilisationen in den Universen des Multiversums? Und wie können wir das in Erfahrung bringen und überprüfen? Welche Formen nehmen intelligente Zivilisationen im Omniversum an? Wie können wir eine Typologie von intelligenten Zivilisationen in den Universen des Multiversums entwickeln?

Exopolitisches Forschungsmaterial

Grundlegende Datenbestände für die exopolitische Forschung und Vorgehensweise können wir mit Hilfe der wissenschaftlichen Methode aus vielfältigen Quellen gewinnen. Sie umfassen mindestens die folgenden formalen Kategorien primären Forschungsmaterials:[21]

1. Berichte von Informanten, die Insider geheimer Projekte zur Kontaktaufnahme mit Außerirdischen sind.
2. Dokumentarisches Beweismaterial (einschließlich Fotos, Videos, Radaraufzeichnungen etc.) aus staatlichen und anderen behördlichen Quellen.
3. Replizierbare Informationen, die durch auf Technologie gestützte außerkörperliche Erfahrungen gewonnen wurden. Zu dieser Technologie zählen der Montauk-Stuhl des Sage-Radarsystems der 1970er Jahre, der Chronovisor, der Teleporter, Stargates, die Plasmakammer und der »Jump Room« (Sprungzimmer).
4. Wissenschaftlich replizierbare Fernbeobachtung unter Verwendung standardisierter Laborverfahren.
5. Berichte von Personen, die bewusst und freiwillig physischen Kontakt zu nichtirdischen Zivilisationen aufnahmen.
6. Berichte von Personen, die nicht aus freiem Willen und nur halb bewusst physischen Kontakt hatten (Entführte).
7. Berichte von Personen, die freiwillig, aber nur halb bewusst außerkörperlichen Kontakt hatten. (Dabei verblieb der Körper zum Beispiel im Bett, während der Astralleib und die Seele an Bord eines hyperdimensionalen Raumschiffs teleportiert wurden.)
8. Berichte von Personen, die freiwillig psychischen Kontakt suchten (Visionäre sowie »Channeler«, das heißt Personen, die Gedanken oder Energie von einer Quelle außerhalb ihres Körpers oder bewussten Geistes vermitteln und auch als Stimme für nicht körperlich präsente Wesenheiten fungieren können).

9. Berichte von neutralen Personen, die psychischen Kontakt hatten.
10. Berichte von Personen, die durch äußeren Einfluss Augenzeugen wurden und über das, was sie sahen, berichteten.
11. Berichte von scharfsinnigen und scharfsichtigen Befragern und Deutern.
12. Außerirdische Artefakte.
13. Unabhängige archäologische Forschungen, einschließlich Forschungen der Exoarchäologie.
14. Berichte von Schamanen und okkulten Gemeinschaften.
15. Science-fiction.
16. Von Obrigkeiten des Universums, der Galaxis oder der Raumregion autorisierte Enthüllungen.

TECHNOLOGIEN ZUR ERFORSCHUNG DES OMNIVERSUMS

Der *Chronovisor* ist ein Gerät, das die Priester und Angehörigen des Benediktinerordens Pellegrino Ernetti und Agostino Gemelli erfunden haben. Er besteht aus einer Reihe von Antennen, die in der Lage sind, mit dem Geist bestimmter verstorbener Menschen zu kommunizieren und deren Botschaften zu empfangen (siehe David Wilcock, *The Synchronicity Key*, 2013, p. 185).

Stargates oder »Zeittore« sind ganz und gar natürliche Durchgänge, die es überall im Universum gibt. Sie ermöglichen es, in verschiedene Zeiten und zu verschiedenen Orten zu reisen, und werden von Seelen als Hauptmöglichkeit des Reisens benutzt.

Der *Montauk-Stuhl* ist nach Angaben des früheren Chrononauten Andrew D. Basiago »ein magnetischer Energieumwandler, der die Leistungen der menschlichen Psyche so verstärkt, dass die Person in dem Stuhl Momente in ihrer subjektiven Zukunft erleben oder sehen kann.«[22] Basiago beschreibt, dass er – mittels einer von dem Physiker Stirling Colgate entwickelten engen Plasmakammer – teleportierte und danach durch ein Wurmloch durch den Quantenraum bis zu einem Bestimmungsort gelangte, dessen Raumzeit-Koordinaten in der Vergangenheit lagen.

Weitere Quantentechnologien, die den Zugang zum Hologramm aus Zeit und Raum ermöglichen, sind der *Teleporter* und der *Jump Room*. Berichten zufolge schuf der Teleporter ein strahlendes Energiefeld, durch das der Teleportierende einen vortalen Tunnel (Energietunnel durch Zeit und Raum) betrat und danach an einen Bestimmungsort im Raumzeit-Hologramm geschleust wurde. Der Jump Room ist laut Berichten eine Technologie, die von einer bestimmten Spezies außerirdischer Greys der Regierung der Vereinigten Staaten geschenkt wurde. Das Geschenk bestand aus einer geschlossenen Aufzugkabine, die auf ein bestimmtes Kommando hin zu einer Gerätschaft morphen konnte, mit der man in der Lage war, von einem der zahlreichen Standorte in Nordamerika aus zu geheimen amerikanischen Landestationen auf dem Mars zu teleportieren.[23]

Die Wissenschaft Parapsychologie

Die Parapsychologie nutzt die empirische wissenschaftliche Methode zur Untersuchung verschiedener Phänomene innerhalb des Omniversums. Dazu zählen beispielsweise besondere psychische Fähigkeiten, die Reinkarnation der Seele, das Leben nach dem Tod, das Zwischenleben, die menschliche Seele, spirituelle Wesenheiten, die spirituellen Dimensionen des Omniversums und Gott (oder der Ursprung allen Seins). Auf dem Gebiet der Parapsychologie forschten und forschen unter anderem J. B. Rhine (spezialisiert auf besondere psychische Fähigkeiten), Chris Carter und Russell Targ (Fernbeobachtungen), Ian Stevenson (Reinkarnation), Raymond A. Moody (Nahtoderfahrungen) und Michael Newton (Zwischenleben).

Zu den kosmologischen Kernfragen, mit denen sich die Parapsychologie beschäftigt, zählen folgende Überlegungen:

- Wie können wir erfahren und überprüfen, ob das Omniversum auch eine Dimension des Zwischenlebens oder des Lebens nach dem körperlichen Tod umfasst?
- Welche Beziehung besteht zwischen der Typologie intelligenten Lebens in der Dimension des Zwischenlebens – des Lebens der Seele – und einer Typologie intelligenten Lebens in den physikalischen Dimensionen des Omniversums – des körperlichen Lebens?
- Wie könnte ein integriertes, wissenschaftlich fundiertes Modell erfahrbaren und beweisbaren intelligenten Lebens im Omniversum aussehen?

Das Raumzeit-Hologramm unseres Universums

In dem Aufsatz »Simulations back up theory that Universe is a hologram« (Simulationen stützen die Theorie, nach der das Universum ein Hologramm ist), veröffentlicht in der Zeitschrift *Nature* vom 10. Dezember 2013, schreibt Ron Cowen: »Im Fall eines Schwarzen Lochs widerspricht Albert Einsteins Theorie der Schwerkraft offenbar der Quantenphysik. Aber dieser Widerspruch ließe sich lösen, falls das Universum eine holografische Projektion wäre.«[24] Tatsächlich *ist* das physikalische Universum von Zeit, Raum, Energie und Materie, das wir Menschen auf der Erde bewohnen, holografisch.[25]

Das *holografische Prinzip* wurde zuerst im Jahre 1993 von den Wissenschaftlern der Theoretischen Physik Gerard 't Hooft und Leonard Susskind vorgestellt. Die Wissenschaftsredakteurin und Autorin Kate Becker erläutert es wie folgt:

> Einfach ausgedrückt, bedeutet das holografische Prinzip die Vorstellung, dass unsere dreidimensionale Realität eine Projektion von Information ist, die auf einer fernen zweidimensionalen Oberfläche gespeichert ist. Wie das Enblem auf Ihrer Kreditkarte stellt die zweidimensionale Oberfläche alle Informationen bereit, die man braucht, um ein dreidimensionales Objekt – in diesem Fall unser Universum – zu beschreiben.[26]

Darüber hinaus erklärt die Autorin Danielle Wiener-Bronner:

> Innerhalb unseres Universums sind die Dimensionen [wie auch unser Raumzeit-Kontinuum] flach. Das Hologramm, das eine bestimmte Dimension darstellt, ist jedoch mehrdimensional, sodass solche dreidimensional in Zeit und Raum lebenden Menschen wie wir, die innerhalb des Raumzeit-Hologramms existieren, die Erde und die Planeten in unserem Sonnensystem als rund wahrnehmen, denn innerhalb des Hologramms sind sie das auch.[27]

Neue wissenschaftliche Forschungen der Technischen Universität Wien sind zu dem atemberaubenden Ergebnis gekommen, dass das holografische Prinzip im Kontext eines weitgehend flachen Raumzeit-Kontinuums möglich und anwendbar ist. Das Raumzeit-Hologramm, innerhalb dessen unsere menschliche Zivilisation auf der Erde existiert, wird durch die spirituelle Dimension geschaffen und aufrechterhalten. Diese besteht aus den intelligenten Zivilisationen der Seele und aus spirituellen Wesenheiten sowie dem Ursprung allen Seins (Gott). Sie bieten die Quellen für Zeit, Raum, Materie und Energie aller Universen in den exopolitischen Dimensionen (im Multiversum).

Erkundung der zahlreichen Dimensionen des Omniversums

Telepathie, Zeitreisen und Teleportation sind Mittel, mit denen intelligente Zivilisationen sowohl die exopolitischen Dimensionen (das Multiversum) als auch die spirituellen Dimensionen des Omniversums lenken können. Telepathie ist eine nicht ortsgebundene Kommunikation zwischen Geist und Geist. Zeitreisen bedeuten, dass man sich über eine bestimmte Zeitlinie hinwegbewegt. Teleportation ist die Bewegung von Ort zu Ort auf einer einzigen Zeitlinie. Teleportation kann innerhalb von Dimensionen stattfinden, zum Beispiel innerhalb des Raumzeit-Hologramms, das Menschen auf der Erde bewohnen, aber auch zwischen Dimensionen und Paralleluniversen der exopolitischen Dimensionen.

Die allgemeine Verbreitung von Telepathie und Teleportation in den Dimensionen

Die allgemein verbreiteten Mittel der Telepathie und Teleportation in den Dimensionen weisen auf grundsätzliche Ähnlichkeiten bei Kommunikation und Transport zwischen der Menschheit, intelligenten Zivilisationen von Außerirdischen und intelligenten Zivilisationen der Seelen hin.

Die Kommunikation zwischen einem Medium und Vertretern der Zivilisationen der Seelen im Zwischenleben vollzieht sich auf telepathische Weise, wie viele offenbar authentische Berichte von Fällen belegen, bei denen Medien mit Personen im Zwischen- oder Nachleben Verbindung hatten. Auch die Kommunikation zwischen menschlichen Kontaktpersonen und Vertretern von hyperdimensionalen intelligenten Zivilisationen kann durch Telepathie hergestellt werden, wie Berichte von Kontaktpersonen über die Kommunikation mit Außerirdischen veranschaulichen.

Als eine übliche Form der Beförderung von menschlichen Kontaktpersonen zu Vertretern intelligenter Zivilisationen – und umgekehrt – kann man die Teleportation bezeichnen. Beispielsweise werden von einer hyperdimensionalen Zivilisation entführte Menschen zu einem wartenden Raumschiff teleportiert. Auch die Beförderung von einer raumzeitlichen Dimension innerhalb unseres physikalischen Universums zum Nach- oder Zwischenleben scheint sich durch Teleportation zu vollziehen. Nach Berichten der parapsychologischen Forschung teleportiert die Seele eines Verstorbenen zu einem interdimensionalen Portal zwischen unserer zeitlichen und räumlichen Dimension und den Dimensionen des Nach- oder Zwischenlebens.

Teleportation und Zeitreise mit natürlichen und mit technischen Mitteln

Sowohl innerhalb der exopolitischen Dimensionen (im Multiversum) als auch in den spirituellen Dimensionen können Teleportationen und Zeitreisen entweder durch natürliche »Stargates« oder durch interdimensionale Portale erfolgen.[28] Empirische Untersuchungen zeigen, dass eine menschliche Seele beim körperlichen Tod im Raumzeit-Hologramm die Möglichkeit hat, zu einer Dimension innerhalb der spirituellen Dimensionen, die wir Zwischenleben oder Nachleben nennen, zu teleportieren, und zwar durch ein natürliches Tor, das vom Raumzeit-Hologramm in den exopolitischen Dimensionen dorthin führt.[29]

Teleportationen und Zeitreisen können im Raumzeit-Hologramm auch mittels fortgeschrittener Technologie erfolgen. Von dem früheren Chrononauten Andrew D. Basiago, Informant und Insider eines Regierungsprojekts der Vereinigten Staaten, wissen wir, dass die Defense Advanced Research Agency (DARPA) des amerikanischen Verteidigungsministeriums in den Jahren 1969 bis 1972 innerhalb des *Project Pegasus* Möglichkeiten zu Teleportationen und Zeitreisen entwickelte.

Project Pegasus war ein geheimes Forschungsprogramm von DARPA in Zusammenarbeit mit der Central Intelligence Agency

(CIA) und Donald H. Rumsfeld, dem Vertreter des Verteidigungsministeriums, der dem Kabinett von Präsident Richard Nixon angehörte. Ziel dieses Projekts war es, funktionierende Anwendungen der Quantentechnologie zu entwickeln, die mittels Zeitreisen über verschiedene Zeitlinien hinweg den Zugang zu Raumzeit-Koordinaten in der Vergangenheit und in der Zukunft schaffen sollten. Darüber hinaus beschäftigte sich das Projekt mit Teleportationen zu verschiedenen Raumzeit-Koordinaten entlang einer einzigen Zeitlinie.

Andrew D. Basiago hat enthüllt, dass er während der Jahre 1969 bis 1972 als Kind an *Project Pegasus* teilnahm und durch ein Gerät, das als *Chronovisor* bekannt ist, Ereignisse in der Vergangenheit und in der Zukunft beobachten konnte. Außerdem teleportierte er durch Vortaltunnel (Energietunnel durch Zeit und Raum) mit Hilfe der von Tesla entwickelten Teleporter quer durchs Land und wieder zurück zum Ausgangspunkt. Die Teleporter befanden sich auf dem Gelände der Curtiss-Wright Aeronautical Company in Wood Ridge, New Jersey, sowie in den Sandia National Laboratories in Sandia, New Mexico.[30] Die geheimgehaltene Zeitreisetechnologie der Regierung der Vereinigten Staaten wurde generell für Fernbeobachtungen innerhalb des Raumzeit-Hologramms eingesetzt.

Basiago hat öffentlich berichtet, dass er 1971 in Gegenwart von zwei weiteren Zeugen eine materiell existierende Ausgabe meines Buches *Exopolitics: Politics, Government and Law in the Universe* sah, das 2005 veröffentlicht wurde. DARPAs *Project Pegasus* nutzte die fortschrittliche Zeitreise-Technologie dazu, das Buch aus dem Jahr 2005 (oder den Jahren danach) ins Jahr 1971 zu teleportieren. Basiagos Bericht wurde durch ein weiteres Ereignis erhärtet: 1971 und 1972 war ich juristischer Hauptberater der New York City Environmental Protection Administration – der Umweltbehörde von New York City. Während dieser Zeit wurde ich dazu eingeladen, vor einem Publikum von circa 50 Beamten einen Vortrag zum Thema Umweltschutz zu halten. Nach 2005 erfuhr ich, dass die 50 Beamten, die meinen Vortrag hörten, in Wirklichkeit Mitarbeiter von

DARPA sowie des Verteidigungsministeriums der Vereinigten Staaten und der CIA gewesen waren. Man hatte sie zuvor über mein in der Zukunft erscheinendes Buch *Exopolitics* unterrichtet. Diese geheimdienstliche Überwachung via Zeitreise war dem Verteidigungsministerium und der CIA offenbar wichtig.

Hindernisse beim Begreifen des Omniversums

Zusätzlich zu den dem Forschungsgebiet innewohnenden Schwierigkeiten, die mit der schieren Größe und Komplexität des Omniversums zu tun haben, müssen wir auch mit verschiedenen Formen zielgerichteter Behinderungen kämpfen.

1977 arbeitete ich als Zukunftsforscher am Stanford Research Institute und leitete die von Jimmy Carter auf den Weg gebrachte »White House Extraterrestrial Communication Study« (Untersuchung zur Kommunikation mit Außerirdischen).[31] Zwangsläufig erfuhr ich dabei, dass Zeitreisen und Teleportationen eher als Waffen eingesetzt werden sollten und nicht in erster Linie als gemeinnützige Technologien. Beispielsweise war die Teleportation nicht zur öffentlichen Nutzung vorgesehen. Zeitreisen in Form von Zeitschleifen wurden dazu genutzt, militärische Geheimnisse und geheime militärische Einrichtungen vor der Öffentlichkeit abzuschirmen. Die Regierung der Vereinigten Staaten verwendete 1982, während des Kalten Krieges, Zeitreisen etwa dazu, militärische Geheimnisse vor ihrem Erzfeind, der Sowjetunion, zu verbergen. Durch eine Zeitreise beförderte sie geheime Dokumente zu einem geheimen Ort in Zeit und Raum des Jahres 1995, zu der die Sowjetunion im Jahre 1982 keinen Zugang hatte. Denn zu diesem Zeitpunkt verfügte das sowjetische Militär Berichten zufolge noch nicht über Zeitreise-Technologien. Zeitreisen wurden auch zur politischen Überwachung und politischen Kontrolle der Bevölkerung genutzt, etwa zur vorzeitigen Identifizierung künftiger US-Präsidenten.

Durch geheime Teleportationen beförderte die amerikanische Regierung Projektteilnehmer zu ausgewählten Schauplätzen und Standorten des Regierungsprojekts. Nach Berichten von Andrew D. Basiago verfügte Donald Rumsfeld in den frühen 1970er Jahren – seinerzeit war er, wie erwähnt, Angehöriger des Kabinetts Nixon und Verbindungsmann des amerikanischen Verteidigungsministeriums zum Zeitreise- und Teleportationsprojekt –, man werde die Teleportation dazu verwenden, Streitkräfte in Kampfgebiete zu befördern und dort einzusetzen. Der Öffentlichkeit sollte diese Technologie vorenthalten werden, trotz ihres Potenzials, irgendwann als global einsetzbare umweltfreundliche Beförderungstechnik zu dienen und das ölabhängige Transportsystem zu ersetzen.

Eine weitere Schwierigkeit der exopolitischen Forschung besteht in der Einschätzung des Inhalts kosmologischer Konzepte, wenn sie aus Enthüllungen stammen, die Lenkungsorgane des Universums, der Galaxis oder der Raumregion genehmigt haben. Manche Quellen interdimensionaler Informationen scheinen nützliche hypothetische Modelle der Organisation von Universen innerhalb des Multiversums zu liefern. Weitere Informationen beziehen sich auf intelligente Zivilisationen im Multiversum und auf die spirituellen Dimensionen des Omniversums.

Allerdings enthalten die interdimensionalen Informationen hin und wieder offenbar auch bewusste Falschinformationen. Die dahinter steckende Absicht ist nicht ganz klar; vielleicht zielen diese irreführenden Informationen letztlich darauf ab, die Menschheit vor den Folgen bestimmter Kenntnisse zu schützen.

Ein gutes Beispiel für derartige – anscheinend absichtliche – Vermischungen von wahren und falschen Informationen ist das *Urantia-Buch*, ein Text von 2097 Seiten voller interdimensionaler Informationen, veröffentlicht im Jahr 1955.[32] Einerseits gibt dieses Buch äußerst wichtige Hinweise auf mögliche kosmologische Modelle des Omniversums. Andererseits wird darin behauptet, das Omniversum gliedere sich in sieben Superuniversen, die Planeten der Raumzeit-Dimensionen umfassen. Demnach besteht jedes Superuniversum aus circa 100.000 lokalen Universen (aus der Gesamtzahl von 700.000 Universen), und jedes davon umfasst circa 10 Millionen bewohnte oder bewohnbare Planeten.[33] Diese Zahl liegt sehr viel niedriger als diejenige, die die Professoren Andrei Linde und Vitaly Vanchurin berechnet haben.[34]

Könnte es sein, dass die interdimensionalen Verfasser des *Urantia-Buches* bewusst Falschinformationen über die richtige Anzahl von Universen im Multiversum verbreitet haben? Und wenn ja, warum? Eine Antwort mag darin liegen, dass Enthüllungen wie diejenigen des *Urantia-Buches* zweifellos darauf abzielen, der Menschheit allgemeine Modelle des Kosmos als Anhaltspunkte zu vermitteln. Vielleicht wurde den Verfassern nicht erlaubt, solche detaillierten Informationen zu offenbaren, wie Linde und Vanchurin sie später entdecken sollten.

Das gleiche Muster fällt auch auf, wenn auf der Erde lebende Menschen von fortgeschrittenen hyperdimensionalen intelligenten Zivilisationen kontaktiert werden. Häufig wurden den Menschen dabei präzise Informationen gegeben, die jedoch mit bewussten Falschinformationen vermischt waren. Ein Zweck dieser Strategie mag darin bestehen, die menschlichen Kontaktpersonen vor den Geheimdiensten des irdischen Militärs zu beschützen. Ausführlicher gehen wir darauf im fünften Kapitel ein.

Halten wir fest: Trotz der zahlreichen Hindernisse konnten wir unsere Kartierung des Omniversums mit großer Detailgenauigkeit entwickeln. Im nächsten Kapitel möchte ich Ihnen eine auf Dimensionen beruhende Typologie der intelligenten Zivilisationen innerhalb des Multiversums vorstellen.

2

Typologie intelligenter Zivilisationen

Als ein Redakteur der Oxford University Press im August 2009 Verbindung mit mir aufnahm, erfuhr ich, wie bereits in der Vorbemerkung erwähnt, dass dieser Verlag eine Publikation von mir herausbringen wollte. Man wünschte sich ein Buch darüber, inwiefern sich die Grundsätze des auf der Erde geltenden Internationalen Rechts möglicherweise auch innerhalb unseres Universums sowie in allen Universen der exopolitischen Dimensionen des Omniverums anwenden ließen.

Der Redakteur erläuterte das Projekt wie folgt:

Mir sind Ihre Arbeiten schon seit geraumer Zeit bekannt. Ich würde gern wissen, ob Sie Zeit haben, ein Buch zu verfassen, das die Anwendung von Prinzipien des Internationalen Rechts auf Kontakte mit Außerirdischen behandelt. Das Buch würde eine wissenschaftliche Abhandlung sein und Vorschläge für einen gesetzlichen und diplomatischen Rahmen für die Beziehungen zwischen Vertretern der Erde aus den Reihen der Verein-

> ten Nationen und außerirdischen Intelligenzen skizzieren [...] (Ich persönlich bin davon überzeugt, dass deren Existenz hinreichend belegt ist.) Ohne sich auf eine Erörterung darüber einzulassen, ob solche Intelligenzen existieren [...], würde dieses Buch politische Entscheidungsträger, Juristen, Dozenten der Rechtswissenschaften und Diplomaten mit dem nötigen Hintergrundwissen versehen, um solche Kontakte richtig anzugehen.[1]

Offenbar schien die Oxford University Press seinerzeit das strategische Vorhaben anzupacken, wissenschaftlich fundierte und programmatische Arbeiten zur Erschließung der Außenwelt jenseits der Erde in seine Publikationen aufzunehmen. Er knüpfte damit an die von Steven Greer und Michael E. Salla vorangetriebene »Disclosure«-Bewegung zur Aufdeckung außerirdischer Präsenzen an. In Anbetracht dessen, dass ich die wissenschaftliche Disziplin der Exopolitik mit begründet hatte, war es plausibel, dass sich die Oxford University Press in dieser Sache an mich wandte.

Als die konzeptuelle Arbeit an einem solchen gesetzlichen und diplomatischen Rahmen für die Beziehungen zwischen Vertretern der Erde aus den Reihen verschiedener Regierungen und außerirdischen Intelligenzen begann, musste ich feststellen, dass bis jetzt keine angemessene Typologie außerirdischer Intelligenzen vorlag. Es galt also, eine neue Typologie außerirdischer Intelligenzen zu entwickeln und zu schaffen.

Üblicherweise wird eine Typologie als »Bestandsaufnahme unterschiedlicher Arten oder Gattungen« definiert. In der Anthropologie bedeutet eine Typologie die »Aufgliederung von Kulturen nach ethnischer Zugehörigkeit«, in der Archäologie die »Einordnung von Objekten gemäß ihrer Besonderheiten«. Und in der Psychologie ist eine Typologie die »Klassifizierung von Menschen gemäß Persönlichkeitsausprägungen«.[2]

Die bereits entwickelten Typologien intelligenter Zivilisationen sind begrenzt und geben nicht wieder, auf welche Weise intelligente Zivilisationen innerhalb unseres Universums selbstbestimmt leben.

Die intelligenten Zivilisationen in unserem Universum geben als Selbstauskunft an, dass sie in einer spezifischen Dimension oder Verdichtung des Bewusstseins angesiedelt sind. Diese spezifische Dimension oder Dichte ist in typologischer, örtlicher und entwicklungsgeschichtlicher Hinsicht das wichtigste Merkmal der jeweiligen Zivilisation. Von daher habe ich (mit sehr weitreichender Hilfe von Kollegen) eine auf Dimensionen beruhende Typologie intelligenter Zivilisationen entwickelt, wobei ich als Quellen Insiderinformationen aus jüngster Zeit, Berichte unmittelbarer Augenzeugen und dokumentarische Belege benutzte. Die neue Typologie beinhaltet auf Dimensionen beruhende Merkmale für außerirdische und interdimensionale Zivilisationen sowie außerirdische Lenkungsstrukturen.[3]

Komplementäre Typologien

Ehe ich die neue, auf Dimensionen beruhende Typologie vorstelle, gebe ich an dieser Stelle als nützlichen Hintergrund einen Überblick über einige früher entwickelte Typologien.

Die Kardaschow-Skala

Eine komplementäre frühere Typologie zur Einordnung intelligenter Zivilisationen ist die Kardaschow-Skala – eine von dem russischen Astronomen Nikolai Kardaschow 1964 vorgeschlagene Kategorisierung der Entwicklungsstufen von Zivilisationen. Der Physiker Dr. Michio Kaku hat die Kardaschow-Skala einer breiten Öffentlichkeit zugänglich gemacht. Sie beruht auf der »technologischen Stufe einer Zivilisation«. Die Skala ist nur hypothetisch und – bezogen auf eine tatsächlich existierende Zivilisation – recht spekulativ. Jedoch rückt sie den Energieverbrauch einer ganzen Zivilisation in eine kosmische Perspektive.

Die Skala sieht drei Kategorien namens Typ I, II und III vor, in die Zivilisationen auf der Grundlage ihrer verfügbaren, nutzbaren

Energie und dem Grad ihrer Besiedlung innerhalb des Raums eingeordnet werden.

Allgemein ausgedrückt, ist eine Zivilisation des Typs I in der Lage, die gesamten auf ihrem Heimatplaneten verfügbaren Energiequellen zu nutzen. Typ II kann die Gesamtleistung der Energie ihres Sonnensystems nutzen und Typ III die Gesamtleistung der Energiequellen ihrer Galaxis.[4]

Die Salla-Typologie

Eine weitere frühere Typologie klassifiziert intelligente Zivilisationen nach Rassezugehörigkeit oder ihrer ungefähren Verortung im Universum. Diese von Dr. Michael E. Salla entwickelte Typologie fragt auch danach, ob eine spezifische außerirdische Zivilisation »mit dem außerirdischen militärisch-industriellen Komplex der Erde kooperiert oder außerhalb davon«.[5]

Es ist eine erdzentrierte Typologie, welche die dimensionale Verankerung intelligenter Zivilisationen als wesentliches Merkmal der Lebenswirklichkeit einer Zivilisation *nicht* mit einschließt. Die Typologie umfasst nur solche Zivilisationen, die Beziehungen zu dem vorherrschenden Komplex eines Staates (gemeint sind hier die USA) auf einem Planeten (gemeint ist die Erde) innerhalb eines einzigen Sonnensystems (gemeint ist das unserige) und in einer einzigen Galaxis (gemeint ist die Milchstraße) unterhält, wobei Letztere nachweislich mindestens 500 Millionen erdähnliche Planeten umfasst und zu unserem Universum möglicherweise Hunderte Milliarden von Galaxien zählen. Diese Typologie ist in ihrer gegenwärtigen Form allzu erdzentriert, um sie auf unser Universum anwenden zu können – und erst recht nicht auf das Omniversum.

Auf der Dichte beruhende Ökologien des Bewusstseins

Die diesbezügliche Literatur stimmt mit der Annahme einer dimensionalen Ökologie des Omniversums überein. Sie beschreibt

Energiedichten oder Energiestufen des Bewusstseins, die aufeinander einwirken. Auch der Philosoph Georges Gurdjeff (1866-1949) entwickelte Systeme zur Hierarchisierung des Bewusstseins, die mit der Hypothese der dimensionalen Ökologie des Omniversums vereinbar sind. Bislang sind die wesentlichen Quellen zur Beschreibung der auf Verdichtung beruhenden Systeme des Bewusstseins interdimensionale oder aus den Dimensionen vermittelte Informationen. Beispielsweise hat der Kosmologe David Wilcock ein auf Verdichtung beruhendes Modell unseres Universums konstruiert, allerdings ohne die multiplen Universen des Multiversums oder die spirituellen Dimensionen des Omniversums einzubeziehen. Sein Modell beruht auf durch Channeling empfangenem Material (*Das Gesetz des Einen*) und auf replizierbaren empirischen Belegen (einschließlich denen des amerikanischen Reinkarnationstherapeuten Dr. Michael Newton). Wilcock schreibt:

> Obwohl diese Ansicht keineswegs allgemein verbreitet ist, gibt es umfangreiches wissenschaftliches Beweismaterial dafür, dass das Universum selbst lebt. Es ist ein ungeheuer großes einzigartiges Lebewesen – und wir sind weit enger mit ihm verbunden, als wir je geglaubt haben mögen. Ein vereintes, bewusstes Energiefeld erzeugt den ganzen Kosmos, und diese verborgene Energie kann man angemessen mit einem physikalischen Begriff, nämlich dem des *Quellenfeldes*, bezeichnen. Gemäß dieser neuen wissenschaftlichen Herangehensweise sind Galaxien, Sterne und Planeten Lebensformen in einem Maßstab, den wir uns nicht einmal richtig vorstellen können. Die grundlegenden Gesetze der Quantenphysik arrangieren dabei Atome und Moleküle so, dass DNA und damit biologisches Leben entstehen kann, das wir normalerweise für nicht existent halten würden.[6]

In den auf Verdichtung beruhenden Modellen des Bewusstseins »bezeichnet Dichte eine eindeutig ausgeprägte Ebene des Seins. Jede Verdichtung verfügt über ihre eigene Struktur von Lebensformen,

Wahrnehmung und typische Lernerfahrungen für die Bewusstseine, die hier angesiedelt sind«.[7] Nach diesen Modellen lassen sich die unterschiedlichen Verdichtungsstufen des Bewusstseins wie folgt beschreiben:

Die erste Ebene der Verdichtung ist die Bewusstseinsbasis lebloser Materie und Energie in den exopolitischen Dimensionen unseres Universums.[8]

Die zweite Ebene der Verdichtung ist die der Evolution von Bewusstsein in der Pflanzen- und Tierwelt, etwa auf der Erde und innerhalb unseres Universums. Die Evolution von Bewusstsein betrifft auf dieser zweiten Ebene das biologische Leben, das Überleben, die Anpassung, den Wettbewerb und bei Tieren auch die Organisation der Gruppe und Ähnliches. Die Seelenstruktur besteht im Allgemeinen aus einem Seelenpool der jeweiligen Art. Aber wenn Arten sich weiterentwickeln, können sich einzelne Angehörige der Art durch ein unterschiedliches individuelles Leben auch unterschiedlich entwickeln.[9]

Die dritte Ebene der Verdichtung entspricht Lebewesen, die über einen bestimmten Grad von individuellem Bewusstsein verfügen – und damit, zumindest potenziell, auch über einen freien Willen. Das bedeutet, dass ein dieser Ebene zugehöriges Wesen ein moralisches Wesen mit den dazugehörigen Verantwortlichkeiten darstellt. Während ein Tier vor allem das typische Verhalten seiner Art zeigt, verfügt ein der dritten Ebene zugehöriges Lebewesen, wie wir annehmen, über eine reflexive Eigenwahrnehmung und freien Willen und trägt somit Verantwortung für sein Karma und die Entwicklung seiner Seele.[10]

Die vierte Ebene der Verdichtung ist ein teilweise physischer Zustand, in dem Absolventen der dritten Ebene die von ihnen gewählte Polung vertiefen und vervollkommnen können. Die Arbeit an sich selbst und die Arbeit für andere sind auf dieser vierten Ebene unterschiedlich ausgeprägt und haben nicht zwangsläufig irgendeine Verbindung miteinander, es sei denn bei Interaktionen mit der dritten Ebene. Wesen der vierten Ebene verfügen über eine stärker ausgeprägte bewusste Kontrolle über ihre Körperlichkeit. Üblicherweise bilden sie Gruppen, die auf telepathische Weise einen gemeinsamen Erfahrungspool nutzen, eine gewisse Individualität jedoch beibehalten. Offenbar können sich Angehörige der dritten Ebene kurzzeitig auch in der vierten Ebene aufhalten, etwa im Zusammenhang mit einer Entführung in einem UFO. Das macht sie aber noch nicht zu Wesenheiten der vierten Ebene. Die Ebene, auf der man heimisch ist, hängt von der Entwicklung des Bewusstseins ab.[11]

Die fünfte Ebene der Verdichtung bezeichnet man in der Hypothese der dimensionalen Ökologie des Omniversums als Zwischenleben (oder Nachleben). Das Modell dieser Ebene beinhaltet Folgendes: Die Seelen der Ebenen eins bis vier befinden sich zwischen den Inkarnationen in der fünften Ebene. Diese ist eine Zone der Kontemplation, in der die Seelen von einem rein ätherischen Daseinszustand aus ihr vergangenes und zukünftiges Leben betrachten können. Allerdings müssen sie, um tatsächlich voranzuschreiten, in derjenigen Ebene der Verdichtung reinkarnieren, die am besten dem Grad ihres Fortschritts entspricht.[12]

Die sechste Ebene der Verdichtung ist nach dem auf Dichte beruhenden System des Bewusstseins folgende: eine Ebene der nicht materiellen Existenz, in der Seelen über das Bedürfnis hinausgewachsen sind, auf irgendeiner Ebene der Verdichtung zu reinkarnieren. In der fünften Ebene durchlaufen die Seelen der ersten bis vierten Ebene verschiedene Inkarnationen sowie eine Phase der Kontemplation als nicht körperliche Wesen. Die sechste Ebene ist das letzte Stadium vor der Vereinigung mit dem EINEN oder vor der siebten Ebene der Verdichtung. Letztere entspricht der EINEN QUELLE ALLER SCHÖPFUNG. Die Welt der Erzengel oder die Solarwelt der von Gurdjieff ausgearbeiteten Kosmologie bezieht sich möglicherweise auf die sechste Ebene der Verdichtung.[13]

Die siebte Ebene der Verdichtung ist die Ebene, auf der alles eins ist und eins alles, und zwar in einem praktischen, realen und bedeutungsvollen Sinn. Zwischen dem Denken und der Realität besteht kein Unterschied mehr. Dies entspricht der Idee von Georges Ivanovich Gurdjieff von einem alles umfassenden Gott oder Universum – oder auch der Absoluten Sonne.[14]

Gemäß eines Bewusstseinmodells, das durch Verdichtung definiert ist, »stellt die ›Verdichtung‹ mehr oder weniger dasselbe wie eine ›Dimension‹ dar. ›Dichte‹ bezeichnet jedoch eine Schwingungsfrequenz und keinen Ort – was der Terminus ›Dimension‹ wiederum nahe legt. Die Verdichtungsstruktur dieser Realität drückt sich vor allem in [...] Ebenen aus; allerdings umfasst jede Ebene auch untergeordnete Ebenen. Die Verdichtungsskala wird als Modell dazu genutzt, die individuelle Wahrnehmung oder Orientierung in Bezug auf andere Realitäten zu vermitteln.«[15]

Die Literatur über dimensionale oder auf Verdichtung beruhende Ökologien des Bewusstseins lässt sich anhand seelischer Erinnerungen an das Zwischenleben, herbeigeführt durch hypnotische Rückführung, überprüfen und verifizieren.

Diese Literatur kann auch als nützlicher Hinweisgeber für Vorschläge dienen, in welche Richtung die Forschung über das Zwischenleben (Nachleben) – beruhend auf seelischen Erinnerungen an das Zwischenleben (Nachleben) oder auf anderen, quantitativen Methoden – in Zukunft gehen soll.[16]

Eine auf Dimensionen beruhende Typologie intelligenter Zivilisationen

Die auf Dimensionen beruhende Typologie intelligenter Zivilisationen schafft ein auf Beweismaterial zurückgreifendes typologisches Modell für intelligente Zivilisationen und deren Lenkungsstrukturen. Diese neue Typologie stützt sich auf Selbstbeschreibungen fortgeschrittener Zivilisationen. Beispielsweise zeigt die exopolitische Literatur auf, dass fortgeschrittene intelligente Zivilisationen sich selbst durch die Dimension definieren, in der sie angesiedelt sind. So heißt es etwa: »Ich bin ein *Plejader* der fünften Dimension« oder »Ich bin ein *Arcturianer* der sechsten Dimension«.[17] Unsere Dimension, die zeitliche und räumliche Dimension der Erde, wurde verschiedentlich als die dritte oder als die vierte Dimension beschrieben.[c]

Die neue, auf Dimensionen beruhende Typologie intelligenter Zivilisationen integriert die Aussagen von Insidern (Whistleblowern) und von Augenzeugen sowie dokumentarisches Beweismaterial für intelligente Zivilisationen in den Paralleluniversen des Multiversums und kommt auf diese Weise zu einem auf Beweisen gründenden typologischen Modell für intelligente Zivilisationen.

Grob skizziert lässt sich die auf Dimensionen beruhende Typologie intelligenter Zivilisationen in den exopolitischen Dimensionen des Omniversums wie folgt darstellen:

A *Intelligente Zivilisationen (Raumzeit-Dimension)*

1. Zivilisationen innerhalb eines Sonnensystems, angesiedelt in einer zeitlichen und räumlichen Dimension, wie

a. unsere menschliche Zivilisation auf der Erde

b. die intelligente menschliche Zivilisation, die unterhalb der Marsoberfläche lebt und Berichten zufolge eine strategische Beziehung zur Regierung der Vereinigten Staaten unterhält.

---

[c] Vgl. dazu etwa Clow und Clow, *The Alchemy of Nine Dimensions* und *Plejadisches Kursbuch*, sowie Brown, *Kosmische Begegnung* und *Cosmic Explorers* (siehe Literaturverzeichnis im Anhang).

2. Zivilisationen in den Tiefen des Raums, angesiedelt in einer zeitlichen und räumlichen Dimension. Diese Dimension kann auf einem Planeten, in einem Sonnensystem oder auf einer Raumstation in unserer oder einer anderen Galaxis, aber auch an einem anderen Ort in dem uns bekannten physikalischen Universum liegen.

B *Hyperdimensionale Zivilisationen*
Intelligente Zivilisationen, die in höheren Dimensionen als in unserer zeitlich-räumlichen Dimension oder in anderen Paralleluniversen angesiedelt sind und möglicherweise technologisch hoch entwickelte Transportmittel oder physische Formen benutzen, wenn sie in die uns bekannte zeitliche und räumliche Dimension eintreten.

C *Lenkungsstrukturen intelligenter Zivilisationen*
Die auf Dimensionen beruhende Typologie umfasst auch auf gesetzlichen Regelungen gründende Lenkungs- oder Regierungsstrukturen mit Jurisdiktion über einen genau festgelegten Teil unseres Universums oder eines anderen (Parallel-)Universums innerhalb des Multiversums.

Wenn im Laufe der Zeit verifizierbare Enthüllungen über bislang geheime Projekte der nordamerikanischen Regierung oder anderer staatlicher Stellen offenbart und veröffentlicht werden (entweder von diesen Stellen selbst oder durch Informationen von Insidern/Augenzeugen), die Verbindungen zwischen Menschen und Außerirdischen und planetare Besuchsprogramme betreffen, können wir die auf Dimensionen beruhende Typologie erweitern und verfeinern. Ebenso können wir die auf Dimensionen beruhende Typologie intelligenter Zivilisationen in den Universen des Multiversums verfeinern und erweitern, sobald wir mehr Informationen über das Wesen intelligenter Zivilisationen innerhalb von Paralleluniversen unseres Universums gesammelt haben. Gemäß öffentlich zugänglicher Berichte[18] ist mit Hilfe von aufgezeichneten Fernbeobachtungen, die unter wissenschaftlichen Standardbedingungen vorgenommen wurden, bereits eine replizierbare, empirisch nachweisbare Kommunikation mit Vertretern von Regierungen innerhalb der Galaxis unserer Milchstraße gelungen.

EXOPHÄNOTYPOLOGIE

Intelligente Zivilisationen in den exopolitischen Dimensionen

Die auf Dimensionen beruhende Typologie intelligenter Zivilisationen im Multiversum hilft uns dabei, die Dimension, Verdichtung oder Ebene zu erkennen, in der eine bestimmte intelligente Spezies oder Zivilisation angesiedelt ist. Neben der Typologie nach Dimensionen kann eine intelligente Spezies oder Zivilisation auch gemäß ihrer *Exophänotypologie* eingeordnet werden, der »Typologie oder Klassifikation von Außerirdischen, die auf deren körperlichem Erscheinungsbild gründet«. Entwickelt wurde diese Typologie von Dr. Manuel S. Lamiroy (Exopolitics South Africa).[19] Laut Lamiroy sind Patrick Huyghe und Dennis Stacy wahrscheinlich die Ersten, die eine systematische auf Phänotypen beruhende Klassifikation vorgenommen haben, das heißt eine Zuordnung nach beobachtbaren Merkmalen von Aliens.[20]

Höhere Intelligenz und intelligente Zivilisationen können sich innerhalb unseres Universums oder in Universen des Multiversums in vielen verschiedenen Exophänotypen manifestieren. Gestützt auf bereits beobachtete Vertreter intelligenter Zivilisationen, wurde eine vorläufige Exophänotypologie intelligenter Zivilisationen im Multiversum erstellt.[21]

Der humanoide Exophänotyp

Humanoide Exophänotypen ähneln körperlich unserer menschlichen Spezies. Dabei lassen sich vier verschiedene Unterkategorien unterscheiden.

Terrestrischer Standard-Humanoide

Diese Außerirdischen sehen genauso aus wie die auf der Erde lebenden Menschen und können daher unerkannt unter uns wandeln. Als Unterkategorie umfassen sie sowohl die sogenannten blonden oder nordischen Aliens, die man oft beobachtet, als auch viele andere. Ein humanoider Exophänotyp, den man ebenfalls auf der Erde beobachtet hat, ist der Sasquatch, Ogo oder Yeti. Dies sind drei Namen, die wahrscheinlich ein und dieselbe Spezies bezeichnen. Nur wurden Angehörige dieser Spezies an drei verschiedenen Orten gesichtet und hatten – je nach Ort – unterschiedliche Färbungen des Fells. Im Himalaja-Gebirge war das Fell weiß, in Nordamerika von einem dunklen, rötlichen Braun, in Afrika schwarz. Manche Menschen bezeichnen diese Geschöpfe auch als Bigfoot oder, inspiriert von den *Star Wars*-Filmen, als Chewbacca oder Wookiee.[22]

Kleiner gewachsene Humanoide

Diese Außerirdischen ähneln Menschen auf der Erde, sind aber kleiner als die meisten von uns. Zu dieser Kategorie zählen der Santinianer, der Korendrianer und der kleiner gewachsene Nicht-Grey.

Größerer Humanoide

Hierzu zählen Außerirdische, die Menschen von der Erde äußerlich ähneln, aber größer als durchschnittlich große irdische Menschen sind. Dazu gehören der »Große Weiße« (Tall White) und verschiedene Typen von »Riesen«, zum Beispiel der Bawwi.

Humanoide mit vom Menschen abweichenden Besonderheiten

Sie sehen in vielerlei Hinsicht wie auf der Erde lebende Menschen aus, haben jedoch eine oder mehrere deutlich davon abweichende Besonderheiten. Beispielsweise haben sie Hautfarben, Hautarten, Haare oder Augen, wie sie auf der Erde nicht zu finden sind. Zu dieser Unterkategorie gehören Katzenmenschen, Vogelmenschen, blauhäutige Aliens und Aliens mit von Falten durchzogenen Gesichtern.[23]

Unter die humanoiden Exophänotypen fallen darüber hinaus auch fünf marsianische Exophänotypen, die der frühere nordamerikanische Chrononaut Andrew D. Basiago entdeckt hat, was in den folgenden Kapiteln noch ausführlich behandelt wird. Er unterscheidet zwischen *Homo martis terries*, *Homo martis martis*, *Homo martis extraterrestrialis*, *Homo martis deminimis* und *Homo martis sasquatchis.*[24]

Der hyperdimensionale Exophänotyp der Greys

Gemäß der von Lamiroy entwickelten Exophänotypologie stellen die Greys vermutlich den am besten bekannten Phänotyp von Außerirdischen (oder Hyperdimensionalen) dar. Die ältere UFO-Literatur unterscheidet dabei drei Haupttypen, doch bei genauem Hinsehen findet man in Wirklichkeit fünf Typen und viele Variationen dazwischen. Das gilt besonders für die »normalen« Greys. Sie können unterschiedliche Hautfarben haben; manche haben in ihren Armen offenbar einen Ellbogen, andere nicht; sie haben entweder Klauen oder Hände, und die Hände können in Fingern oder in Tentakeln mit Saugnäpfen enden.[25]

Als die fünf Haupttypen kann man die folgenden bezeichnen:

Normale Greys

Sie sind am weitesten verbreitet. Sie sind circa 1 Meter 20 bis 1 Meter 35 groß, haben große knollenförmige Köpfe, Stielaugen mit »Rundum«-Blick, einen schlitzartigen Mund, kleine Ohren ohne Ohrläppchen und keine sichtbare Nase. Ihre Beine sind kürzer und haben andere Gelenke, als Menschen sie gemeinhin haben. Ihre Arme reichen oft bis zu den Knien. Diese Greys weisen viele verschiedene Farbschattierungen auf. Im Allgemeinen sind die Hautfarben blass und umfassen graue, weiße, hellblaue, hellorange und hellbraune Töne. Es scheint keinen Standard-Phänotyp zu geben, denn man hat bereits viele unterschiedliche Besonderheiten bei ihnen beobachtet. Manche haben Hände mit Fingern, manche Klauen, andere nur Gewebe und so weiter.

Die großen Greys mit Nasen
Sie sind circa 1 Meter 80 bis 2 Meter 75 groß und haben im Unterschied zu den anderen Greys deutlich ausgeprägte Nasen.

Die großen Greys ohne (ausgeprägte) Nasen
Sie sind circa 1 Meter 80 bis 2 Meter 10 groß und im Grunde größere Versionen der normalen Greys. Sie haben große Köpfe, Stielaugen mit »Rundum«-Blick und einen schlitzähnlichen Mund. Es mag sogar zwei verschiedene Typen der großen Greys ohne ausgeprägte Nasen geben, denn im Unterschied zu den normalen Greys haben einige dieser großen Greys angeblich auch Reproduktionsorgane. Außerdem scheinen sie über etwas zu verfügen, das einer winzigen Nase ähnelt.

Die kleingewachsenen Greys
Sie sind nur wenig größer als 90 Zentimeter. In der Regel sehen sie wie kleinere, aber sehr viel muskulösere Versionen der normalen Greys aus. Man sagt ihnen nach, dass sie außerordentlich aggressiv sind, und hält sie gemeinhin für die gefährlichste Spezies unter den Greys. (Im Internet nennt man sie häufig die »Bellatrix Greys«.)

Die Mini-Greys
Nach Berichten aus jüngerer Zeit ähneln sie sehr den normalen Greys, sind jedoch nur circa 60 Zentimeter groß statt 1 Meter 20 bis 1 Meter 35, wie die normalen Greys.[26]

Zwar mögen manche als »Greys« bekannte hyperdimensionale Wesenheiten künstlich erzeugte Cyborgs oder auch Drohnen sein, doch ein Experte schätzt sie auf mehr als 150 unterschiedliche Arten.

Im Jahr 2006 wurde innerhalb des Exobiology Projects ein Dialog mit einem kleingewachsenen Grey herbeigeführt. An diesem Projekt beteiligten sich freiwillige ehrenamtliche Erforscher der Exophänotypen und der Exobiologie, aber auch ehemalige Offiziere der amerikanischen Luftstreitkräfte. Dieser Dialog legt nahe, dass es sich bei Greys zwar nicht um Pflanzen handelt, sie biologisch gesehen aber auf Chlorophyll angewiesen sind. An dieser Stelle geben wir den Dialog wieder.

Frage: Seid ihr eine mechanisch funktionierende Art, wie manche Menschen behaupten?

Grey: Nein, wir sind biologischer Art, unterscheiden uns in unserer Biologie jedoch von Menschen und anderen Spezies.

Frage: Seid ihr teilweise Pflanzen? Manche Menschen behaupten, euer Gewebe enthalte Chlorophyll.

Grey: Wir sind keine Pflanzen, sondern nutzen Chlorophyll auf symbiotische Weise. Chlorophyll versorgt uns mit Energie und Nährstoffen.

Frage: Seht ihr deshalb in weißem Licht bläulich-grau aus?

Grey: Ja, das Chlorophyll in unserer Haut prägt unsere Hautfarbe. Wir verfügen außerdem über Biolumineszenz.

Frage: Ich habe einmal einen Grey in Gefangenschaft beobachtet. Ist er gestorben? Und was hätte man tun können, um ihn am Leben zu halten?

Grey: Ja, er ist gestorben. Er hätte andere Greys und Nährstoffe gebraucht.

Frage: Haben wir solche Nährstoffe auf der Erde?

Grey: Einige davon, zum Beispiel Chlorophyll und Bor. Aber andere fehlen bei euch.

Frage: Das bedeutet also, dass Greys in Gefangenschaft immer sterben werden?

Grey: Nicht immer. Manche Greys haben vielleicht genügend Ressourcen, um zu überleben.

Frage: Seid ihr vor allem nachtaktive Lebewesen?

Grey: Ja, wir sind nachts tätig. Grelles Licht verletzt uns, es sei denn, es ist besonders gefiltert. Sowohl Hitze als auch Licht sind für uns schädlich.

Frage: Wie kann das Chlorophyll Nährstoffe liefern, wenn es kein Sonnenlicht bekommt?

Grey: Wir haben spezielle Lichtquellen.[27]

Die zeitgenössische Literatur über Entführungen durch Aliens und Begegnungen mit Aliens erwähnt Wesen, die wie Reptilien aussehen. Man bezeichnet sie als reptilienartig, reptoid, dinoid oder saurierähnlich. Buchstäblich alle von den unten erwähnten Lebewesen sind Zweifüßler (sie gehen aufrecht) und daher in Wirklichkeit keine Reptilien. Allerdings haben sie Merkmale, die an Reptilien erinnern. Die beiden wichtigsten Ausnahmen sind der Ciakar und die »Riesenschlangen«, denn auf beide passt die Beschreibung und Definition von Reptilien uneingeschränkt.

Nach der von Lamiroy entwickelten Exophänotypologie lassen sich folgende Unterkategorien des reptilienähnlichen Exophänotyps unterscheiden:

Der große Flügel-Draco (Ciakar)

Diese Wesen werden in der Literatur erwähnt, wurden bislang jedoch nicht auf der Erde angetroffen. Sie sehen wie riesige Echsen aus und messen circa vier bis sieben Meter, können bis zu 1.800 amerikanische Pfund wiegen und haben manchmal auch Flügel.

Der Flügel-Draco (Mottenmann)

Berichte über mit Flügeln ausgestattete, fliegende Reptilien stammen vor allem aus Nord- und Südamerika sowie Asien. Diese Reptilien sind Zweifüßler und haben einen sehr athletischen, muskulösen Körperbau. Aufrecht stehend erreichen sie eine Größe von mehr als zwei Metern. Ihre Köpfe ähneln Berichten nach denen von Dinosauriern (speziell dem Tyrannosaurus Rex). Als besonderes Merkmal wird immer wieder erwähnt, dass sie glühende rote Augen und einen hypnotischen Blick haben. Genau wie die kleinen Greys können sie angeblich vom Boden abheben und sich in die Lüfte schwingen. Am Rücken haben sie zwar Flügel, bis jetzt liegen allerdings keine Berichte darüber vor, dass diese Flügel auch tatsächlich beweglich sind und zum Fliegen benutzt werden. In der Literatur werden diese Wesen häufig als »Mottenmänner« bezeichnet.

Der nicht mit Flügeln ausgestattete Draco
Er ähnelt dem geflügelten Draco, hat aber andersartige Augen und besitzt keine Flügel. Diese Reptilienart wird an Bord von Raumschiffen, zu denen Entführte gebracht wurden, am häufigsten gesichtet. Oft befindet er sich in der Gesellschaft von Greys. Berichte über diese Draco-Art kommen aus der ganzen Welt, weil sie zu den Alien-Reptilien gehört, denen man am meisten begegnet. Hinsichtlich der Frage, ob sie Geschlechtsteile haben, widersprechen sich die Berichte. Ab und zu werden Geschlechtsteile und sexueller Verkehr mit Entführten erwähnt, in anderen Berichten fehlen solche Angaben.

Iguanaähnliche Reptilien
Auch sie werden in der Literatur immer wieder erwähnt. Sie ähneln den ungeflügelten Dracos, sind aber längst nicht so muskulös und außerdem ein bisschen kleiner als die ungeflügelten Dracos, nur wenig mehr als 1 Meter 50 groß. Ihre Köpfe sehen eher wie die von Iguanas als die von Tyrannosauriern aus. Nach den meisten Berichten sind sie durch Kapuzen vermummt.

Echsenähnliche Reptilien
Eine fünfte Unterkategorie von Reptilien umfasst Echsenmänner/Schlangenmänner. Sie sind circa 1 Meter 80 bis 2 Meter 40 groß, gehen als Zweifüßler aufrecht, haben häufig echsenartige Schuppen, eine grünliche bis bräunliche Hautfarbe und klauenähnliche, vierfingrige Hände mit Schwimmhäuten. Ihren Gesichtern sagt man nach, dass sie sowohl Züge von Echsen oder Schlangen als auch von Menschen haben. Berichten zufolge sind manche Gesichter von einer Furche durchzogen, die von der Kopfspitze bis zum Maul verläuft. Da einige Augenzeugen den Kopf als »schlangenähnlich«, andere hingegen als »echsenähnlich« bezeichnen, kann es sich durchaus um zwei verschiedene Gruppen handeln.

Und in Anbetracht der unterschiedlichen Beschreibungen der Haut und der Geschlechtsteile mag es sogar mehrere unterschiedliche Gruppen geben.

Riesenschlangen
Einige nicht bestätigte Berichte im Internet erwähnen Riesenschlangen außerirdischen Ursprungs. Diese wären dann echte Reptilien und keine Zweifüßler. Angeblich haben sie nicht einmal Beine.

Andere Arten
Entführte Menschen haben auch Begegnungen mit reptilienartigen Wesen beschrieben, die in keine der oben aufgeführten Kategorien fallen. Manche scheinen Variationen der verschiedenen Phänotypen zu sein. Beispielsweise gibt es Berichte über Wesen, die zur Beschreibung der Echsenmänner passen, nur haben sie eine feuchte, lederartige Haut und Hände mit Fingern statt Klauen.[28]

Ein Gespräch aus dem Jahre 2016, durchgeführt vom Exobiology Project mit einem hyperdimensionalen vermummten Reptilwesen, offenbarte mehrere mögliche Merkmale dieser Spezies.

Frage: Deine Stimme klingt nach irdischen Maßstäben mechanisch. Bist du ein mechanisch konstruiertes oder ein natürliches Wesen?

Reptil: Wir sind natürliche Wesen, keine mechanisch konstruierten.

Frage: Warum sind manche Arten an Kohlenwasserstoffen interessiert? Kommen sie in der Galaxis nur selten vor? Und wie steht es mit Mineralien und Gasen, zum Beispiel mit Wasserstoff und Bor? Für was verwenden diese Arten Kohlenwasserstoffe? Und gibt es mit der Erde deswegen Konflikte?

Reptil: Die Greys bringen uns Dinge von der Erde zum »Auftanken«, zur Pflege und Säuberung, zum Atmen, zur Ernährung und zum »Ergrünen«.

Frage: Was bedeutet dieses »Ergrünen«?

Reptil: Wir haben Chlorophyll in unserer Haut, es dient uns als Nahrung.

Frage: So wie die Greys?

Reptil: Ja. Aber es gibt keine Auseinandersetzungen um Ressourcen. Ressourcen gibt es überall.

Frage: Das haben auch die anderen Arten gesagt.

Reptil: Und es stimmt.[29]

Die von Lamiroy entwickelte Exophänotypologie beinhaltet auch eine Typologie von insektenartigen und hybriden Lebewesen.

Der insektenartige Exophänotyp

Er umfasst jene Lebewesen, deren Aussehen (und/oder Verhalten) dem von Insekten ähnelt. Wie die reptilienartigen und amphibischen Lebewesen stellen die insektenartigen eine gemischte Kategorie dar. Einige Phänotypen weisen humanoide Züge auf, während andere eher Wesen gleichen, die man für typische Insekten halten könnte. Bislang unterscheidet man folgende Typen:

Lebewesen, die Gottesanbeterinnen ähneln

Sie stellen die größte Gruppe dar. Entführte Menschen haben recht häufig von Begegnungen mit ihnen berichtet. In den meisten Berichten werden sie als circa 1 Meter 80 groß und als Zweifüßler beschrieben. Manche anderen Berichte heben ihre Ähnlichkeit mit Insekten hervor. Möglicherweise sind die Zweifüßler Hybriden.

Depanoide

Es existieren Berichte (und Fotos) von Lebewesen, die Zweifüßler sind, einen humanoiden Torso und humanoide Glieder haben, jedoch einen übermäßig großen käferartigen Kopf. Auch diesen Wesen sind einige entführte Menschen begegnet. Den Namen »Depanoide« hat ihnen einer dieser Entführten, Jim R., gegeben. Diese Wesen werden als »Aufsauger von Energie« oder »Energie-Vampire«

beschrieben. Sie setzen ihre Opfer Erfahrungen aus, auf die diese Opfer höchst emotional reagieren. Daraufhin »nähren« sich diese Wesen von den Emotionen der Opfer.[30]

Der hybride Exophänotyp

Nach Dr. Lamiroy ist hybrid »alles, was aus heterogenen Quellen stammt oder aus Elementen unterschiedlicher oder nicht zusammenpassender Arten besteht. Die in der UFO-Literatur erwähnten Hybriden sind vor allem eine Kreuzung aus Menschen von der Erde und Wesen aus einem Doppelsternsystem im Sternbild Netz (Zeta Reticuli). Wie genau diese Kreuzung vor sich geht, ist bislang nicht bekannt. Bei dem Vorgang wird sowohl genetisches Spleißen und Klonen als auch eine Licht-Plasma-Technologie eingesetzt, mit der die Menschen nicht vertraut sind«.[31]

Weitere Exophänotypen

Zu diesen zählen Zetazeen (Wale und Delfine), Amphibien, Roboter, Klone, Orbs, Schattenwesen, Alien-Strichmännchen und nicht körperliche Wesen und Gruppen.

Die Sichtungen von verschiedenen Exophänotypen intelligenter Zivilisationen und der Kontakt mit ihnen

Wie wir in Kapitel 4 noch ausführlicher erörtern werden, gibt es eine recht umfassende Literatur, in der derartige Sichtungen und Kontakte durch Erdenmenschen dokumentiert sind.[32] Nach Auskunft einer Datenbank mit wissenschaftlichen Standards, die solche Sichtungen potenziell intelligenter Zivilisationen aus der dimensionalen Ökologie erfasst, gab es in der Neuzeit bisher insgesamt circa 120.000 dokumentierte Sichtungen; 20.000 davon werden als Landungen beschrieben.

Zahlreiche Untersuchungen und Meinungsumfragen, die in den letzten 50 Jahren durchgeführt wurden, haben übereinstimmend ergeben, dass fünf bis zehn Prozent der nordamerikanischen Bevölkerung bereits etwas gesichtet haben, das sie für ein UFO halten. Gemäß Berichten der Vereinten Nationen haben seit 1947 circa 150 Millionen Menschen in allen Erdteilen schon einmal ein UFO gesehen.[33]

In Bezug auf andere humanoide Exophänotypen, die von Menschen gesichtet wurden, fasst die wissenschaftliche Datenbank Folgendes zusammen:

> Es wurden [nach Forschungen von Albert Rosales] mindestens 4.000 Humanoide gesichtet. Solche Begegnungen nennt man auch »Begegnungen der dritten Art« (CE-III: Close Encounters of the Third Kind). Diesen Ausdruck hat J. Allen Hynek eingeführt. »Humanoid« bedeutet »Wesen mit menschlicher Gestalt oder menschlichen Merkmalen«. Der Ausdruck »Begegnungen der dritten Art« heißt, dass man eine Wesenheit unbekannten Ursprungs gesehen hat oder mit ihr in Kontakt gekommen ist. Die Begegnung kann, muss aber nicht, in Zusammenhang mit der Sichtung eines unbekannten Flugkörpers erfolgt sein.[34]

Zu Sichtungen durch ausgebildete Piloten berichtet die Datenbank:

> Es sind mehr als 3.500 unbekannte, nicht identifizierbare Flugkörper oder Erscheinungen in der Luft dokumentiert, die Piloten der Luftwaffe, Piloten von Privatflugzeugen oder Piloten kommerzieller Fluglinien gesichtet haben. Solche Beobachtungen reichen durch die ganze Geschichte der von Motoren angetriebenen Luftfahrt. Viele dieser Fall-Dokumentationen stammen aus mittlerweile freigegebenen Berichten und Untersuchungen der Regierung der Vereinigten Staaten, aus offiziellen internationalen Quellen und von Aussagen unmittelbarer Augenzeugen aus den

> Reihen der Piloten der Luftwaffe, der Piloten kommerzieller Fluglinien, aus Berichten von Fluglotsen und Radar-Operateuren.[35]

In Bezug auf Kontakte von Erdenmenschen mit verschiedenen Exophänotypen teilte Lamiroy mir kürzlich mit:

> Die Arbeit an der Typologie wurde seit März 2012 vorübergehend eingestellt, da ich auf eine Datenbank von mehr als 17.000 Kontaktfällen gestoßen war. Diese Datenbank umfasst tatsächlich Dutzende von Phänotypen, die erst noch in die Exophänotypologie integriert werden müssen.[36]

Von den Dimensionen aus, in denen sie angesiedelt sind, führen verschiedene hyperdimensionale Zivilisationen Berichten zufolge »interdimensionale Teleportationen« mit und zu zahlreichen Menschen unterschiedlicher Kategorien auf der Erde durch.[37] Es gibt empirische Hinweise darauf, dass – nach niedriger Schätzung – bei zwei Prozent der nordamerikanischen Bevölkerung und – nach großzügiger Schätzung – bei 14,7 Prozent der gesamten Menschheit deren physische Körper, ätherische Körper oder deren Bewusstsein vorübergehend oder auf Dauer von hyperdimensionalen Zivilisationen zu Raumschiffen oder Dimensionen außerhalb der zeitlichen und räumlichen Dimension der Erde teleportiert wurden.[38] Augenzeugen solcher Teleportationen geben an, dass diese von verschiedenen Vertretern des Phänotyps der Greys innerhalb der intelligenten hyperdimensionalen Dimensionen, aber auch von anderen Exophänotypen aus hyperdimensionalen Zivilisationen durchgeführt werden. Nach Schätzungen von Experten könnte die Anzahl unterschiedlicher Gattungen bei den uns bekannten intelligenten Arten von Greys bis zu 150 betragen.[39]

ZWEITER TEIL

Exopolitische Dimensionen des Omniversums

3

Zivilisationen in der Raumzeit unseres Sonnensystems

Ursprünglich haben wir uns bei der auf Dimensionen beruhenden Typologie intelligenter Zivilisationen im Omniversum auf jene konzentriert, die in der Raumzeit-Dimension unseres eigenen Sonnensystems angesiedelt sind. Nun gibt es neu aufgetauchte empirische Indizienbeweise dafür, dass es in eine zeitliche und räumliche Dimension eingebettete menschliche und humanoide Zivilisationen auch auf dem nächsten Nachbarplaneten der Erde gibt, auf dem Mars.

Die Existenz unserer menschlichen Zivilisation auf der Erde lässt sich durch den gesunden Menschenverstand, durch die empirischen Wissenschaften und durch das Beweisrecht belegen. Beispielsweise bestätigt die Anthropologie die Existenz des *Homo sapiens* auf der Erde.[1] Ebenso liefern die empirisch vorgehende Wissenschaft der Exopolitik und das Beweisrecht überzeugende Belege für die Existenz intelligenten Lebens auf dem Mars.[2]

Der Beweis für die Existenz intelligenten menschlichen Lebens auf dem Mars

Während Skeptiker behaupten, das uns zugängliche Beweismaterial bestätige, dass es gegenwärtig auf dem Mars kein dort heimisches (indigenes) intelligentes Leben gebe (mal abgesehen vom geheimen Raumfahrtprogramm der Vereinigten Staaten), können wir Beweise für das Gegenteil vorlegen und auf diese Weise aufzeigen, dass es gegenwärtig indigenes intelligentes Leben auf dem Mars gibt, nämlich das Leben humanoider Exophänotypen. Gemäß den Vorgehensweisen des Beweisrechts verdienen es alle Seiten in dieser Kontroverse über die Existenz intelligenten Lebens auf dem Mars, mit Achtung behandelt und angehört zu werden.

Neue wissenschaftliche Daten sowie Zeugenaussagen und dokumentarisches Material aus jüngster Zeit belegen, dass es auf dem Mars sowohl eine indigene menschliche Zivilisation als auch indigenes intelligentes außerirdisches Leben gibt. Die Zivilisationen sind – neben humanoiden Arten auf der Marsoberfläche – unterhalb der Oberfläche angesiedelt, und zwar in Städten.

Die neuen Daten, die die Existenz von Leben auf dem Mars belegen, wurden zunächst einmal ursprünglich von unabhängigen Whistleblowern geliefert, die mit aufgeteilten geheimen Marsprogrammen der nordamerikanischen Regierung zu tun hatten. Zweitens stammen sie aber auch von den Mars-Erkundungsfahrzeugen *Spirit*, *Opportunity* und *Curiosity* der NASA, die von der Marsoberfläche aus Nahaufnahmen gemacht haben.

Die erste offizielle Exophänotypologie intelligenter humanoider Lebewesen auf dem Mars beruht auf Berichten von Augenzeugen, die an den beiden frühen Geheimprogrammen der nordamerikanischen Regierung beteiligt waren, und zwar an den Zeitreisen via Quantentechnologie und an den Teleportationen. Es handelt sich dabei um DARPAs *Project Pegasus* und um den Jump Room (Sprung-Raum) der CIA. Das Marsprogramm der CIA bestand aus der Teleportation via Jump Room, der Berichten zufolge von einer bestimmten Art der Hyperdimensionalen vom Exophänotyp der Greys entwickelt und der Regierung der Vereinigten Staaten zur Verfügung gestellt worden war.[d] Dieses Geschenk umfasste Jump Rooms in New York City und in Los Angeles, Kalifornien, sowie eine Forschungsstation in Ohio.[3]

In dieser historischen Phase der Marserkundung genügt bei der Entscheidung, ob die zur Verfügung stehenden Augenzeugen und das dokumentarische Beweismaterial die Existenz von indigenem intelligenten Leben auf dem Mars bestätigen, die überzeugende äußerliche Betrachtungsweise (*prima facie*-Beweis). Es ist weder in wissenschaftlicher noch gesetzlicher oder ethischer Hinsicht erforderlich, dass eine solche Entscheidung der von Carl Sagan vorgeschlagenen willkürlichen Vorgabe genügen muss, man brauche »für außergewöhnliche Behauptungen auch außergewöhnliche Beweise«.[4]

Von Augenzeugen stammendes Beweismaterial für die Existenz von Humanoiden auf dem Mars

Als erster Mensch auf der Erde hat Andrew D. Basiago die fünf Exophänotypen von zweifüßigen Humanoiden auf dem Mars vorgestellt und der Öffentlichkeit zugänglich gemacht. Er ist ein in Cambridge ausgebildeter Umweltaktivist, als Jurist Mitglied der Anwaltskammer des Staates Washington und zugelassen beim Bundesbezirksgericht der Vereinigten Staaten von Amerika für den westlichen Bezirk von Washington. Er gehörte zu den frühen Raumzeit-Erforschern Amerikas und war das erste amerikanische Kind, das teleportierte. Im Alter von sieben bis elf Jahren, von 1968 bis 1972, war Basiago Mitarbeiter an DARPAs *Project Pegasus* und in diesem Zusammenhang an acht verschiedenen Zeitreisen beteiligt – der seinerzeit jüngsten Errungenschaft der technologi-

---

d Beweise für hyperdimensionale Zivilisationen und deren Interaktionen mit intelligenten Zivilisationen in Zeit und Raum unseres Universums werden in den Kapiteln 4 und 8 vorgestellt.

schen Abwehr unter Leitung des amerikanischen Verteidigungsministeriums. In den Jahren 1980 bis 1984, während seiner Studienjahre an der University of California in Los Angeles (UCLA), nahm er auch an einem zweiten geheimen Raumfahrtprojekt der Vereinigten Staaten teil, dem Jump Room-Programm der CIA zur Erkundung des Mars. In dieser Funktion machte er als Chrononaut via Jump Room 40 Zeitsprünge zum Mars.[5]

Bilder von Lebensformen auf dem Mars, einschließlich der berühmten Exophänotypen von Humanoiden, veröffentlichte Basiago erstmals in seinem Buch *The Discovery of Life on Mars*.[6] Darin porträtierte er äußerst präzise die humanoiden Exophänotypen auf dem Mars, wie später von der jahrzehntelang bei der CIA beschäftigten Virginia Olds bestätigt wurde.[7] Basiago schreibt:

> Es gibt fünf Arten zweifüßiger Humanoider auf dem Mars. Das sind erstens die Nachkommen von Erdenmenschen, die während der ersten Zivilisation auf der Erde zum Mars zogen und durch die Katastrophe im Sonnensystem circa 11.500 vor der christlichen Zeitrechnung von uns getrennt wurden [*Homo martis terris*]. Zweitens gibt es eine auf dem Mars heimische (indigene) Art [*Homo martis martis*], drittens eine verborgene humanoide Art auf dem Mars, die ein Zweig der außerirdischen Greys ist [*Homo martis extraterrestrialis*]. Darüber hinaus existieren noch zwei andere Primatenarten auf dem Mars. Das ist, viertens, eine Spezies von winzigen Humanoiden, die unter der Marsoberfläche lebt [*Homo martis deminimis*]. Und fünftens gibt es dort Primaten, die dem Bigfoot ähneln [*Homo martis sasquatchis*]. Mars ist deren Planet, er gehört uns nicht. Der Mars gehört den Marsianern.[8]

Basiago entwickelte seine Exophänotypologie humanoider Marsianer auf der Grundlage unmittelbarer Beobachtung als Teilnehmer von *Project Pegasus* (und sah dort mit eigenen Augen den Exophänotyp des *Homo martis terris*). Darüber hinaus konnte er während seiner späteren Marsreisen vom Jump Room aus den *Homo martis martis* und den *Homo martis extraterrestrialis* unmittelbar beobachten. Basiago konnte außerdem noch andere Berichte über humanoide Exophänotypen auf dem Mars nutzen, einschließlich offizieller Einsatzbesprechungen der CIA zur Vorbereitung von Besuchen auf dem Mars. Des Weiteren konnte er auch auf inoffizielle Einweisungen durch CIA-Beamte, durch das Personal des Jump Room-Projektes und durch einige Projektteilnehmer auf der Erde und auf dem Mars zurückgreifen.

Basiago hat öffentlich bestätigt, dass er 1970 in Begleitung seines mittlerweile verstorbenen Vaters, Raymond F. Basiago, drei Astronauten der menschlichen Marszivilisation begegnet ist. Sein Vater arbeitete seinerzeit als Ingenieur für die Ralph M. Parsons Company bei geheimen Raumfahrtprojekten mit. Basiago traf die drei Astronauten auf dem Gelände der Curtiss-Wright Aeronautical Company in Wood Ridge, New Jersey. Die Marsianer hielten sich dort während einer Kontaktaufnahme mit der Erde auf, die eine Konferenz mit technischem Personal des amerikanischen Verteidigungsministeriums mit einschloss. Die drei Astronauten gehörten zum Exophänotyp *Homo martis terris.*

Basiago beschreibt sie wie folgt:

> Der *Homo martis terris* zählt in genetischer Hinsicht zu unseren Verwandten aus der Zeit vor der Katastrophe im Sonnensystem, als Erde und Mars noch Verbindung miteinander hatten, also circa 9.500 vor Christus. Die Vertreter dieser Spezies ähnelten glatzköpfigen schlichten Menschen von der Erde. Sie sind Menschen, genau wie die Menschen auf der Erde. Wie sich herausstellte, verfügten sie im Jahre 1970 über eine weiter entwickelte Raumfahrttechnologie als wir auf der Erde und arbeiteten mit der Regierung der Vereinigten Staaten zusammen.[9]

Basiago berichtet auch, dass er zwei von drei allgemeinen Exophänotypen humanoider Marsianer beobachtet hat, als er im Rahmen des

Jump Room-Programms der CIA zum Mars reiste. Diese zählten zu den *Homo martis martis* und *Homo martis extraterrestrialis.*

Er schreibt:

Homo martis martis sind indigene auf dem Mars heimische Humanoiden. Sie haben schmalere Köpfe, spitzere Ohren, längere Finger und zierlichere Körper als Menschen von der Erde und ähneln dem Geschöpf in dem Kultfilm *Nosferatu*. Man teilte uns mit, dass sie bei großem Hunger manchmal auch menschliche Besucher von der Erde töten und verspeisen, wir sollten also auf der Hut sein. [...] Diese Spezies hat die Vorstellungen von einem »Marsianer« in der Folklore und Populärkultur auf der Erde geprägt. [...]

Die Spezies *Homo martis extraterrestrialis* ähnelt den außerirdischen Greys in der Literatur über Kontakte mit UFOs. Dieser Typus ist derjenige, dem Courtney M. Hunt, William B. Stillings und ich während des Jump Room-Programms der CIA begegneten, nachdem ich einen davon auf dem Dach der Jump Room-Einrichtung namens »The Corkscrew« entdeckt hatte. Das war bei einer unserer Ankünfte auf dem Mars während der Jahre 1981/1982. Als ich den »Corkscrew« vor meinen Gefährten, den beiden anderen Chrononauten, verließ, rief ich ihnen zu: »Court, Brett! Ein Grey. Auf dem Dach. Der beobachtet uns!«

Diese Spezies stammt möglicherweise von einem Zweig der Greys ab, der irgendwann in der Geschichte des Mars dort zurückgelassen wurde. Diesen Typus eines Marsianers habe ich in meinem historischen Bild »The Humanoid Being on Tsiolkovski Ridge« (Das humanoide Wesen auf dem Ziolkowski-Kamm) festgehalten und als Teil meiner wegweisenden Abhandlung »The Discovery of Life on Mars« (Die Entdeckung von Leben auf dem Mars) im Jahr 2008 veröffentlicht. Es ist die erste Abbildung eines humanoiden Lebewesens auf einem anderen Planeten, die auf der Erde jemals veröffentlicht wurde.[10]

Basiago fährt fort:

Es gibt noch einen vierten Typus humanoider Lebewesen auf dem Mars: Das sind die winzigen Wesen, die Dave Beamer entdeckt hat. Sie wurden von den Rädern der Mars-Erkundungsfahrzeuge der NASA zermalmt. Diesen Typus des humanoiden Marsianers schließe ich in meine Klassifikation nicht mit ein, denn er ist sehr viel kleiner als die drei anderen Typen von Marsianern und auch viel winziger als wir Menschen.[11]

INTERVIEW MIT ANDREW BASIAGO

In einem Interview, das im September 2013 in dem Online-Magazin *Fear and Loathing Long Beach* veröffentlicht wurde, ließ sich Andrew Basiago gegenüber dem Interviewer Mike Spent ausführlich über seine Erfahrungen auf dem Mars aus.

Frage: Was haben Sie gesehen, während Sie auf dem Mars waren? Wie sieht es auf dem Mars aus? Ist er besiedelt?

Basiago: Die Marslandschaft ist eine Wüste mit sehr wenig Wasser und wenig Vegetation. Dort leben circa 30 größere Arten. Der Himmel ist blau, und die Farben des Bodens reichen von hellem Rosa bis zu rostigen Rottönen. Es gibt dort drei größere humanoide Spezies: Der *Homo martis terris* ist ein Nachfahre der Erdenmenschen, die nach der Katastrophe im Sonnensystem vor circa 11.500 Jahren auf dem Mars zurückblieben. Der *Homo martis martis* umfasst indigene Marsianer, die knollenförmige Köpfe, längliche Gesichter, spitze Ohren, lange Finger, spindeldürre Körper und ängstliche Charaktere haben. Die Spezies *Homo martis extrater-*

restrialis ist ein Zweig der außerirdischen Greys, der sich dem Leben auf der Marsoberfläche angepasst hat.

Während meiner circa 40 Sprünge zum Mars bin ich auch mehreren tierischen Spezies begegnet, darunter einem Raubtier mit einem biegsamen Körper, dessen Kopf dem des Tyrannosaurus Rex ähnelte, und einem Plesiosaurier. Auch dieser Saurier war ein Raubtier und hatte ein Gebiss, das weit in die Kehle hinein reichte.

Außerdem hatte ich mit einem Angehörigen der Spezies *Homo martis martis* direkten Kontakt, denn er holte Courtney M. Hunt und mich am Jump Room namens »The Corkscrew« ab, um uns in seiner Zivilisation unterhalb der Marsoberfläche herumzuführen. Ich sah sowohl Erwachsene als auch Kinder dieses Typs, wenn ich manchmal eine verfallene, aus Stein gebaute Stadt durchquerte, um eine Diskette mit Daten bei einer Telekommunikationsstation abzuliefern, die wir dort eingerichtet hatten.

Als ich einmal, kurz nach meiner Ankunft auf dem Mars via Jump Room, zusammen mit Courtney M. Hunt und William B. Stillings den »Corkscrew« verließ, sah ich auch einen Angehörigen der Spezies *Homo martis extraterrestrialis*. Er lauerte auf dem Dach des Jump Rooms.[12]

Frage: Hat die amerikanische Regierung nach Ihrer Enthüllung dieser geheimgehaltenen Dinge Verbindung mit Ihnen aufgenommen?

Basiago: Ja, nach Veröffentlichung meiner wegweisenden Abhandlung »The Discovery of Live on Mars« im Jahre 2008 hat mich ein leitender Sachbearbeiter der CIA kontaktiert. Er hat bestätigt, dass mein Aufsatz die Lebensformen auf dem Mars sehr genau darstellt.[13]

Einschätzung der Beweise für intelligentes indigenes Leben auf dem Mars, die auf den Berichten von Augenzeugen beruhen

Die Berichte des Augenzeugen Andrew D. Basiago über intelligentes indigenes Leben auf dem Mars – sowohl auf der Marsoberfläche als auch darunter – sind in höchstem Maße glaubwürdig. Ich hatte Gelegenheit, Mr. Basiago ausführlich zu befragen, ein Interview mit ihm durchzuführen und ihn sozusagen ins Kreuzverhör zu nehmen, und es ging dabei um alle Aspekte seiner Aussagen zu *Project Pegasus* und zum Mars seit dem Jahr 2000. Seine mündlichen und schriftlichen Berichte waren in sich stimmig und wurden sowohl von den uns zur Verfügung stehenden Zeugen als auch durch dokumentarisches Beweismaterial (einschließlich schriftlicher Versionen der Belege, die er mir überließ) bestätigt.

Mr. Basiago ist in der Ausübung seiner Pflichten als Justizbeamter und Mitglied der Anwaltskammer des Bundesstaates Washington äußerst gewissenhaft. Er sagt stets die Wahrheit, ist dabei peinlich genau und berichtet pflichtbewusst über alle seine Tätigkeiten. Die beruflichen Strafen für einen Justizbeamten, der die Öffentlichkeit bewusst täuscht oder betrügt, können sehr gravierend ausfallen, sofern es Fragen von öffentlichem Gewicht betrifft (und die Aussage, man habe persönliche Kenntnis von indigenem intelligenten Leben auf dem Mars ist sicherlich als eine solche zu werten).[14]

Basiagos Beteiligung an Zeitreisen und Teleportationen im Rahmen von *Project Pegasus* (1968-1972) ist von Zeugen belegt. Captain Ernest Garcia, ein Angehöriger der amerikanischen Streitkräfte, dessen Laufbahn im US-Geheimdienst sowohl die Tätigkeit als Personenschützer bei den Expeditionen des israelischen Archäologen Yigal Yadin zur Bergung uralter Schriftrollen am Toten Meer als auch die Tätigkeit als Sicherheitsbeauftragter der Streitkräfte von DARPAs *Project Pegasus* umfasste, hat Basiagos Teilnahme an *Project Pegasus* als US-Chrononaut bestätigt. Dr. Jean Maria Arrigo, eine Ethikerin, die eng mit den amerikanischen Streitkräften und Geheimdiensten zusammenarbeitet, hat Basiagos Beteiligung an *Project Pegasus* ebenfalls bestätigt.[15]

Zwei ehemalige Teilnehmer am Jump Room-Programm, der frühere US-Chrononaut William B. Stillings und der frühere Berater des amerikanischen Präsidenten Bernard Mendez haben unabhängig voneinander Basiagos Teilnahme am Jump Room-Programm der CIA zur Erkundung des Mars bestätigt. Jeder dieser beiden glaubwürdigen Augenzeugen intelligenten Lebens auf dem Mars hat seine Insiderinformationen unter beträchtlichem persönlichen Risiko der Öffentlichkeit zugänglich gemacht.

Die Aussagen der drei Männer (Basiago, Stillings, Mendez) über ihre Rollen als gemeinsame Teilnehmer am Jump Room-Programm der CIA während der 1980er Jahre enthalten keine Widersprüche; sie stimmen miteinander überein.[16]

Die Geschichte der Aufdeckung des Jump Room-Programms der CIA zur Erkundung des Mars

Es lohnt sich, den Vorgang, durch den das geheime Jump Room-Programm der CIA zur Erkundung des Mars schließlich zur Entwicklung einer Exophänotypologie der Marsianer führte und öffentlich bekannt wurde, in seinem historischen Kontext zu untersuchen – zumal dies während der Amtszeit des derzeit noch amtierenden US-Präsidenten Barack H. Obama stattfand, der selbst (unter seinem damaligen Familiennamen Barry Soetoro) in den frühen 1980er Jahren am Marsprogramm der CIA teilnahm.[17]

Der Jump Room der CIA wurde der Öffentlichkeit bekannt, als die beiden oben erwähnten Teilnehmer des Programms, Andrew D. Basiago und sein Mitchrononaut William B. Stillings (den man seinerzeit wegen seiner technischen Genialität dabeihaben wollte), öffentlich bestätigten, dass Barack H. Obama 1980 am Training und Unterricht zur Vorbereitung auf den Mars teilgenommen hat. Obama gehörte zu den jungen, für das Programm ausgewählten Amerikanern, denen Basiago und Stillings später bei den Zeitsprüngen zum Mars auf der Marsoberfläche begegnet waren, und zwar während der Jahre 1981 bis 1983. Basiagos und Stillings' erstaunliche Enthüllungen fügen der Kontroverse rund um Präsident Obamas Vergangenheit eine neue Dimension hinzu und werfen die Frage auf, ob der ganze Rummel um Obamas Herkunft nicht nur ein ausgeklügelter Trick war, um dessen Beteiligung am geheimen Raumfahrtprogramm der Vereinigten Staaten in jungen Jahren zu verschleiern.

Ausbildungskurs für den Mars, Sommer 1980

Nach Angaben von Basiago und Stillings besuchten 1980 beide ein dreiwöchiges Einführungsseminar zum Thema Mars. Es sollte sie auf die Reisen vorbereiten, die sie via Teleportation später dorthin führen würden. Major Ed Dames, ein Pionier der Fernbeobachtung, der damals als Techniker und Wissenschaftler für den Geheimdienst der amerikanischen Streitkräfte arbeitete, leitete den Kurs. Er fand am College von Siskiyous statt, einem kleinen College in der Nähe von Mount Shasta in Kalifornien.

Basiago und Stillings behaupten, es hätten seinerzeit zehn Jugendliche am Ausbildungsprogramm für den Mars teilgenommen, außer ihnen also acht weitere. Von diesen können sie heute zwei identifizieren, nämlich Barack Obama (der damals noch den Namen »Barry Soetoro« benutzte) und Regina Dugan, die Obama 2009 zum neunzehnten – und ersten weiblichen – Leiter der Defense Advanced Research Projects Agency (DARPA) ernannte.

Insgesamt waren sieben Elternteile der zehn jugendlichen Teilnehmer als »Gasthörer« anwesend, alle mit Verbindungen zur CIA. Dazu zählten unter anderem Raymond F. Basiago, Ingenieur bei der Ralph M. Parsons Company, der wichtigste technische Verbindungsmann zwischen der Parsons Company und der CIA, soweit es die von Tesla entwickelte Technologie der Teleportation betraf; Thomas Stillings, Betriebsanalytiker bei der Lockheed Corporation, der früher für das Office of Naval Intelligence (die Nachrichtendienstliche Abteilung der Marine) gearbeitet hatte; außerdem Mr. Obamas Mutter, Stanley Ann Dunham, die in Kenia und Indonesien Aufträge für die CIA durchgeführt hatte.

In den Folgejahren, 1981 bis 1983, teleportierten die jugendlichen Kursteilnehmer dann zum Mars, und zwar mittels eines sogenannten Jump Rooms, der in einem Gebäude des Unternehmens Hughes Aircraft am N. Sepulveda Boulevard 999 in El Segundo, Kalifornien, untergebracht war, nahe beim International Airport von Los Angeles.

Obama bei mindestens zwei Besuchen auf dem Mars identifiziert

Am 21. August 2011 verkündete Basiago: »Es ist etwas außerordentlich Wichtiges passiert. Zwei Teilnehmer ein und desselben Ausbildungskurses von 1980 zur Vorbereitung auf den Mars, nämlich Basiago und Stillings, haben sich getroffen und tauschen nun ihre Erfahrungen miteinander aus. Sie können nicht nur bestätigen, dass sie sich zusammen auf der Marsoberfläche aufgehalten haben, sondern auch, dass sie vor ihrer Ankunft auf dem Mars via Jump Room gemeinsam mit anderen Jugendlichen dafür ausgebildet wurden. Zu dieser Gruppe von Teenagern gehörten auch der derzeitige Präsident der Vereinigten Staaten (Obama) und die jetzige Leiterin von DARPA (Dugan).[18]

Stillings' Stellungnahme, die zur gleichen Zeit veröffentlicht wurde, lautete: »Ich kann bestätigen, dass Andrew D. Basiago und Barack Obama (der sich seinerzeit ›Barry Soetoro‹ nannte) im Sommer 1980 in meinem Ausbildungskurs für den Mars waren und dass ich im Zeitraum von 1981 bis 1983 Andy, Courtney M. Hunt von der CIA und anderen Amerikanern nach Ankunft auf dem Mars – via Jump Room in El Segundo, Kalifornien – auf der Marsoberfläche begegnet bin.«[19]

Es ist nicht bekannt, ob das Jet Propulsion Laboratory der NASA in Pasadena, Kalifornien – es baut und steuert Satelliten und Raumsonden für die NASA, arbeitet aber auch für das amerikanische Verteidigungsministerium – bei der Auswahl der jungen Leute für diesen gefährlichen interplanetaren Einsatz auf dem Mars seine Hand im Spiel hatte. Doch der Verdacht liegt nahe, da alle Vier (Basiago, Obama, Stillings und Dugan) Verbindungen zu dem Labor in Kalifornien hatten.

Basiagos Vater arbeitete für die Ralph M. Parsons Company, deren Hauptverwaltung in Pasadena angesiedelt war. Stillings wohnte in La Canada, einem Vorort von Pasadena. Obama hatte gerade ein Jahr seines Grundstudiums am Occidental College in Eagle Rock, nahe bei Pasadena, abgeschlossen. Ms. Dugan studierte seinerzeit am California Institute of Technology in Pasadena.

In einer Stellungnahme vom 20. September 2011 bestätigte Basiago erneut Obamas Teilnahme am Vorbereitungskurs für den Mars im Jahre 1980:

> Barry Soetoro, Student am Occidental College, nahm 1980 an dem von mir besuchten, von Major Ed Dames geleiteten Vorbereitungskurs auf den Mars am Siskiyous College in Weed, Kalifornien, teil. Diese Tatsache hat einer meiner damaligen Klassenkameraden, Brett Stillings, aufgedeckt. Zwei Jahre später – mittlerweile war Barry größer, dünner, reifer sowie ein besserer Zuhörer, nannte sich »Barack Obama« und besuchte eine andere Hochschule, die Columbia University – kreuzten sich unsere Wege wieder, in Los Angeles. Doch ich erkannte in ihm nicht mehr den Menschen, der in meinem Vorbereitungskurs für den Einsatz auf dem Mars gewesen und dem ich auf der Marsoberfläche begegnet war. Das wäre allerdings sowieso nicht möglich gewesen, weil man kurz nach Abschluss unserer Ausbildung im Jahre 1980 bestimmte Maßnahmen getroffen hatte, um bei uns spätere Erinnerungen an den Mars zu blockieren.[20]

Basiago berichtet auch, dass er während seiner Marsreisen via Jump Room in den Jahren 1981 bis 1983 Barack Obama einmal quer über die Marsoberfläche zum Jump Room zurückkehren sah. Basiago saß damals auf einer Mauer unterhalb eines Dachs, das einen Gebäudeteil des Jump Rooms überwölbte. Als Obama an ihm vorbeiging und Basiago ihn grüßte, sagte Obama mit gewissem Fatalismus: »Jetzt sind wir also hier!«

Stillings erklärt, dass er, als er während eines Marsbesuches den Jump Room verließ, auf Mr. Obama stieß. Er stand ganz allein neben dem Bau und starrte mit leerem Blick in eine angrenzende Schlucht.

Basiago hält es für so gut wie sicher, dass auch Ms. Dugan auf dem Mars war, denn er traf sie einmal im Gebäude in El Segundo, das den Jump Room zum Mars beherbergte. Als er das Gebäude betrat, um zum Mars zu springen, kam sie gerade heraus. »Ich kenne Sie!«, habe sie gesagt und ihn gegrüßt, während sie im Foyer des Gebäudes an ihm vorbeiging.

In dem später veröffentlichten, bereits erwähnten Interview, das Mike Spent mit ihm durchführte, offenbarte Basiago eine umfangreiche Liste derer, die am Sprung-Programm zum Mars teilnahmen. Wir geben hier die Fragen von Mike Spent und die Antworten von Andrew D. Basiago wieder.

Frage: Wer nahm sonst noch an diesen Marsreisen teil? Können Sie alle Personen benennen?

Antwort: Nein, nicht alle. Ich konnte allerdings 17 Amerikaner identifizieren, die in das Jump Room-Programm der CIA eingebunden waren. Diejenigen, von denen man weiß, dass sie teilnahmen und zum Mars reisten, sind ...

Andrew D. Basiago, ehemaliger US-Chrononaut

Raymond F. Basiago, Mitarbeiter der Ralph M. Parsons Company

Major Ed Dames, Angehöriger der amerikanischen Streitkräfte

Regina E. Dugan, künftige Leiterin von DARPA

Mary Jean Eisenhower, künftig aktiv in der Organisation People to People International, Enkelin von Dwight D. Eisenhower

Courtney M. Hunt, Beamtin der CIA

Linda Hunt

William C. McCool, künftiger Astronaut des amerikanischen Shuttles Columbia

Bernard Mendez, Sonderberater des US-Präsidenten

Barack H. Obama, künftiger Präsident der Vereinigten Staaten

William B. Stillings, ehemaliger US-Chrononaut

Stansfield T. Turner, Leiter der CIA

Michael C. Relfe, Sicherheitsbeauftragter der US-Streitkräfte auf dem Mars, und

Arthur Neumann, Physiker beim Lawrence Livermore Laboratory; er teleportierte im Rahmen des Lawrence Livermore Laboratory Project zum Mars.

Diejenigen Personen, die am Projekt teilnahmen, aber nicht via Jump Room zum Mars reisten, sind:

Stanley A. Dunham, die Mutter von Barack Obama

Thomas J. Stillings, der Vater von William B. Stillings, sowie

Michael Strickland.[21]

Fremde in einem fremden Land

Basiago, Obama, Stillings und Dugan reisten zu einer Zeit zum Mars, als die amerikanischen Einrichtungen dort erst in Ansätzen vorhanden waren und die Szenerie einem Bergbauprojekt auf dem Lande ähnelte. Es gab zwar eine Art von Infrastruktur für den Jump Room auf dem Mars, aber noch keine massiven Bauten als Stützpunkte für eine US-Basis auf dem Mars, wie Command Sergeant Major Robert Dean erstmals auf dem Europäischen Exopolitik-Gipfel 2009 in Barcelona öffentlich enthüllte. Die primitiven Bedingungen auf dem Mars können vielleicht das hohe Risiko erklären, das mit Marsreisen verbunden war. Basiago und Stillings erinnern sich übereinstimmend daran, dass Major Dames während ihres Ausbildungskurses erklärte: »Von den 97.000 Menschen, die wir bislang zum Mars geschickt haben, haben nur 7.000 die ersten fünf Jahre überlebt.«[22]

In Anbetracht dieser Risiken erhielt Basiago vor seinen Reisen zum Mars eine zusätzliche Ausbildung: Mr. Hunt, ein Berufsoffizier bei der CIA, zeigte ihm, wie man das Atemgerät bedient, das er nur beim ersten Sprung zum Mars im Juli 1981 tragen würde, versorgte ihn mit einer Waffe zum Selbstschutz auf dem Mars und nahm ihn mit zum Betriebsgelände von Lockheed in Burbank, Kalifornien. Dort übte er, wie man Raubtieren auf der Marsoberfläche aus dem Weg geht.

Als die jungen Marsbesucher im Sommer 1981 zum ersten Mal zum Mars teleportierten, waren sie mit der Situation konfrontiert, die Major Dames im Vorbereitungskurs des Sommers 1980 ausführlich behandelt hatte. Er hatte ihnen gesagt, sie müssten auf dem Mars vor allem darauf achten, nicht von einer der Raubtierarten auf der Marsoberfläche verschlungen zu werden. Manchen davon könne man ausweichen, anderen bei einer Begegnung nicht entkommen.

Beim Start des Marsprogramms wurde Basiago und Stillings mitgeteilt, es gehe darum, ein Verteidigungssystem zum Schutz der Erde vor Bedrohungen aus dem All aufzubauen. Indem man Zivilisten entsende, schaffe man eine legale Basis für die Vereinigten Staaten, Anspruch auf territoriale Hoheitsgewalt über den Mars zu erheben. Zur Förderung dieser Ziele und in der Erwartung, dass bald eine große Anzahl von Erdenbürgern den Mars besuchen würde, bestehe ihre Aufgabe darin, Humanoide und Tiere auf dem Mars an ihre Anwesenheit zu gewöhnen. Während ihrer Ausbildung erklärte Major Dames: »Einfach ausgedrückt besteht eure Aufgabe darin, gesehen und nicht gefressen zu werden.«[23]

Dementis und Bestätigungen

Am 8. November 2011 war ich der Erste, der über Basiagos und Stillings' Enthüllungen berichtete, Obama habe zusammen mit ihnen in den frühen 1980er Jahren am Jump Room-Programm teilgenommen. Die beiden Chrononauten wurden anschließend zum spätabendlichen, überregional ausgestrahlten Talk-Progamm des Radiosenders AM mit Laura Magdalene Eisenhower, der Urenkelin des früheren US-Präsidenten Dwight D. Eisenhower, eingeladen. Dort sprachen sie über ihre Beteiligung am geheimen Weltraumprogramm der Vereinigten Staaten.

Major Dames rief den Sender an, um seine Beteiligung am Jump Room-Programm abzustreiten. Am 3. Januar 2012 gab Tommy Vietor, der offizielle Sprecher des Nationalen Sicherheitsrates der Vereinigten Staaten (zu dem der amerikanische Präsident, der Vizepräsident, der Verteidigungsminister, der Außenminister und der Nationale Sicherheitsberater zählen), eine offizielle Erklärung zu der Sache ab. Darin wurde bestritten, dass Obama am Jump Room-Programm der CIA zur Erkundung des Mars teilgenommen habe.

Da sich mittlerweile zahlreiche Whistleblower zu Wort gemeldet und ihre Aussagen wechselseitig bestätigt haben, scheint es derzeit unvermeidlich, dass sowohl die Vertuschung der amerikanischen Präsenz auf dem Mars als auch Mr. Obamas persönliche Beteiligung daran bald großes öffentliches Interesse erregen werden.

Der britische Reporter Michael Rundle schreibt dazu in der *Huffington Post*:

> Das Weiße Haus hat abgestritten, dass Präsident Barack Obama in den 1980er Jahren als Teilnehmer eines geheimen CIA-Projekts, das an einem Community College in Kalifornien durchgeführt wurde, zum Mars teleportiert wurde. Zwei Personen haben das behauptet und zugleich versichert, sie seien selbst als Chrononauten im Auftrag der Regierung quer durch das Sonnensystem geschickt worden, um neue Welten zu erkunden. Andrew D. Basiago und William Stillings haben ausgesagt, sie hätten im Auftrag der Defense Advanced Research Projects Agency (DARPA) als »Chrononaut« fungiert. Die beiden Männer beharren außerdem auf der Behauptung, dass der heutige

amerikanische Oberbefehlshaber ebenfalls zum Team gehörte und zweimal mittels eines »Jump Room« zum Roten Planeten reiste. Zu dieser Zeit war Barack 19 Jahre alt und hieß Berichten nach Barry Soetoro. [...]

Aktuell berichtet die Zeitschrift *Wired*, dass sich das Weiße Haus zu der (wenn auch mit beißender Ironie verfassten) Erklärung gezwungen sah, Obama habe eine solche Reise über 200 [Millionen] Meilen hinweg niemals angetreten. Ist Obama also tatsächlich auf dem Mars gewesen? »Nur wenn man auch das Anschauen des Cartoons *Marvin der Marsmensch* im Fernsehen als Marsbesuch gelten lässt«, teilte Tommy Vietor, Sprecher des Nationalen Sicherheitsrates, der Zeitschrift *Wired* mit.[24]

Im Anschluss an das Dementi des Weißen Hauses im Januar 2012 folgte die nächste Phase, in der das Marsprogramm der CIA und Barack Obamas Beteiligung daran allgemein bekannt wurden. Sie begann damit, dass Bernard Mendez die Existenz des Jump Room-Programms und Basiagos Berichte darüber öffentlich bestätigte.[25] Er äußerte sich dazu während eines Seminars, das unter der Schirmherrschaft von www.ExoUniversity.org am 1. Juni 2012 in Vancouver (British Columbia) stattfand.

Im Lebenslauf von Bernard Mendez heißt es:

Bernard Mendez stammt aus einer Familie, in der der Wehrdienst stark verankert ist. Sein Vater, Bernard Mendez senior, diente im Zweiten Weltkrieg in der amerikanischen Armee und war persönlich an geheimen Militärprojekten beteiligt.

Als Bernard Mendez junior zwei Jahre alt war, fiel Familienmitgliedern auf, dass er offenbar die Fähigkeit besaß, Dinge in der gemeinhin unsichtbaren Bandbreite des Spektrums zu erkennen. Bei einer medizinischen Untersuchung fand man heraus, dass seine Augen eine ungewöhnlich hohe Anzahl von Stäbchen und Zapfen aufweisen, die ihm das Sehen in der Dunkelheit ermöglichen.

In seiner Kindheit und Jugend hatte Mendez zahlreiche unmittelbare Begegnungen mit mehreren Spezies von Außerirdischen; die meisten davon waren Greys.

Im Alter von gerade einmal 16 Jahren verpflichtete sich Mendez zum Dienst in der Marine der Vereinigten Staaten, wo er dem Kommando von Sondereinsatzkräften zugeteilt wurde. Am 9. Oktober 1970 wurde er in Australien nach Berichten der Associated Press Opfer einer äußerst bizarren Entführung und schließlich von einer Einsatztruppe der Navy Seals befreit. Dieser Vorfall erregte die Aufmerksamkeit des damaligen amerikanischen Präsidenten Richard Nixon, sodass er den jungen Marineangehörigen ins Weiße Haus einlud.

Schließlich rekrutierte Nixon Mendez für Sonderaufgaben innerhalb eines geheimen Regierungsprojekts, das unmittelbar mit Außerirdischen zu tun hatte. Man entsandte Mendez zu Einsatzorten in der ganzen Welt, unter anderem nach Alaska, Australien, China, Frankreich, in die Antarktis, zum Nordpol, zur Insel Santa Catalina vor der Küste Kaliforniens, zum K2 im Karakorum [dem zweithöchsten Berg der Erde], zu Fjorden – und auch zu den beiden berüchtigten geheimen Militärbasen unter der Erde, bekannt als »Area 51« [angesiedelt im südlichen Nevada] und »Camp Hero« in Montauk auf Long Island, New York [auch »Radarstützpunkt der US Air Force« genannt]. Darüber hinaus besuchte er noch Groom Lake [nahe der Area 51], China Lake [in der westlichen Mojave-Wüste Kaliforniens], Clove Lakes [auf Staten Island, New York], eine geheime unterirdische Basis in England – die sogenannte Bat Cave – und die frühere sowjetische Version der NASA im russischen Kapustin Jar, nahe bei Wolgograd.

Alle diese Orte suchte er auf, um im Auftrag der amerikanischen Regierung direkte Verhandlungen mit verschiedenen Vertretern von Außerirdischen zu führen.

Während der Jahre des Militärdienstes wurde Mendez zum Geheimnisträger auf einer der höchsten Ebenen, die man als

»Yankee White« bezeichnete. Das bedeutete die Genehmigung, unmittelbar für das Weiße Haus zu arbeiten. Er durchlief mehrere Stufen des Zugangs zu geheimen Dokumenten, bis er schließlich die Stufe 59 erreichte. Damals teilte man ihm mit, eine weitere Ebene werde er nicht erreichen, obwohl es – als höchste Ebene – auch die Stufe 60 gab.

Vom Frühjahr 1971 an bis zum Watergate-Skandal, der Präsident Nixon am 9. August 1974 zum Rücktritt zwang, arbeitete Mendez für das Weiße Haus und Präsident Nixon, und zwar als Kontaktmann zu verschiedenen Greys und Plejadern. Bis in die 1980er Jahre hinein war er für den Geheimdienst der Regierung tätig, um sich dann in noch jungen Jahren in den Ruhestand versetzen zu lassen.

2011 hörte Mendez auf dem Sender AM ein überregional ausgestrahltes Interview von George Noory mit Andrew D. Basiago. Darin ging es um Basiagos Beteiligung an einem geheimen Zeitreiseprojekt der Regierung namens *Project Pegasus* in den frühen 1970er Jahren sowie an einem geheimen Mars-Erkundungsprogramm Anfang der 1980er Jahre. Daraufhin nahm Mendez Verbindung mit dem US-Chrononauten auf. Basiago und Mendez stellten fest und bestätigten später, dass sie beide am Marsprojekt mitgearbeitet hatten (dem Jump Room-Programm der CIA Anfang der 1980er Jahre), wie auch Barack H. Obama, Regina E. Dugan, William B. Stillings, William C. McCool und weitere junge Amerikaner ihrer Generation.[26]

Während des bereits erwähnten Seminars im Juni 2012 bekräftigte Mendez Basiagos und Stillings Aussagen. Er bekundete, dass er selbst, Mr. Obama, die frühere DARPA-Direktorin Regina E. Dugan, Andrew D. Basiago und William B. Stillings am Ausbildungskurs für den Jump Room teilgenommen hätten, der unter Leitung von Major Ed Dames im Sommer 1980 am Siskiyous College stattgefunden habe. Darüber hinaus teilte er mit, er sei gemeinsam mit Mr. Obama und Mr. Basiago zum Mars teleportiert. Diese Sprünge hätten in den Jahren 1981 bis 1983 stattgefunden, als Obama und Basiago noch Collegestudenten gewesen seien. Zu dieser Zeit habe er selbst das Jump Room-Programm für den amerikanischen Geheimdienst unter die Lupe genommen.

Mendez' Aussagen zur Existenz des Jump Room-Programms der CIA und zu den Rollen, die Major Dames und Mr. Obama dabei spielten, widerlegen deren Dementis auf unmittelbare Weise. Andere, von Mendez und Basiago identifizierte Teilnehmer des Jump Room-Programms haben ihre Mitwirkung daran bislang (bis zum Zeitpunkt, an dem ich diese Sätze schreibe) weder bestätigt noch abgestritten.

Als man Basiago bat, Obamas Schweigen in Anbetracht der Bestätigung seiner Mitwirkung am Jump Room-Programm durch drei Teilnehmer zu kommentieren, erklärte er: »Während des Wahlkampfs für das Präsidentenamt hat Präsident Obama versichert, seine Regierung werde für Transparenz stehen. Dieses Versprechen muss er jetzt erfüllen und zugeben, dass er zusammen mit uns am Jump Room-Programm mitgewirkt hat.«[27]

Die besondere Aufgabe von Bernard Mendez beim Jump Room-Programm

Während des von www.ExoUniversity.org veranstalteten Seminars erklärte Bernard Mendez, Auslöser für seine Aufgabe, das Jump Room-Programm der CIA zu evaluieren, seien Berichte über Störungen bei den beiden Sprungeinrichtungen an der Ost- und an der Westküste der USA gewesen. Der Jump Room an der Ostküste habe in New York City gelegen, der an der Westküste im kalifornischen Segundo.

Nach Angaben von Mendez wurde der amerikanischen Regierung die Jump Room-Technologie von einem Vertreter der außerirdischen Greys zur Verfügung gestellt. Beide Jump Rooms hätten bis zu 40 Vorfälle pro Monat gemeldet, bei denen sich Teilnehmer während der Teleportation zu unbekannten Umgebungen im All Verletzungen zugezogen hätten. Allerdings seien die gemeldeten Verletzungen einige Tage nach der Teleportation stets wieder verschwunden.

Nach Mendez trat bei beiden Jump Rooms hin und wieder ein jäher Energieabfall auf, obwohl deren Steuerzentrale in Ohio zur selben Zeit eine normale Funktionsfähigkeit der Einrichtungen anzeigte. Es wurde spekuliert, dass sich die Urheber der Jump Room-Technologie, außerirdische Greys, vielleicht heimlich (und unbemerkt von der Steuerzentrale in Ohio) in die Teleportation einmischten. Die amerikanische Regierung entsandte Mendez zusammen mit einem Evaluierungsteam, dem mehrere bekannte amerikanische Astronauten angehörten, zu den Jump Rooms. Dort sollten sie die Ursachen der gemeldeten Störungen und die wirklichen Ankunftsorte bei der Teleportation ermitteln.

Basiago und Stillings haben bestätigt, dass Mendez ein Ermittler im Auftrag der Regierung war und seine vorrangige Aufgabe darin bestand, die Zielorte der Jump Rooms und damit zusammenhängende Fragen zu untersuchen.

SQEs

Neue Gebiete in der Raumzeit?

Nach seiner Ankunft im Siskiyous College, wo der Ausbildungskurs für die Jump Rooms im Sommer 1980 stattfand, besprach Mendez seine geheime Aufgabe, das Jump Room-Programm zu evaluieren, mit Major Dames. Danach begann Mendez im Jump Room an der Westküste mit einer Reihe von Testsprüngen. Bei einem dieser Sprünge teleportierte er mit Mr. Obama und Mr. Basiago zu einer planetaren Umgebung, die er anfangs für den Mars hielt. Schließlich hatte man sie ja für diese Umgebung ausgebildet.

Mendez weiß noch, dass er Obama eine Leuchtkugel abfeuern ließ, diese Leuchtkugel jedoch von einer circa 19 Meter hohen Decke abprallte. Das wies darauf hin, dass sie zu einer künstlichen

Umgebung oder irgendeiner überkuppelten, in sich geschlossenen Einrichtung teleportiert waren. Wo genau sich dieser umschlossene Raum befand, war ihnen nicht bekannt. Er mochte auf einem Himmelskörper wie dem Mars liegen oder auch Teil einer holografischen Projektion im Raum sein.

Nach mehreren Sprüngen kam Mendez zu dem Schluss, dass der Zielort, den sie durch die Teleportation aus dem Jump Room erreichten, nicht auf dem Mars liegen konnte (der zu diesen Zeitpunkten meistens auch gar nicht in entsprechender Position zur Erde stand). Die Atmosphäre hatte zu wenig Sauerstoff, als dass Menschen dort hätten überleben können. Und die Schwerkraft an der Oberfläche war hier stärker als die auf dem Mars. Zudem hätte ein Mensch auf dieser Marsoberfläche wegen der Temperaturschwankungen (von minus 80 Grad Celsius bis plus 107 Grad) nicht überlebt, und der Mangel an einer Ionosphäre zu Verstrahlungen der Springenden geführt.

Mendez schloss daraus, dass die Sprünge in Wirklichkeit zu einer »künstlichen Quantenumgebung« [engl. »synthetic quantum environment«, abgekürzt SQE] führten – ein Terminus, den Basiago zur Beschreibung einer Faltung im Raumzeit-Kontinuum prägte, welche die außeridischen Greys offenbar als »künstliches holografisches Planetengebiet« [engl. »artificial holographic planetary domain«] geschaffen hätten.[28]

Während des von www.ExoUniversity.org ausgerichteten Seminars erklärte Basiago: »Bernard Mendez zufolge besuchte man von den Jump Rooms aus nicht den Mars, sondern von den außerirdischen Greys geschaffene ›Faltungen‹ in der Raumzeit, die die Apollo-Astronauten als ›Spalten‹ bezeichneten. Diese ›Spalten‹ oder Nischen enthalten künstliche Quantenumgebungen, in denen die Greys Szenarien der Ereignisse gespeichert haben, die zu verschiedenen Zeiten auf verschiedenen Planeten, einschließlich von Erde und Mars, stattgefunden haben.«[29]

Mendez erklärte, das Jump Room-Programm sei das Ergebnis eines gemeinsamen Projekts von Außerirdischen und Menschen gewesen, an dem die Greys und die amerikanische Regierung beteiligt gewesen seien. Die dabei mitwirkenden jungen Amerikaner seien von den Greys ausgewählt und später von der CIA ausgebildet worden. »Diese verblüffende Enthüllung bedeutet, dass Präsident Barack Obama eine Kontaktperson ist, die von den außerirdischen Greys zur Teilnahme an dem geheimen Raumprogramm ausgewählt wurde.«[30]

Nach Angaben von Mr. Mendez konnte die amerikanische Regierung 153 solcher »künstlichen Quantenumgebungen« ausmachen, die die Greys in Erdnähe geschaffen hatten. Die Bandbreite dieser künstlichen Umgebungen reichte dabei von solchen, die bis zu 650 Kilometer von der Erde entfernt lagen, bis zu solchen auf und unter der Erdoberfläche. Da man sich diese neuen Gebiete möglicherweise auch als neue Territorien einverleiben kann, hat die amerikanische Regierung diese künstlichen Umgebungen aktiv erforscht, um sie eventuell zu einem Teil der Vereinigten Staaten zu machen.

Mr. Mendez hatte im Rahmen seines Evaluierungsauftrags die Aufgabe, mit den Greys zu verhandeln. Während dieser Verhandlungen deuteten die Greys an, sie hätten diese künstlichen Umgebungen geschaffen, um die Menschheit dafür auszubilden und zu konditionieren, zukünftig eine Rolle unter den organisierten intelligenten Zivilisationen im Raum und im interdimensionalen Multiversum zu übernehmen.[31]

Gegenteilige Ansichten eines Chrononauten

Während der Podiumsdiskussion auf der erwähnten Konferenz vom 2. Juni 2012 – alle drei Whistleblower (Basiago, Mendez und Stillings) nahmen daran als Sprecher teil – erklärte Stillings, seiner Ansicht nach sei der Zielort der Teleportationen tatsächlich der Mars gewesen. Man habe die Marsmonde Phobos und Deimos in ihren üblichen Positionen und Umlaufbahnen am Himmel erkennen können. Zudem habe die Springerin Courtney M. Hunt einmal festgestellt, dass sich das Mars-Erkundungsfahrzeug *Viking 2* circa 30 Kilometer von der Jump Room-Anlage entfernt befunden habe, die man wegen ihrer spiralförmigen Form »The Corkscrew« (Korkenzieher) nannte. Das alles weise darauf hin, dass die Springer tatsächlich zum Mars und nicht zu irgendeiner Simulation gelangt seien.

Man könne sich nicht darauf verlassen, dass die NASA akkurate Daten über den Mars liefere, meinte Stillings und zitierte die Behauptung der NASA, der atmosphärische Druck auf dem Mars betrage lediglich acht Millibar. Ein derart niedriger Druck hätte die mit Fallschirmen auf dem Mars gelandeten Erkundungsfahrzeuge *Spirit* und *Opportunity* seiner Ansicht nach nicht am Boden halten können.[32]

Basiago, der dafür kämpft, dass sich Amerikas Chrononauten endlich vorwagen und ihre Erfahrungen der Öffentlichkeit mitteilen, nannte Mendez' Bericht eine »Enthüllung von kosmischem Ausmaß«. Seinerseits ist Basiago der Auffassung, dass Mendez und Stillings vielleicht beide einen Schlüssel zum wahren Geschehen gefunden haben. Im Lichte dessen, dass Herkunft und Funktionsweise der Jump Rooms seinerzeit nicht bekannt waren, hält er es für möglich, dass die Springer manchmal zum Mars gebracht, gelegentlich auf Intervention der Greys hin aber auch zu den künstlichen Umgebungen »umgeleitet« wurden, weil diese dort menschliche Reaktionen an der Kontaktschwelle zum größeren Universum untersuchen wollten.

Zur Unterstützung dieser Erklärung führte Basiago Erfahrungen aus den frühen 1970er Jahren an, als er als Kind an DARPAs *Project Pegasus* teilgenommen hatte. Schon damals habe man im Zuge von Zeitreisen hin und wieder bemerkt, dass die Greys die amerikanischen Aktivitäten beobachteten. Außerdem berichtete er, dass auch in Zeiten, in denen die Jump Rooms scheinbar normal funktionierten, manchmal ein Energieabfall zu verzeichnen gewesen sei. Das könne ein Beleg dafür sein, dass die Greys während des laufenden Betriebs die Teleportationen zum Mars zu anderen Zielen umgeleitet hätten.[33]

Wenn man berücksichtige, dass die NASA über die natürlichen Bedingungen auf dem Mars Unwahrheiten verbreitet habe, so Basiago, könne man erst nach offizieller Freigabe der Informationen zum Jump Room-Programm entscheiden, ob Mendez' Deutung der Teleportationen als Sprünge ins »Anderswo« oder aber Stillings' Ansicht, man sei tatsächlich zum Mars gesprungen, korrekt sei.

Er bemerkt dazu:

> Nun haben wir eine Situation, in der drei Teilnehmer am Jump Room-Programm, drei Kollegen, ihre Erfahrungen miteinander austauschen. [...] Im Sommer 1980 wurden wir für Marsreisen ausgebildet, und das Gebiet, das wir in den Jahren 1981 bis 1983 besuchten, hielten wir eindeutig für den Mars. Mit was wir uns jetzt herumschlagen, ist Bernards Behauptung, dass wir in Wahrheit gar nicht den Mars besucht haben, sondern eine Simulation des Mars, die von den Greys in einer Blase des Universums geschaffen wurde. Wie Bernard sagt, hat er das als ein von der US-Regierung beauftragter Ermittler, der das ganze Projekt untersuchen sollte, herausgefunden. Das ist eine sehr provozierende Behauptung. Doch da Bernard Mendez, Brett Stillings und ich gemeinsam an diesem Projekt teilnahmen, habe ich dafür gesorgt, dass wir alle drei an die Öffentlichkeit gehen, um uns gemeinsam darüber zu verständigen, an was genau wir da teilgenommen haben. [...] Selbst wenn es nicht der Mars gewesen sein sollte, den wir besucht haben, sind wir uns doch alle drei darüber einig, dass wir einen Ort in der Raumzeit jenseits unseres Planeten aufgesucht haben.[34]

Obama – ein durch Zeitreisen frühzeitig ausgemachter Aktivposten der CIA

In seinem Bericht führte der Whistleblower Bernard Mendez detailliert aus, dass er in den Jahren 1980 bis 1983 mit Barack Obama nicht nur gemeinsam am Jump Room-Programm teilgenommen habe, sondern Mr. Obama dabei auch mit Versuchen beauftragte, zum Beispiel dem Abfeuern von Leuchtkugeln, um den Ankunftsort von Teleportationen zu bestimmen. Das untermauert die inzwischen aufgetauchten Beweise dafür, dass Barack H. Obama schon im frühen Alter von 19 Jahren an einem äußerst geheimen nationalen Sicherheitsprojekt der Vereinigten Staaten von höchster Priorität beteiligt war und danach sein Leben lang als Geheimagent oder Funktionsträger der CIA fungierte. Da ist es nur folgerichtig, dass die Regierung unter Präsident Obama einen in der Hierarchie so hoch stehenden Agenten wie Tommy Vietor, offizieller Sprecher des Nationalen Sicherheitsrats, am 3. Januar 2012 dementieren ließ, dass Obama in den 1980er Jahren am Jump Room-Programm der CIA teilgenommen habe.

Das Jump Room-Programm und dessen Ursprung bei einer Spezies außerirdischer Greys, mit denen die amerikanische Regierung in einem Geheimprojekt ständig Verbindung hielt, hat in den Augen der amerikanischen Regierung natürlich höchste Bedeutung für die nationale Sicherheit.

Daher werden die CIA und der nationale Sicherheitsapparat rings um den Präsidenten Obama alles, was in ihrer Macht steht, unternehmen, um Beweise dafür zu unterdrücken ...

- dass Mr. Obama via Jump Room und mittels der Technologie außerirdischer Greys an einem geheimen Teleportationsprogramm teilgenommen hat, um zu »künstlichen Quantenumgebungen« zu gelangen, das heißt zu von den außerirdischen Greys geschaffenen Zielorten
- dass Mr. Obama seit 1980 ein Vollzeitfunktionär der CIA war, der als Geheimagent dazu eingesetzt wurde, politische Aktivisten, Linke, afrikanische Nationalisten und islamische Kreise zu infiltrieren, zu überwachen und der CIA darüber zu berichten
- dass Mr. Obama 1971 durch Zeitreisen mittels Quantentechnologie frühzeitig als künftiger amerikanischer Präsident identifi-

ziert wurde und seit 1980 von der CIA im Wesentlichen für dieses Amt ausgebildet und darauf vorbereitet wurde.[e]

Zusätzliche Aussagen von Augenzeugen

Die Aussagen aus erster Hand, die die Augenzeugen Basiago und Stillings zur geheimen amerikanischen Präsenz auf dem Mars (die erst durch die revolutionäre Jump Room-Technologie ermöglicht wurde) gemacht haben, stimmen mit ähnlichen Berichten von drei weiteren Marsreisenden und Whistleblowern überein:

- Informationen des früheren US-Militärangehörigen Michael Relfe, der zwanzig Jahre lang im permanent eingerichteten Sicherheitsstab einer amerikanischen Einrichtung auf dem Mars diente.
- Informationen des Wissenschaftlers Arthur Neumann, ehemals Mitarbeiter des Lawrence Livermore National Laboratory. Er bezeugte öffentlich, dass er für die vom Verteidigungsministerium anberaumten Projektbesprechungen zu einer amerikanischen Einrichtung auf dem Mars teleportiert worden sei.
- Informationen von Laura Magdalene Eisenhower, der Urenkelin des früheren US-Präsidenten Dwight D. Eisenhower. 2007 wehrte sie sich gegen einen verdeckten Rekrutierungsversuch für eine Einrichtung, die man ihr als geheime amerikanische Siedlung auf dem Mars beschrieb.[35]

Bestätigende Mars-Erfahrungen von Captain Randy Cramer

Im April 2014 ging Captain Randy Cramer, Angehöriger der U.S. Marines, mit Insider-Informationen an die Öffentlichkeit. Er be-

---

e Obamas Identität als Funktionsträger/Agent der CIA und seine frühzeitige Entdeckung als künftiger Präsident der Vereinigten Staaten untersuche ich in meiner Schrift »How intelligence legend & Manchurian Candidate Barack Hussein Obama was created«, online nachzulesen unter http://slidesha.re/181m2fE.

hauptete, er habe siebzehn Jahre lang in einer amerikanischen Verteidigungstruppe auf dem Mars gedient.[36]

In der Folge nahmen Andrew D. Basiago, Randy Cramer und ich selbst als »Mars-Erfahrene« am 19. August 2014 an einer von Laura Magdalene Eisenhower organisierten Podiumsdiskussion zur Einschätzung dieser Mars-Erfahrungen teil.

Randy Cramers Mars-Bericht

Andrew D. Basagio erklärte: »Es gibt in Randy Cramers Bericht zehn Elemente, die mich davon überzeugt haben, dass seine Informationen der Wahrheit entsprechen und nicht erfunden sind.

1. Randy behauptet, er sei Captain im Marineinfanteriekorps der Vereinigten Staaten von Amerika. Dazu passt der geheime militärische Einsatz, von dem er berichtet. In der US-Armee, in der Luftwaffe und bei den Marines ist »Captain« der erste militärische Rang, der einen für den Empfang geheimer Informationen qualifiziert. Beispielsweise muss ein Offizier mindestens diesen Rang haben, um Zugang zu Berichten von Geheimdiensten zu erlangen, die als ›sehr geheim‹ (oder noch strenger) klassifiziert sind. Der entsprechende Rang bei der Flotte ist ›Lieutenant Commander‹. Das ist der mir zugeordnete Rang, mit dem ich nach Angaben von Courtney M. Hunt (CIA) und Dr. Eldon A. Byrd (Navy) in den Akten der Navy geführt werde. Darin ist auch meine Mitarbeit an *Project Pegasus* und am Marsprojekt dokumentiert. Randys Rang entspricht meinem, auch wenn er einem anderen Zweig der Streitkräfte angehörte und ihm höchstwahrscheinlich mein geheimer Rang in der US Navy nicht bekannt war, weil ich kaum darüber gesprochen habe.

2. Randy behauptet, dass er im Jahre 1970 geboren wurde und 1987, mit siebzehn, seine Ausbildung für den Mars begann. Das ist sehr jung für eine Ausbildung, die mit einem derart ris-

kanten Einsatz verbunden ist, weshalb man jedem, der so etwas berichtet, zwangsläufig mit großem Misstrauen begegnet. Siebzehn war jedoch das Durchschnittsalter von fünf identifizierten jungen Leuten der insgesamt zehn amerikanischen Teenager, die im Sommer 1980 am Siskiyous College von Major Ed Dames für den Einsatz auf dem Mars ausgebildet wurden. Diese fünf Personen waren Barack H. Obama, geboren am 4. August 1961 (19 Jahre), Andrew D. Basiago, geboren am 18. September 1961 (18 Jahre), William C. McCool, geboren am 23. September 1961 (18 Jahre), Regina E. Dugan, geboren am 19. März 1963 (17 Jahre) und William B. Stillings, geboren am 22. Dezember 1966 (13 Jahre). Für den, der nachrechnen will: 19 + 18 + 18 + 17 + 13 = 85; 85 : 5 = 17. Als Randy sein Alter bei Ausbildungsbeginn mit 17 Jahren angab, war ihm das Durchschnittsalter unseres Stabs von Marsreisenden bei Ausbildungsbeginn jedoch nicht bekannt. Das unterstützt seine Behauptungen.

3. Randy behauptet, er habe zu den »Streitkräften zur Verteidigung des Mars« gehört. Während unserer Ausbildung für den Einsatz auf dem Mars im Jahre 1980 teilte Major Dames unserem Kurs mit, es gebe drei wesentliche Gründe oder Ziele für unsere Entsendung: Erstens sollten wir zum Schutz der Erde zur Errichtung eines außerirdischen Verteidigungssystems auf dem Mars beitragen. Zweitens sollten wir gemäß der geltenden internationalen Jurisdiktion eine Grundlage dafür schaffen, den Mars als Hoheitsgebiet der Vereinigten Staaten von Amerika zu beanspruchen, was die Regierung dadurch vorbereitete, dass sie Besucher auf Zeit und auf dem Planeten verbleibende Siedler zum Mars entsandte. Drittens sollten wir humanoide Marsianer und Tiere mit unserer Anwesenheit vertraut machen. Zur Förderung dieser drei Ziele sprang ich in den Jahren 1981 bis 1984 circa 40 Mal zum Mars. Randy behauptet, seine Ausbildung habe 1987, also drei Jahre nach meiner Beendigung der Marsreisen, begonnen. Seine Ausbildung zielte darauf ab, eine dauerhafte militärische

Präsenz der USA auf dem Mars einzurichten. Randys Zeitangabe leuchtet ein, wenn man die Zeit für den Aufbau einer solchen Präsenz berücksichtigt. Der Zeitpunkt musste mehrere Jahre *nach* unseren Marseinsätzen liegen, da die Errichtung einer solchen Militärbasis Jahre dauert. Die Tatsache, dass Randy nicht nur als Angehöriger der U.S. Marines, sondern auch als Siedler zum Mars geschickt wurde, ruft ins Gedächtnis, was uns Major Ed Dames während unserer Ausbildung mitteilte: Man werde den Mars mit Personal ausstatten.

4. Randy behauptet, das Raumschiff, mit dem er zum Mars reiste, habe eine auf der ›Öffnung von Wurmlöchern‹ beruhende Teleportationstechnologie eingesetzt. Ich habe öffentlich und ausführlich bezeugt, dass sich, sobald der Jump Room auf halber Strecke unserer Sprünge zum Mars seine Form änderte und sich von einer kastenförmigen Zelle in einen Zylinder verwandelte, am oberen Rand des Zylinders ein Wurmloch auftat, und zwar in Gestalt einer sich im Uhrzeigersinn drehenden Spirale. Ich habe auch beschrieben, in welcher Weise mein Vater, Raymond F. Basiago (der im Mai 1984 einen Sprung zum Mars durchführte), als Verbindungsmann zwischen der Parsons Company und der CIA und damit als Vorreiter der Teleportationstechnologie fungierte. Diese technologische Errungenschaft wird von den amerikanischen Verteidigungskräften nach wie vor geheim gehalten. Für Randy wäre es viel einfacher gewesen, als Transportmittel zum Mars eines der Raumschiffe anzugeben, die von Quellen aus den Reihen der Raumfahrt häufig genannt werden. Doch das hat er nicht getan. Stattdessen hat er die viel schwerer nachzuweisende Technologie der Teleportation genannt und dadurch meine Aussagen zur Teleportation unterstützt. Äußerst interessant.

5. Ich habe bezeugt, dass meine Kollegen und ich das Mittel der Teleportation nutzten, um via Jump Rooms zum Mars zu gelangen. Dazu ließen wir einen Aufzugschacht auf der Erde

hinter uns und kamen nach der Teleportation zum Mars für niemanden sichtbar in Aufzugschächten innerhalb amerikanischer Anlagen auf dem Mars an. Da Randy ein Siedler auf dem Mars war, hätte er meine Aussage einfach übernehmen und angeben können, auch er habe den Mars via Jump Room erreicht. Immerhin sind wir ja inzwischen sechs Whistleblower, deren Aussagen die Existenz von Jump Rooms als Sprungbretter zum Mars stützen. Diese sechs Personen sind Michael C. Relfe, Arthur Neumann, Andrew D. Basiago, Laura Eisenhower, William B. Stillings und Bernard Mendez. Laura hat sogar die Abkürzung für die Jump Rooms zum Mars genannt, die uns 25 Jahre zuvor während unserer Ausbildung mitgeteilt wurde. Bei den Versuchen in den Jahren 2006 und 2007, sie für das Marsprogramm zu rekrutieren, sagte man ihr, sie werde via ›ARC‹ zum Mars reisen. Diese Abkürzung steht für Aeronautical Repositioning Chamber (Aeronautische Kammer zur Standortverlagerung). Doch Randy Cramer übernahm die Aussagen der sechs Whistleblower nicht. Er sagte nicht aus, er sei via Jump Room zum Mars gereist, sondern erklärte, seine Teleportation sei durch ein hochmodernes Raumfahrzeug erleichtert worden, das flexibler gewesen sei als die Jump Rooms, die wir für die Marsreisen benutzt hatten. Das klingt völlig plausibel. Als Armeeangehörige auf dem Mars hätten Randy und seine Kameraden auch ein solches Raumfahrzeug benötigt, um auf der Marsoberfläche über eine rasche Reaktionsfähigkeit zu verfügen.

6. Randy erklärt, dass die Luft auf dem Mars atembar ist. Das hatte ich vorher selbst schon ausgesagt, genau wie meine Reisegefährten auf dem Mars William B. Stillings und Bernard Mendez. Dass man in der Marsatmosphäre atmen kann, haben auch Fotografien belegt, die den blauen Himmel des Mars zeigen. Ich habe bezeugt, dass der Mars einen blauen Himmel hat, Randy, dass der Himmel des Mars verschiedene Farbschattierungen annehmen kann – von Blau bis Violett. Sauerstoff ist ein durchsich-

tiges Gas, das blaues Licht bricht. Die Marsatmosphäre ist mit Sauerstoff aufgeladen, da Sauerstoff aus seiner Lithosphäre durchsickert, daher der blaue Himmel. Mittlerweile ist das nicht nur auf den Fotos sichtbar, die die Mars-Erkundungsfahrzeuge von seiner Oberfläche gemacht haben; auch Satellitenbilder zeigen den blauen Strahlenkranz, der den Roten Planeten wie ein dünner azurblauer Baldachin aus Gelatine überwölbt. Damit ist obendrein die Frage beantwortet, ob der Mars besiedelbar ist oder nicht. Ja, man kann ihn besiedeln.

7. Randy beschreibt, wie ihm auf dem Mars zum Schutz ein Ganzkörperanzug verpasst wurde. Das war bei den »Mars-Springern« nicht der Fall. Wir trugen stets nur Straßenkleidung. Einmal fielen meiner Mutter bei uns zu Hause, im San Fernando Valley, und einem neben mir sitzenden Kommilitonen während eines Vortrags an der UCLA auf, dass an meinen Wanderstiefeln rostroter Staub haftete.

8. Genau wie ich hat Randy die amerikanischen Einrichtungen auf dem Mars als »klein« beschrieben. Wenn man berücksichtigt, dass unsere thematisch ähnlichen Aussagen alle möglichen Festlegungen hätten enthalten können – in insgesamt neun Kombinationen aus »groß«, »von mittlerem Umfang« und »klein« –, ist es bemerkenswert, dass unsere Berichte in diesem Punkt übereinstimmen, ohne dass wir uns vorher darüber verständigt hatten. Wenn man die Beschreibungen als »groß«, »von mittlerem Umfang« und »klein« als Parameter unserer beider Beschreibungen der amerikanischen Gebäude auf dem Mars nimmt, bestand nur eine Chance von 13,71 % dafür, dass wir diese Frage übereinstimmend beantworten würden.

9. Ich habe bereits beschrieben, wie ein Angehöriger der marsianischen Spezies *Homo martis martis* Courtney Hunt und mich einmal am Eingang zu der Jump Room-Anlage namens

»The Corkscrew« empfing und uns auf eine kurze Besichtigungstour unter die Oberfläche des Mars mitnahm, die von Höhlen durchzogen und eindeutig *tolkienesk* war.

10. Mit seinen detaillierten Berichten über seine Erfahrungen auf dem Mars kommt mir Randy Cramer genau wie die Art von Persönlichkeit vor, die für das Jump Room-Programm auf dem Mars ausgewählt wurde. Er ist hochintelligent, hat ein ausgezeichnetes Gedächtnis, ist eine selbstbeherrschte, belastbare Persönlichkeit, in geistig-spiritueller Hinsicht stark, in emotionaler Hinsicht gelassen und sehr eloquent. Das Vokabular, das er in der US-Radiosendung *Awake in the Dream* benutzte, umfasste Wörter, die gewöhnlich nur Studenten in fortgeschrittenen Semestern benutzen, beispielsweise »psionisch«, »verdeckt« und »aufrührerisch«. Keine schlechten Voraussetzungen für einen Marine, den man zum Mars schicken will und von dem man später Berichte erwartet.

Basiagos Resümee seiner Gedanken zu diesen zehn Punkten lautet wie folgt:

Ich bin äußerst beglückt über diese Entwicklung. Ich möchte Dr. Michael Salla meine Hochachtung dafür aussprechen, dass er Randy Cramer dazu gebracht hat, öffentlich als Whistleblower über die Erfahrungen auf dem Mars auszusagen. Als mich Alfred Lambremont Webre dazu brachte, 2009 mit einem sehr ähnlichen Bericht an die Öffentlichkeit zu gehen, nannte mich Dr. Salla noch einen »Spinner«. Mittlerweile hat Michael – fast entschuldigend – erklärt, dass man meinen Bericht im Licht von Randys Aussagen neu bewerten müsse, nämlich als glaubwürdig. Wir sollten in der Exopolitik nun mit einer neuen Ära der Kollegialität beginnen.

Ich möchte auch Randys Vorgesetzten, den befehlshabenden Offizieren, mein Lob dafür aussprechen, dass sie ihn zu öffentlichen Aussagen ermutigt haben. Dass sie das getan haben, überzeugt mich davon, dass sich meine Wahrheitskampagne in den Reihen geheimer Regierungsberater positiv ausgewirkt hat.

Zuletzt möchte ich Randy Cramer selbst danken. Es hat Mumm von Randy erfordert, siebzehn Jahre lang auf dem Mars zu leben, und auch beträchtlichen Mut, nach seiner Rückkehr zur Erde an die Öffentlichkeit zu gehen und von seinen Erfahrungen auf dem Mars zu berichten.

Andrew D. Basiago kam zu dem Schluss, dass Randy Cramers Erfahrungen auf dem Mars mit seinen eigenen übereinstimmten und seine Aussagen bestätigten. Er schrieb: »Nach sorgfältiger Analyse bin ich der Auffassung, dass die Aussagen von Captain Andy Cramer zum Mars der Wahrheit entsprechen. Ich bin fest überzeugt, dass Randy kein ›falscher Fuffziger‹ ist.«[37] Und er fährt fort:

> Wie ich jüngst in der Radiosendung *Awake in the Dream* mit Mark (»Dr. Dream«) Peebler und Laura Eisenhower erklärt habe, werden in Randys Bericht zahlreiche sehr spezifische Fakten genannt. Sie haben mir gezeigt, dass sein Bericht authentisch ist und er aus tatsächlich gemachten Erfahrungen schöpft. Es sind Fakten, die mit hoher Wahrscheinlichkeit nicht erfunden sind. Vermutlich hätte auch niemand solche Fakten angeführt, der mit seinem Bericht irreführen will. Einige enthalten Einzelheiten, die nur ein Insider des Projekts wissen kann. Andere ähneln sehr denjenigen, die ich bei meiner eigenen öffentlichen Aussage über meine Erfahrungen bei Marsbesuchen während des Sprungsprogramms der CIA in den 1980er Jahren enthüllt habe. Auch wenn man Randys Bericht isoliert betrachtet, ist er in sich stimmig.
>
> [Ein Beispiel:] Randys Beschreibung der blauen Ganzkörperanzüge, die eine Phalanx der Verteidigungskräfte auf dem Mars trug, entspricht genau der Kleidung einer Gruppe von marsianischen Humanoiden, die ich auf dem Foto PIA 10214 des NASA Jet Propulsion Laboratory entdeckte und 2008 in meine Abhandlung »The Discovery of Life on Mars« aufnahm.

Randy beschreibt, dass sich die Zivilisation der eingeborenen Marsianer »fast vollständig unterhalb der Marsoberfläche« befindet. Genauso ist es. Ich habe Dutzende von Radiointerviews gegeben und öffentliche Vorträge gehalten, in denen ich die Marsianer als Wesen beschrieben habe, die »vor allem unter der Oberfläche« leben. Nachdem ich 2008 »The Discovery of Life on Mars« veröffentlicht hatte, rief mich ein leitender Berufsoffizier der CIA an und informierte mich darüber, dass die unterirdische Zivilisation auf dem Mars circa eine Million Individuen umfasst und aus mehreren Spezies besteht, die dort in Gemeinschaften zusammenleben.

Die Aussage von Captain Randy Cramer ist innerhalb der sich gerade entfaltenden Wahrheitsbewegung ein Ereignis von historischer Bedeutung. Sie ist ein wesentlicher Beitrag dazu, die Vertuschung der Tatsache zu beenden, dass der Mars von eingeborenen Humanoiden und Tieren und mittlerweile auch von Besuchern und Siedlern von der Erde bewohnt ist.[38]

Dokumentarisches (fotografisches) Beweismaterial für die Existenz humanoider Marsianer

Das »Rover-Programm« – die Erkundung des Mars durch Landefahrzeuge – hat die historische Chance eröffnet, die Marsoberfläche zu fotografieren. Diese Fotos werden an die Erde übermittelt und von der NASA im Internet veröffentlicht. Der Öffentlichkeit – einschließlich der Netzwerke, die den Mars auf Anomalien hin untersuchen – steht es dann frei, die Fotos der NASA genau unter die Lupe zu nehmen und zu prüfen, ob darauf Lebensformen und Spuren gegenwärtiger oder früherer intelligenter Zivilisationen zu erkennen sind, beispielsweise Städte, Gebäude, Statuen, Skulpturen und anderes.[39] Die Mars Anomaly Research Society (kurz MARS) stellt ein solches Netzwerk von Forschern dar und hat Bilder von humanoiden Marsianern und anderen marsianischen Lebensformen veröffentlicht, die auf den Fotos der NASA entdeckt worden sind.[40]

Prima facie-Beweise lassen keinen Zweifel daran, dass der Mars eine fragile, postkatastrophale Ökologie aufweist und von mindestens drei Spezies intelligenter humanoider Spezies bewohnt wird, die nicht von der Erde stammen. In »The Discovery of Life on Mars« beschreibt Basiago den vom NASA-Erkundungsfahrzeug *Spirit* fotografierten Exophänotyp des *Homo martis extraterrestrialis* wie folgt:

> Ähnliche humanoide Wesen sind auch an anderen Stellen dieses auf dem Mars aufgenommenen Fotos zu finden. Beispielsweise ist innerhalb einer Felseinfriedung des Ziolkowski-Kamms ein kniender Humanoider mit zwei Armen und zwei Beinen zu sehen. Sein Rücken ist dem Erkundungsfahrzeug *Spirit* zugewandt. Er hat einen knollenartigen Kopf und einen länglichen Körper, trägt Hosen und einen Gürtel, sein Oberkörper ist jedoch unbekleidet. Am oberen Rücken sind deutlich die Schulterblätter zu erkennen. Er lehnt sich, vom Betrachter abgewandt, über die Felswand. Vielleicht streckt er die Hände nach einem marsianischen Kind aus oder hebt es über die durch den hinteren Felsen gebildete Wand.
>
> Der Humanoide ist innerhalb der Felseinfriedung des Ziolkowski-Kamms leicht zu finden. Gehen Sie zum Viereck in der oberen linken Ecke der linken Solarzellenreihe von *Spirit*, danach fünf Solarzellen nach rechts bis zum Rand der Reihe, die auf das Tal hinausgeht, und von dort aus direkt nach oben. Die C-förmige Formation auf dem Kamm ist von bläulich-grauer Farbe. Der in der Felseinfriedung kniende Humanoide ist winzig und dünn und ähnelt einer kleinen Gottesanbeterin. Er interagiert mit anderen Humanoiden unmittelbar jenseits der Felsen.[41]

Die Fotos, auf die sich Basiago bezieht, sind vergrößerte Ausschnitte der vom Erkundungsfahrzeug *Spirit* aufgenommenen Fotos PIA

10214 und PIA 11049. Basiago schreibt: »Auf dem Mars gibt es tatsächlich Leben. Beweise dafür, dass der Rote Planet Leben birgt, und das schon seit Äonen, hat der Autor durch gründliche Untersuchung des NASA-Fotos PIA 10214 entdeckt, einer westlichen Ansicht des westlichen Tals des Columbia-Beckens im Gusevkrater. Dieses Foto hat das Mars-Erkundungsfahrzeug *Spirit* im November 2007 aufgenommen und zurück zur Erde gesendet.«[42]

Es könnte den Lesern von Nutzen sein, sich die Fotos von Exophänotypen marsianischer Humanoider genau anzuschauen, die von Andrew D. Basiago, dem Gründer der Mars Anomaly Research Society (MARS), und von dem argentinischen Marsforscher Patricio Barrancos entdeckt wurden.[43] Allerdings muss man dabei unbedingt berücksichtigen, dass es die NASA dem Betrachter der Fotos bewusst schwer macht, die Bilder von Exophänotypen marsianischer Humanoider und anderen Lebensformen auf den Fotos der Mars-Erkundungsfahrzeuge wahrzunehmen und zu erkennen.[44]

Nach Angaben von Basiago hat [die Organisation MARS] folgende sieben Techniken ausfindig gemacht, welche die NASA zur Verzerrung ihres Materials einsetzt:

1. *Maßstab:* Komprimiere die vertikale und die horizontale Dimension so, dass alles unauffällig aussieht.
2. *Kontrast:* Verändere das Hell-Dunkel-Verhältnis zu extremen Werten oder kehre die hellen und dunklen Werte ganz um.
3. *Farbe:* Füge Fehlfarben und unnatürliche Farbschattierungen hinzu.
4. *Verzerrung:* Verändere die vertikale Ausrichtung von Gestalten.
5. *Konsistenz:* Übermale deutliche Farben so, dass sie schwarz, weiß oder trübe wirken.
6. *Schlüssigkeit:* Ändere natürliche Formen so, dass sie nicht mehr wie in der Natur auftretende Formen aussehen.
7. *Inhalt:* Bette den Inhalt in veränderte Kontraste ein, verwende nicht-menschliche Daten und sonderbare Pixel.[45]

Doch trotz all dieser Verzerrungen können bei meinen Präsentationen von Exophänotypen marsianischer Humanoider circa 75 Prozent des Publikums die Humanoiden auf den Mars-Fotografien sehen und erkennen, darüber hinaus auch Tiere, Statuen und Gebäude. (Wir befragen stets das Publikum dazu.) Während der Science & Spirit Conference, die im November 2009 in Barcelona stattfand, konnten 50 Prozent der befragten Zuhörer diese Dinge erkennen. In jüngerer Zeit, bei öffentlichen Präsentationen im Jahre 2013, konnten gelegentlich bis zu 90 Prozent des Publikums den Exophänotyp des *Homo martis extraterrestrialis* auf einem Fotoausschnitt erkennen, den die Mars Anomaly Research Society (MARS) von einem Foto der Marsoberfläche, aufgenommen von einem Erkundungsfahrzeug der NASA, durch Vergrößerung hergestellt hatte.

Intelligentes Leben auf der Erde und auf dem Mars

Dieses Beweismaterial, das auf Berichten von Augenzeugen und auf Dokumenten beruht, spricht für die Wahrscheinlichkeit, dass auf dem Mars intelligentes Leben existiert und die Regierung der Vereinigten Statten und andere Regierungen auf der Erde mittlerweile sowohl Weltraumprogramme verfolgen, die sich auf die marsianischen Zivilisationen beziehen, als auch Siedlungen auf dem Mars unterhalten. Wie wir noch sehen werden, hat das intelligente Leben auf dem Mars nicht nur mittels der Raumzeit-Dimension Verbindung zu den Menschen auf der Erde, sondern auch in hyperdimensionaler Hinsicht.

4

Hyperdimensionale Zivilisationen

Wie bei den intelligenten Zivilisationen auf dem Mars in den raumzeitlichen Dimensionen des Sonnensystems weisen auch hier sowohl die Berichte von Augenzeugen als auch das dokumentarische Beweismaterial auf die Existenz verschiedener Arten intelligenter hyperdimensionaler Zivilisationen in unserem Universum hin. Jede dieser Zivilisationen verfolgt spezifische exopolitische Ziele hinsichtlich der Menschheit. Beispielsweise führen verschiedene hyperdimensionale Dimensionen Berichten nach von der jeweiligen Plattform der Dimension aus, in der sie angesiedelt sind, »interdimensionale Teleportationen« durch, die eine große Anzahl und ganz unterschiedliche Kategorien von Menschen betreffen.[1]

Berichte von Augenzeugen über hyperdimensionale Zivilisationen

Wie im zweiten Kapitel erwähnt, zeigt empirisches Beweismaterial, dass – niedrig geschätzt – zwei Prozent der nordamerikanischen Bevölkerung und – hoch geschätzt – 14,7 Prozent der gesamten Menschheit möglicherweise schon einmal körperlich, ätherisch oder geistig zeitweise oder dauerhaft von hyperdimensionalen Dimensionen auf Raumschiffe oder in Dimensionen außerhalb der Raumzeit unserer Erde teleportiert wurden.[2]

> 1991 gaben [der bildende Künstler Budd] Hopkins, [Prof. David] Jacobs und der Soziologe Dr. Ron Westrum eine Umfrage beim Roper Center for Public Opinion Research an der Cornell University in Auftrag, um herauszufinden, wie viele Amerikaner bereits Bekanntschaft mit dem Entführungsphänomen gemacht haben. Von knapp 6.000 Amerikanern gaben 119 Personen Antworten, die Hopkins und die anderen Auftraggeber der Umfrage als Bekräftigung ihrer Hypothese deuteten, dass Außerirdische mit dem Phänomen solcher Entführungen zu tun haben. Auf Grundlage dieser Zahlen gab Hopkins die Schätzung ab, dass möglicherweise schon fast vier Millionen Amerikaner von Außerirdischen entführt worden sind.[3]

Augenzeugen der Teleportationen berichten, dass die Entführungen von verschiedenen Arten intelligenter hyperdimensionaler Zivilisationen ausgingen, unter anderem solchen der Greys. Wie bereits erwähnt, schätzen Experten die Anzahl bekannter Arten intelligenter Greys auf bis zu einhundertfünfzig.[4]

In einer Studie hierzu findet sich die folgende Auflistung damit verbundener Themen:

> Die »Bienenschwarm-Denkweise« [der kollektiv arbeitende Geist] der [hyperdimensionalen] Greys und die ihnen zugeschriebene Fähigkeit, »topologisch zu denken«, und zwar schneller, als es jeder der Menschheit bekannte Computer vermag; die neurologische Überlegenheit von Greys, einschließlich der Erörterung von Fällen, die besonders die Furcht von Menschen vor Greys aufzeigen [Beitrag von Dr. David Jacobs, Leiter des Inter-

national Center for Abduction Research]. Darüber hinaus werden auch Fälle erörtert, bei denen Greys liebevoll und positiv mit Kontaktpersonen zusammengearbeitet haben, beispielsweise mit der UFO-Forscherin Suzanne Hansen [Beitrag von Mary Rodwell, Exopolitics Great Britain]; außerdem Fälle, bei denen Greys mit den [aus der Mythologie bekannten] Anunnaki gesehen wurden, etwa in dem Fall, in den der Futant[f] Neil Freer als Kontaktperson verwickelt war.[5]

Replizierbare empirische Studien, die die International Community for Alien Research (ICAR)[6] veröffentlicht hat, bestätigen, dass eine hyperdimensionale Zivilisation, bestehend aus Hybriden von Amphibien und Reptilien und kybernetischen Klons der Greys, Berichten nach bereits bis zu 14,7 Prozent der gegenwärtigen Weltbevölkerung entführt hat – anders ausgedrückt: rund eine Milliarde der Weltbevölkerung, die man am 31. Mai 2009 auf sechs Milliarden 783.000 Menschen schätzte. Den Forschungsergebnissen nach wurde diesen entführten Menschen durch einen quantenmechanischen, hyperdimensionalen Vorgang ihr Bewusstsein oder der Körper geraubt. Später wurden sie an den ursprünglichen Ort der Entführung (in manchen Fällen auch an den usprünglichen Zeitpunkt der Entführung) zurückversetzt, wobei ihre Erinnerungen an die Entführung gelöscht wurden.[7]

Die durch hypnotische Rückführung und ähnliche Methoden freigesetzten Erinnerungen an hyperdimensionale Entführungen offenbaren übereinstimmende Muster des Geschehens während der Entführung, die mit verdeckten Vorhaben der hyperdimensionalen

---

f Nach Neil Freer ist »Futant« ein Neologismus, den Dr. Timothy Leary (1920-1996) geprägt hat. Leary hat von 1959 bis 1963 Psychologie in Havard gelehrt und war der Motor der friedlichen, von Jefferson inspirierten Revolution der 1960er Jahre. »Futant« ist eine Kombination aus den Wörtern »future« und »mutant« und beschreibt jene 1,5 bis 2 Prozent der Bevölkerung in jeder Epoche, die genetisch darauf »programmiert« sind, als Kundschafter zukünftiger Entwicklungen zu fungieren.

Spezies hinsichtlich der Menschheit zu tun haben. Da die Forschungsergebnisse zu diesen Entführungen dem herkömmlichen Paradigma menschlicher Realität widersprechen, werden sie – selbst von anerkannten Forschern auf dem Gebiet außerirdischer Phänomene – oft herausgefiltert oder verleugnet. Man könnte diese Reaktionsweisen auf die Kenntnisnahme von hyperdimensionalen Entführungen und deren Erforschung als »kognitive Dissonanz« beschreiben oder als »den Zustand, in dem man miteinander unvereinbare Gedanken, Überzeugungen oder Haltungen an den Tag legt, insbesondere bei Entscheidungen für ein bestimmtes Verhalten oder für eine bestimmte Änderung der eigenen Einstellung«.

Sind Entführungen durch Außerirdische psychische Ereignisse?

Die herkömmliche Lehrmeinung besagt, dass die Entführung durch Aliens nichts anderes als ein psychodynamisches Phänomen ist.

In einem Bericht dazu heißt es:

> Das Entführungsphänomen hat bei etablierten Wissenschaftlern und in der Psychiatrie tätigen Menschen beträchtliche Aufmerksamkeit erregt. Die stark überwiegende Mehrheit von ihnen bezweifelt, dass diese Entführungen tatsächlich so wie berichtet stattfinden und hat verschiedene andere Erklärungen für das Phänomen vorgeschlagen, etwa »Selbsttäuschung, leichte Beeinflussbarkeit (Neigung zu Hirngespinsten, Zugänglichkeit für Hypnose, Syndrom falscher Erinnerungen), Besonderheiten der Persönlichkeit, Schlafphänomene, psychische Erkrankung, Psychodynamik sowie Umweltfaktoren«.[8]

MILABs

Entführungen durch das Militär, MILAB (»military abductions«) genannt, und psychologische Operationen (»psyops«) sind beides Formen der psychologischen Kriegsführung, die militärische Geheimdienste der Menschheit gezielt und zu ganz unterschiedlichen Zwecken anwenden. Eine Funktion besteht darin, bei der Entführung durch Außerirdische so etwas wie Gegenspionage zu betreiben. MILAB-Teams entführen dabei eine Person, die vorher bereits von Außerirdischen entführt wurde, um herauszufinden, wieso diese Person für die Außerirdischen von Interesse ist. Dadurch will man militärische und strategische Informationen über die Motive und Vorhaben der entführenden außerirdischen Spezies gewinnen.

Die Forschungen der International Community for Alien Research (ICAR) bestätigen, dass die Entführungen durch Außerirdische vor allem von hyperdimensionalen Zivilisationen ausgehen und nicht in die Kategorie militärischer Entführungen durch Geheimdienste der Menschheit fallen. Diese Schlussfolgerung der ICAR wird durch eine umfassende replizierbare Untersuchungsmethode sowie von Fakten gestützt. Das schließt auch eine Korrelationsanalyse von Antworten auf Fragen ein, die Gruppen von zwanzig bis fünfzig später wieder zurückgekehrter Entführter den Angehörigen von hyperdimensionalen Dimensionen (Greys und Hybriden aus Amphibien und Reptilien) gestellt haben. Die Entführten haben die Außerirdischen nach Wesen und Zweck der Entführungen sowie nach ihren Plänen hinsichtlich der Menschheit gefragt.[9]

FALLSTUDIE

Hyperdimensionales Kriegswesen

Es gibt eine Fallstudie über hyperdimensionales Kriegswesen, die zeigt, welche Strategien intelligente hyperdimensionale Zivilisationen verfolgen und wie sie operieren. In ihr werden auch die kritischen Grenzbereiche aller offiziellen »Enthüllungen« oder offenen Kontakte außerirdischer oder hyperdimensionaler Zivilisationen aufgezeigt. Sie beruht auf den Aussagen von Augenzeugen und Whistleblowern hinsichtlich des bewaffneten Konflikts hyperdimensionaler Zivilisationen über die Kontrolle unseres Sonnensystems.[10] Wenn dieser hyperdimensionale »Krieg« tatsächlich stattfindet (kein Täuschungsmanöver ist) und Teil eines dynamischen universalen und galaktischen Wandels darstellt, dann wird es in der nahen Zukunft wahrscheinlich zu »offiziellen« Enthüllungen der Außerirdischen oder zu friedlichen offenen Kontakten mit ihnen kommen. Mit »Täuschungsmanöver« meinen wir einen durch holografische oder andere Technologien fingierten, also vorgetäuschten Krieg oder auch fingierte Schlachten zwischen Raumschiffen, die den auf der Erde lebenden Menschen vorgaukeln sollen, im Raum finde ein echter Krieg oder eine Invasion durch außerirdische Streitkräfte statt.

Das Beweismaterial von Augenzeugen umfasst unter anderem Aussagen zweier Whistleblower, die früher als amerikanische Militärangehörige auf einer geheimen Marsbasis der USA Dienst taten. In ihren Berichten beschreiben sie Szenarien in der dualistischen militärischen Terminologie von »Verteidiger« und »Feind«.

Wie weiter unten erläutert wird, weisen die quantenmechanischen Besonderheiten der Waffensysteme des »Feindes« darauf hin, dass es sich bei dem »Feind« möglicherweise um eine hyperdimensionale oder fortgeschrittene außerirdische Zivilisation der dritten oder vierten Dimension aus einem anderen Sonnensystem oder einer anderen Galaxis handelt. Der hyperdimensionale »Krieg« zielt offenbar auf die Kontrolle über die dritte raumzeitliche Dimension unseres Sonnensystems ab.

Was ist ein hyperdimensionaler Krieg?

Eine herkömmliche Definition von Krieg (übersetzt aus einem Eintrag im englischsprachigen »Wikipedia«) lautet:

> Ein Verhaltensmuster, das viele Primaten einschließlich der Menschen zur Schau stellen und das man auch bei vielen Ameisenarten findet. Die wichtigste Besonderheit dieses Verhal-

tensmusters ist ein bestimmter Zustand der organisierten gewaltsamen Auseinandersetzung zwischen zwei oder mehr sozialen Einheiten. Ein solcher Konflikt ist stets der Versuch, entweder die psychologische oder die materielle Rangordnung hinsichtlich Vorherrschaft oder Gleichheit zwischen zwei oder mehr Gruppen zu verändern. In allen Fällen hat mindestens ein Teilnehmer (oder eine teilnehmende Gruppe) den Drang, den Kontrahenten in psychologischer oder in materieller Hinsicht zu dominieren. Bei Menschen liegt dem Drang nach Vorherrschaft oft die Überzeugung zugrunde, dass entweder eine einflussreiche Ideologie so unvereinbar mit den eigenen Auffassungen ist oder aber eine materielle Ressource so rar, dass dadurch die Existenz der eigenen Gruppe im Kern gefährdet ist.

Die Anführer solche Konflikte treten manchmal unter dem Vorwand in den Krieg ein, es gehe ihnen um die Selbstverteidigung. Objektiv betrachtet ähneln ihre Handlungen jedoch vielleicht eher einem nicht vom Gegner provozierten, ungerechtfertigten oder unangemessenen Angriff. In allen Kriegen sind die Gruppen mit dem Drang nach Vorherrschaft nicht fähig oder willens, eine Beziehung grundsätzlicher Gleichheit zwischen den an der gewaltsamen Auseinandersetzung (dem Krieg) Beteiligten herzustellen oder zuzulassen. Der Wille zur Vorherrschaft, der in allen Kriegen ein auslösender Faktor ist – das heißt der Wunsch einer Gruppe, die andere zu dominieren –, ist häufig auch ein auslösender Faktor in individuellen Auseinandersetzungen, die mit Kriegen nichts zu tun haben (etwa wenn eine Person eine andere beherrschen möchte).[11]

Hyperdimensionaler »Krieg« und der Zugang zur Quantentechnologie

Die Möglichkeit eines hyperdimensionalen »Kriegs« ist durch die auf Quantentechnologie gestützten Zeitreisen via Jump-Toren sowie die Quantentechnologie auf der geheimen Marsbasis der Vereinigten Staaten ans Licht der Öffentlichkeit gelangt. Diese Technologie wird dazu eingesetzt, Angehörige der amerikanischen Streitkräfte, die längerfristig Dienst auf der Marsbasis tun, nach Vollendung ihres zwanzig Jahre dauernden Rotationszyklus durch Zeitreisen an den ursprünglichen Ausgangspunkt und den ursprünglichen Zeitpunkt ihres Starts zum Mars zurückzuversetzen. Daher wird die Basis in hyperdimensionaler Hinsicht manchmal vor der zivilen Gesellschaft verborgen und in Nischen innerhalb des Raumzeit-Hologramms versteckt.

Wie der frühere amerikanische Chrononaut Andrew D. Basiago beschrieben hat, wurde die Zeitreisetechnologie schon während des Kalten Kriegs dazu verwendet, äußerst geheime, für die nationale Sicherheit der USA wesentliche Informationen vor der Sowjetunion zu verbergen – etwa dadurch, dass man geheime Dokumente via Zeitreise mit Hilfe der Quantentechnologie in Nischen innerhalb des Raumzeit-Hologramms beförderte.[12]

Augenzeugenberichte über kriegerische Auseinandersetzungen mit Hyperdimensionalen

Zwei Whistleblower, beide frühere Angehörige der amerikanischen Armee, die auf der geheimen Marsbasis stationiert waren, sind jetzt unabhängig voneinander mit detaillierten Berichten über ihre Erfahrungen im Krieg gegen intelligente hyperdimensionale Zivilisationen an die Öffentlichkeit gegangen.

Einer dieser Whistleblower ist Michael Relfe. Als früherer Angehöriger der US-Streitkräfte wurde er als Mannschaftsmitglied für die geheime amerikanische Marsbasis rekrutiert und gehörte dort zum Stammpersonal auf Zeit. Im Jahre 1976 (Erdzeit) wurde er auf die Basis teleportiert und verbrachte dort zwanzig Jahre als Angehöriger des Sicherheitspersonals. Im Jahre 1996 (Marszeit) wurde Mr. Relfe durch eine Zeitreise via Teleportation zurück auf die Erde gebracht, und zwar auf eine Miltärbasis in den USA. Durch die Zeitreise landete er wieder im Jahre 1976 (Erdzeit). Auch im eigenen Lebensalter wurde er zwanzig Jahre zurückversetzt. Danach diente Mr. Relfe noch sechs Jahre im amerikanischen Heer auf der Erde und wurde im Jahr 1982 ehrenvoll entlassen.[13] Er ist ein glaubwürdiger Informant, dessen Leben und berufliche Laufbahn sehr unter seiner Entscheidung gelitten haben, die Öffentlichkeit über den geheimen Krieg gegen intelligente hyperdimensionale Zivilisationen aufzuklären.[14]

In dem zweibändigen Werk *The Mars Records*, verfasst von seiner Ehefrau Stephanie, beschreibt Michael Relfe die beiden Kategorien von Personen in der geheimen Marskolonie.

> Ich erinnere mich an zwei Arten von Menschen auf der Basis. *Erstens*: Menschen, die den Mars nur vorübergehend besuchen (Politiker etc). – Sie reisen via Sprungtor zum Mars und zurück zur Erde und bleiben stets nur ein paar Wochen. Sie werden später nicht in die Zeit ihrer Abreise von der Erde zurückversetzt. Es sind VIPs, und der Umgang mit ihnen ist Unbefugten verboten.
>
> *Zweitens*: Angehörige des Stammpersonals. Sie verbringen zwanzig Jahre auf dem Mars. Am Ende ihrer Dienstzeit auf dem Roten Planeten werden sie in ihr Lebensalter zur Zeit des Aufbruchs von der Erde und zu ihrem damaligen Ausgangspunkt auf der Erde zurückversetzt. Wenn man sie zurück zur Erde schickt, blockiert man ihre Erinnerungen, damit sie das, wozu sie bestimmt sind, auf der Erde vollenden.[15]

Relfe erörtert auch die Anwesenheit und die Aufgaben reptilienartiger Außerirdischer und Greys in der geheimen Marskolonie. Im Folgenden wird Michael Relfe unter Anleitung seiner Ehefrau Stephanie mit Hilfe einer Methode, verborgene Erinnerungen wieder freizulegen, zu diesen Themen befragt.

S.R.: Was ist mit den Reptilienartigen?
M.R.: Ja, es gibt dort mehrere Arten ... Draconier, Reptiloide ... und Greys.

S.R.: Leben die Greys und die reptilienartigen Wesen denn auch auf der Marsbasis?

M.R.: Ja, einige sind dort stationiert. Meiner Erinnerung nach sind die Ärzte und Techniker Greys. Die Reptiloiden bleiben die meiste Zeit verhüllt (vermummt). Sie ziehen es vor, menschlich zu wirken, weil sie schon von Natur aus einen recht grimmigen Eindruck machen.[16]

Der folgende Ausschnitt aus *The Mars Records* veranschaulicht die Art des bewaffneten Konflikts rings um die geheime amerikanische Marsbasis und die dort benutzten Waffensysteme. Relfe beschreibt, dass die geheime Marsbasis von einem hyperdimensionalen »Feind« angegriffen wird, der offenbar über die Fähigkeit zu Zeitreisen verfügt. Diese Erörterung beginnt mit einem Hinweis auf die »Sprungtore für Zeitreisen«. Bei Zeitreisen von Stammpersonal dienen diese Portale zur Rückversetzung der jeweiligen Person in ihr früheres Lebensalter, wenn sie vom Mars zu ihrem ursprünglichen Startpunkt auf der Erde zurückgeschickt wird. Dieser Startpunkt auf der Erde liegt in der Regel auf einer Basis des militärischen Geheimdienstes der USA.

Ich war kein für das Sprungtor zuständiger Techniker, deshalb kann ich mich nur aus der Sicht eines Laien daran erinnern. Diese Technologie war ein Ergebnis der von Dr. Bielek beschriebenen Philadelphia-Experimente. Sie ist eines dieser Dinge, bei deren erstmaligem Anblick man »oh« und »ah, fantastisch« ausruft und die man später als gegeben hinnimmt. Ich erinnere mich auch daran, dass diese Technologie WIRKLICH streng bewacht wurde und jeder Augenblick ihrer Nutzung protokolliert werden musste.

Ich weiß noch, dass es auf der Marsbasis mehrere Stationen für Sprungtore gab. Diese waren mit anderen Orten »verknüpft« und wurden gegen irgendjemanden oder gegen irgendetwas verteidigt. Ich erinnere mich, dass Techniker via Fernbeobachtung bei der Verteidigung halfen. Man muss dabei berücksichtigen, dass die taktische Fernbeobachtung oder Fernwahrnehmung nicht nur zur Eliminierung von Zielen eingesetzt wird. Das Ausschalten von Gegnern macht nur einen winzigen Prozentsatz aller Operationen aus.

Die taktische Fernbeobachtung dient vor allem der Verteidigung gegen den Feind. Sie wird dazu benutzt, sehr wichtige Personen, sehr wichtige Ausrüstungsgegenstände sowie bestimmte Anlagen und Gebiete auf dem Planeten zu verteidigen.

Darüber hinaus benötigen einige Waffensysteme einen aus der Ferne operierenden Techniker zur Überwachung und Steuerung. Es gibt physikalische Waffensysteme (etwa Teilchenstrahlprojektoren) und andere Waffentypen energetischer Art (Psi-Systeme). Außerdem wurden fernbeobachtende Techniker häufig damit beauftragt, patrouillierende Angriffsfahrzeuge zu überwachen.

Auch der Feind verfügt über Waffensysteme des Psi-Typs und setzt sie gegen unsere elektrostatischen Schutzschilde ein. Elektrostatische Schutzschilde verändern sich nicht – egal, mit was man sie bewirft. Zur Unterstützung der Schutzschilde setzt man fernbeobachtende Techniker ein, die die Schilde überwachen, gründlich untersuchen und nach einem feindlichen Durchbruch Ausschau halten. Wenn ein Durchbruch entdeckt wird, kann ein fernbeobachtender Techniker den Verursacher durch die Raumzeit zurückverfolgen und Maßnahmen gegen den Eindringling einleiten. Solche diensthabenden Techniker arbeiten nicht allein. Zum Back-up haben sie zusätzliche fernbeobachtende Techniker und Supervisoren zur Hand. Falls nötig, können sie sofort Verstärkung bekommen.

Ich habe viele Werbeanzeigen für Bücher und Kurse gesehen, die sich mit Fernbeobachtung befassen. Das Meiste, was gegenwärtig zur Fernbeobachtung vermittelt wird, wird auf der Marsbasis bereits in den ersten drei oder vier Ausbildungstagen abgehandelt. Und die meisten Menschen, die sich mit

> diesen Dingen beschäftigen, würden ein solches Training auf dem Mars leider niemals überleben. Die Drogen würden sie schnell umbringen. Dazu erklärt Michael Relfe: »Die Drogen wurden dazu eingesetzt, die metaphysischen Fähigkeiten des Kandidaten zu stimulieren und zu ›öffnen‹. Ich weiß nicht, wie diese Medikamente heißen. Ich erinnere mich, dass sie anfangs eine milde und interessante Wirkung entfalteten, aber bald darauf war die Wirkung nur noch schwer zu ertragen und setzte dem Körper heftig zu.«[17]

In einem Abschnitt rekapituliert Relfe einen eigenen »Sturmangriff« auf »ein feindliches Raumschiff«, bei dem er das Bewusstsein verlor, als das feindliche Geschoss in sein Raumschiff eindrang. Er war »allein losgeflogen«, als er auf einen feindlichen Flugkörper stieß. Anstatt zu flüchten, verfolgte er den Feind. Das feindliche Schiff feuerte ein Geschoss auf ihn ab, das sein Schiff nicht zur Explosion brachte, sondern durchdrang, genau wie ihn selbst, und unvorstellbaren Schaden anrichtete. Relfe wäre gestorben, hätte er nicht einen speziellen Schutzanzug getragen, der darauf programmiert war, Erste Hilfe zu leisten.[18]

Die fortschrittlichen Technologien, über die der hyperdimensionale Feind verfügte, beschreibt Relfe wie folgt:

> Dem [hyperdimensionalen] Feind stehen viele Technologien zur Verfügung. Sie erlauben es ihm, einen Menschen aus seinem Schlafzimmer zu entführen, ihn zu untersuchen/zu steuern/zu indoktrinieren und dann ohne dessen Wissen zurück in sein Schlafzimmer zu bringen.
>
> Der Feind kann einen Menschen wochenlang bei sich behalten und zu einem Zeitpunkt zurückbringen, der nur wenige Minuten nach der Entführung liegt.
>
> Namentlich sind mir folgende Technologien bekannt:

Jump gate technology (Sprungtor-Technologie)
Fractal Jump gate technology (Fraktale Sprungtor-Technologie)
Transporter technology (Beförderungstechnologie)
Fractal Transporter technology (Fraktale Beförderungstechnologie)
Teleportation technology (Teleportationstechnologie)
Fractal Teleportation technology (Fraktale Teleportationstechnologie)
Time Travel technology (Zeitreisetechnologie)
Fractal Time Travel technology (Fraktale Zeitreisetechnologie)
Dimensional Travel technology (Technologie zur Reise durch die Dimensionen)
Fractal Dimensional Travel technology (Fraktale Technologie zur Reise durch die Dimensionen)
Wormhole Travel technology (Technologie zur Reise durch ein Wurmloch)
Fractal Wormhole Travel technology (Fraktale Technologie zur Reise durch ein Wurmloch)
Resonance technology (Resonanztechnologie)
Fractal Resonance technology (Fraktale Resonanztechnologie)
Magical technology (Magische Technologie)
Fractal Magical technology (Fraktale Magische Technologie)
Walk-through-the-walls technology (Technologie, die es erlaubt, durch Wände zu gehen)
Fractal Walk-through-the-walls technology (Fraktale Technologie, die es erlaubt, durch Wände zu gehen)
A »sender« sending something in your room (Ein »Sender«, der etwas in dein Zimmer schickt)
A »sender« pulling you out of your room (Ein »Sender«, der dich aus deinem Zimmer zieht)[19]

Worum geht es bei diesem hyperdimensionalen »Krieg«?

Die dimensionale Besonderheit des »feindlichen« Waffenarsenals deutet darauf hin, dass der »Feind« möglicherweise eine außerirdische Zivilisation in der dritten oder vierten Dimension ist. Es gibt aber auch andere mögliche Deutungen der Augenzeugenberichte darüber, dass tatsächlich ein hyperdimensionaler Krieg stattfindet, bei dem es um die Kontrolle über die dritte Dimension unseres Sonnensystems geht. Wer, zum Beispiel, ist in diesem Krieg der »Aggressor« oder die Partei, die die »Invasion« durchführt?

Erstens könnten auch die Menschen von der Erde die Aggressoren sein. Vielleicht betrachten die hyperdimensionalen Zivilisationen die Einrichtung einer geheimen amerikanischen Marsbasis, die selbst Technologien des Sprungraums einsetzt, als einen feindseligen Akt der Menschen von der Erde, der zu Gegenangriffen des hyperdimensionalen »Feindes« auf die Zeitreise-Tore der Marsbasis herausfordert.

Zweitens könnte der hyperdimensionale »Feind« der Aggressor sein. Vielleicht ist die amerikanische Basis auf dem Mars ein Vorposten, den die Streitkräfte von der Erde im Verbund mit den marsianischen Menschen (die unter der Marsoberfläche leben) errichtet haben, um die drohende Besetzung des Mars in der dritten Raumzeitdimension durch den hyperdimensional agierenden »Feind« zu verhindern.

Drittens könnten die »bewaffneten Angriffe« des hyperdimensionalen »Feindes« auf die amerikanische Marsbasis auch Teil eines ausgeklügelten Täuschungsmanövers sein, um einen »Krieg« gegen die »bösen Außerirdischen« vom Zaun zu brechen.

In Anbetracht dieser verschiedenen Deutungsmöglichkeiten scheint es am vernünftigsten, davon auszugehen, dass der Bericht Michael Relfes über den »hyperdimensionalen Krieg« rings um die amerikanischen Einrichtungen auf dem Mars stimmt, dass dieser Krieg tatsächlich stattfindet und dass er ein Beispiel für eine feindselige, rivalisierende Einmischung intelligenter Zivilisationen aus anderen Dimensionen darstellt.

ARCHONTEN

Hyperdimensionale Kontrolleure

Uralte, aus Ägypten stammende gnostische Texte, die Nag-Hammadi-Schriften, berichten von zwei Arten dämonischer außerirdischer Wesen, die vor langer Zeit auf der Erde einfielen, und bezeichnen sie als *Archonten.* Der eine Typus sieht wie ein Reptil aus, der andere wie ein menschlicher Embryo, dessen Umriss und Äußeres den Wesen auf den »Sky Fish«-Fotos ähnelt.[20] Herauszufiltern und zu klären, was der sophianische Mythos über die Prüfungen der Archonten zu sagen hat, ist eine große Herausforderung für unser Verständnis der gnostischen Botschaft und für die Beantwortung der Frage, wie die Menschheit diese Botschaft heutzutage nutzen kann.[21]

Nach Auffassung der Forscherin und Kosmologin Laura Magdalene Eisenhower sind Archonten im Verborgenen wirkende Kontrolleure der Menschheit mit negativem Einfluss. Sie sind nicht-organische interdimensionale Wesenheiten, die bloßgestellt und aus dem individuellen menschlichen Geist, aus der Menschheit, vom Planeten und aus unserem ganzen Universum vertrieben werden müssen, damit sie unsere kollektive Entwicklung zu einem neuen Stadium des Bewusstseins und der Existenz nicht behindern.

Der Forscher Robert Stanley ist der Meinung, dass sich die Menschheit jetzt mit wissenschaftlichen Methoden daran machen muss, die Archonten zu identifizieren und zu vernichten. Er schreibt:

> Es ist an der Zeit, die heimlich agierenden Kontrolleure der Menschheit zu entlarven. Ich versichere Ihnen, dass es sich bei diesen Kontrolleuren nicht um irgendeine Spekulation, eine Täuschung oder ein Hirngespinst von Menschen handelt. Diese parasitären Wesenheiten existieren tatsächlich und man muss sich unverzüglich mit ihnen befassen, damit sich die Menschheit zur nächsten Stufe der Existenz fortentwickeln kann.

Zwar sind diese Parasiten keine menschlichen Wesen, doch sie nähren sich von der negativen Energie/den negativen Emotionen von Menschen. Es ist nicht klar, wann diese kosmischen amöbenartigen Geschöpfe erstmals zur Erde kamen. Wir wissen allerdings, dass sie schon vor langer Zeit von Schamanen, die sich in einem veränderten Bewusstseinszustand befanden, aufgespürt wurden, und in jüngerer Zeit wurden sie fotografiert. Dass kein Mensch sie im Alltag sieht, liegt daran, dass die diese Geschöpfe kennzeichnende Energiespur jenseits unseres normalen, beschränkten Blickfelds innerhalb des elektromagnetischen Spektrums liegt. Wissenschaftler bezeichnen dieses normale Blickfeld als »sichtbares Licht«.[22]

In seiner Erörterung von Archonten schreibt John Lash:[23]

Zwar existieren Archonten in physikalischer Hinsicht, doch die wirkliche Gefahr, die sie für die Menschheit darstellen, liegt nicht in einer Invasion des Planeten, sondern darin, dass sie in den menschlichen Geist eindringen.

Die Archonten sind Parasiten, die durch Telepathie und Simulation Zugang zur menschlichen Psyche, zum menschlichen Geist und zum menschlichen Bewusstsein erlangen. Sie infizieren unsere Vorstellungskraft und nutzen die Macht der Illusion dazu, uns etwas vorzutäuschen und uns zu verwirren. Sie genießen diese Irreführung um ihrer selbst willen, ohne dass sie damit ein bestimmtes Ziel oder einen bestimmten Zweck verfolgen. Vom Wesen her ähneln sie Robotern: Sie sind nicht fähig, selbständig zu denken oder selbständig Entscheidungen zu treffen, und haben keinen bestimmten Plan, außer indirekt, mit dem Menschen als Wirt, am Leben teilzuhaben. Merkwürdigerweise gelingt es ihnen, eine Wirkung auf Menschen vorzutäuschen, die sie in Wirklichkeit gar nicht haben.

Beispielsweise haben sie keinen Zugang zur menschlichen Genetik, können es jedoch vorspiegeln, sodass Menschen in einer

Weise darauf hereinfallen, als hielten sie auf einer Bühne inszenierte Vorgänge für real. In dieser Hinsicht sind Archonten perfekte Schwindler. Das ist der Kern dessen, was ich als das »Eindringen von Archonten« bezeichne. Wenn die Menschheit dem Wahn verfällt, von einer übermenschlichen Kraft beherrscht zu werden, unterliegt sie einem sich selbst bewahrheitenden Irrglauben, der dann gleichsam Realität annimmt – das ist der ganze Trick.[24]

MARY RODWELL

Hyperdimensionale intelligente Zivilisationen interagieren mit Menschen auf der Erde

Das vom Australian Close Encounter Research Network (ACERN) und der Forscherin Mary Rodwell gesammelte replizierbare empirische Beweismaterial unterstützt die Hypothese der dimensionalen Ökologie des Omniversums. Rodwell hat ein auf Evidenz beruhendes Modell dafür entwickelt, wie hyperdimensionale intelligente Zivilisationen innerhalb des Omniversums mit der Menschheit auf der Erde interagieren. Ihr Modell zeigt auf, wie solche hyperdimensionalen Zivilisationen in Fragen der Ethik und Zusammenarbeit auf individueller und kollektiver Ebene mit den Menschen kommunizieren.[25]

In ihrem Artikel »Extraterrestrials, human consciousness and dimensions of soul: The intimate connection« (Die enge Beziehung zwischen Außerirdischen, dem menschlichen Bewusstsein und den Dimensionen der Seele) präsentiert Mary Rodwell die Ergebnisse ihrer Untersuchung von mehr als 1.800 Entführungsfällen. Diese Entführungen nahmen hyperdimensionale Zivilisationen innerhalb der dimensionalen Ökologie durch die Teleportation von Kontaktpersonen vor. Rodwell kommt zu dem Schluss, dass die hyperdimensionalen Außerirdischen, die menschlichen Versuchspersonen und deren Entführung uns möglicherweise »eine neue Realität: ein Multiversum« vor Augen führen.[26] Sie schreibt:

Transzendiert die Verbindung zwischen Menschen und außerirdischen Intelligenzen Raum und Zeit? Ich glaube, wir versuchen ein Multiversum durch ein Nadelöhr zu erforschen. Der überwiegende Teil der Öffentlichkeit und die meisten Forscher meinen, die Verbindung oder Begegnung mit Außerirdischen beschränke sich auf zwei enge Kontaktfenster. Es gibt zum einen das Szenario der Entführung, bei der sich der oder die Entführte vielleicht wie gelähmt fühlt und an Bord eines Raumschiffs in eine Trance versetzt wird – in einen Zustand, der dem Tiefschlaf ähnelt. Zum anderen gibt es die von Außerirdischen kontaktierten Personen, die sich der Begegnung vollständig bewusst sind und deutlich daran erinnern.

Meine Forschungen weisen jedoch noch auf eine dritte Art von Kontakten hin, die weitaus häufiger vorkommen und in körperlicher Hinsicht weniger zudringlich sind. Diese Kategorie hat mit den oben beschriebenen Fällen einiges gemein, umfasst allerdings viel subtilere Erfahrungsmuster. Wenn wir die Aufgabenstellung so erweitern, dass sie auch die Untersuchung der dritten Art von Kontakten einschließt, können wir ein weitaus faszinierenderes Bild von Kontakten gewinnen – und auch davon, wie und warum diese Intelligenzen mit uns interagieren.

In dem hier vorliegenden Artikel untersuche ich alle Formen von Begegnungen und frage, wieso die Forschung unter Beteiligung jener Personen, die Kontakt mit diesen Intelligenzen hatten, derart unterschiedliche und widersprüchliche Fakten liefert. Welcher Forschungsansatz eignet sich am besten für Kontaktpersonen, die Antworten und Bestätigungen für [solche] Begegnungen suchen? An dieser Stelle prüfe ich, welche Vorteile der ganzheitliche Ansatz beim Sammeln von Fakten bietet. Der Artikel befasst sich mit falschen Deutungen von Fakten, die durch hypnotische Rückführung von Kontaktpersonen enthüllt wurden, und fragt, ob diese außergewöhnlichen, unter Hypnose berichteten Fakten auf falschen Wahrnehmungen beruhen, Hirngespinste sind oder eine neue Realität aufzeigen: die eines Multiversums.

> Die Zeugenaussagen von menschlichen Kontaktpersonen stellen nicht nur das in Frage, was wir gemeinhin unter Realität verstehen, sondern auch die religiösen und spirituellen Überzeugungen, die uns so am Herzen liegen. Diese Berichte zeigen eine sehr persönliche und komplexe Verbindung zu Außerirdischen – eine Verbindung, die sich über Raum und Zeit hinweg erstreckt und die Bereiche und Dimensionen der Seele mit einschließt.[27]

In ihrem Artikel untersucht Mary Rodwell sowohl das Multiversum als auch die Fakten, die für Interaktionen zwischen verschiedenen Dimensionen innerhalb des Multiversums sprechen.

Zu diesem Punkt merkt sie an:

> Dieses Phänomen verlangt von uns, mutig zu sein und die allgemein anerkannte Definition von Realität in Frage zu stellen; darüber hinaus »weise« genug zu sein, um das uns Unbekannte zu akzeptieren, und zwar in dem Wissen, dass der Rahmen unseres gegenwärtigen Verständnisses von Realität von einer Wissenschaft vorgegeben wird, die sich im Übergang befindet. Konzepte wie »Quantenwirklichkeit«, das »holografische Universum« oder »kollektives Bewusstsein« sind Hypothesen, die sich darauf stützen, dass alles durch ein Bewusstsein miteinander verbunden ist. Das ist eine sehr ähnliche Vorstellung, wie sie auch Menschen, die Außerirdischen begegnet sind, vermitteln. Nur beruht sie bei ihnen auf persönlichen Erfahrungen. Ihre Erfahrungen führen uns ein alternatives, mit vielen Facetten ausgestattetes Paradigma vor Augen, das sich vielleicht als das »wahre Wesen von Realität« erweisen könnte. Ich habe das Gefühl, dass wir Menschen als Spezies durch solche Kontakte herausgefordert werden, unsere alten Vorstellungen von Realität aufzugeben. Begegnungen mit Außerirdischen sind neuzeitliche »schamanische Erfahrungen«, dazu da, unsere altmodischen Vorstellungen von Wirklichkeit zu zerstören und uns zu ermöglichen, ein vollständiges Bewusstsein zu entwickeln und in einer

multidimensionalen Realität zu agieren. In *Awakening* erörtere ich den Kontakt mit Außerirdischen als ein »Aha«-Erlebnis, bei dem die menschliche Kontaktperson schließlich hinnimmt, dass das alte Paradigma von Realität nicht mehr funktioniert, und das neue Paradigma akzeptiert.

Doch wie ein angehender Schamane muss sich eine solche Kontaktperson ihren tiefsten Ängsten stellen, wenn sie die Realität aus einer multidimensionalen Perspektive erforschen und schließlich damit zurechtkommen will. Man hat festgestellt, dass sich die Erfahrungen von Schamanen im Ergebnis ähnlich wie die Begegnungen mit Außerirdischen auswirken: Sie verleihen den menschlichen Kontaktpersonen stärker ausgeprägte psychische Fähigkeiten und Heilkräfte.

Wenn all diese Fakten der Wahrheit entsprechen, weisen sie jedoch nicht nur auf Interaktionen und Begegnungen mit Außerirdischen in physischer Form hin, sondern auch auf solche, in denen sich der Kontaktierte von seinem Körper löst und die Gestalt eines Astralkörpers oder einen Seelenzustand jenseits aller Körperlichkeit annimmt. Darüber hinaus finden diese Interaktionen offenbar immer wieder, in unterschiedlichen Lebensphasen, statt, aber auch im Zwischenleben und vor der Reinkarnation als Mensch – also auch nach Ende des gegenwärtigen physischen Lebens.

So ziehen sich derartige Interaktionen in körperlicher und ebenso in nicht-körperlicher Form im Grunde durch viele verschiedene Zeitlinien. Wir Menschen lernen dadurch hinzu, und sowohl in physischen Bereichen als auch in den Bereichen und Dimensionen der Seele wird uns dabei Hilfe zuteil.

Das ist der Kern solcher Begegnungen, und er beantwortet eine der dringlichsten Fragen, die die menschlichen Kontaktpersonen stellen – besonders jene Menschen, die sich als Opfer ihrer Begegnungen mit Außerirdischen empfinden. Wenn man sie nach ihrer Zustimmung zu einer solchen Begegnung fragt, reagieren sie verblüfft und vielleicht auch schockiert, sobald sie entdecken, dass sie die Erlaubnis dazu *vor* ihrer gegenwärtigen Inkarnation als

Mensch erteilt haben. Dann beschreiben sie sich selbst oft als eine Intelligenz in Gestalt einer strahlenden Lichtkugel [Orb] – der Essenz ihrer Seele – und äußern: »Ja, ich habe zugestimmt, aber das war, bevor ich hierher gekommen bin.« Manche fügen hinzu: »Ich habe eine Aufgabe zu erfüllen. Ich muss zur Entwicklung des menschlichen Bewusstseins beitragen.« Hunderte von Menschen haben solche Erklärungen abgegeben.

Ich weiß noch, wie ich all diese Dinge einem wohlbekannten Autor und Forscher, einem Kollegen von mir, mitgeteilt habe. Er tat diese Informationen einfach mit einer Handbewegung ab und behauptete, sie seien das Ergebnis eines Täuschungsmanövers, einer von den außerirdischen Intelligenzen geschaffenen Programmierung, die darauf abziele, die jeweilige Kontaktperson dazu zu bringen, solche Begegnungen zu akzeptieren.

Dieser Aussage kann ich allerdings kaum Glauben schenken, wenn ich bedenke, bei wie vielen meiner Klienten diese Begegnungen auf irgendeiner tiefen Ebene Widerhall finden und dass sie ihnen in so hohem Maße plausibel vorkommen. Ich frage mich, wer hier paranoid ist. Trauen wir dem oder verwerfen wir das, was bei so vielen Kontaktpersonen Widerhall findet? Ich habe keine Antworten darauf und gebe auch nicht vor, Antworten zu haben. Allerdings melden sich bei mir Bedenken, wenn sich jemand eine solche Aussage anmaßt, ohne über irgendwelche Fakten zu verfügen, die eine derart negative und auf Angst basierende Perspektive untermauern. Das hilft der Forschung in diesem Bereich nicht weiter.[28]

Ms. Rodwell zitiert im Folgenden Tracey Taylor aus dem Westen Australiens, die Erfahrungen mit hyperdimensionalen Begegnungen gemacht hat:

Was meine eigenen Erfahrungen mit Kontakten betrifft: Ich habe sehr viel Sympathie und Empathie für die außerirdischen Wesen entwickelt, denn Menschen können sehr vieles von ihnen lernen und von Interaktionen mit ihnen sehr profitieren. Als mir klar wurde, dass ich offenbar die Einzige war, die solche Erfahrungen hatte, machten sie mir zunächst Angst. Ich wusste nicht, was vor sich ging und warum. Aber es war stets ein »gleichberechtigter« Austausch. Ich half den Außerirdischen dabei, ihre genetischen Ziele zu erreichen, und im Gegenzug verstärkten sie meine Heilkräfte und psychischen Kräfte, und mein Leben auf der Erde bereicherte sich. Diese Wesen schützen mich auch, wenn ich sie darum bitte. Anfangs verstand ich die Greys im Grunde genommen falsch. Der wissende »ET«-Teil von mir traf zu Beginn die Entscheidung, ihnen zu helfen, doch das Verständnis für diese Wesen kann von Angst überschattet werden. Diese Angst hat ihren Ursprung in unseren beschränkten Wahrnehmungen als Menschen und in unseren begrenzten Reaktionsmöglichkeiten auf solche Erfahrungen.[29]

Zum »Reich der Seele« schreibt Mary Rodwell:

Wenn wir dem Unbekannten gegenüber offen sind, führt es uns zu einigen faszinierenden Hypothesen. Denken Sie an die außerkörperlichen Erfahrungen, bei denen viele Menschen sich selbst als »Orbs« oder Sphären aus Licht wahrnehmen. Sie beschreiben, wie sie ihren Körper als »Lichtkugel« verlassen, die in metaphysischer Terminologie als *Merkaba* (rotierender Lichtkörper) bezeichnet wird. Das geschah der Kontaktperson Peter aus Sydney, Australien, der sein Erlebnis wie folgt beschrieb: »Ein schöner Raum, ich liebe ihn, er ist mein Zuhause, wir sind darin alles, ich kann hier jede Gestalt annehmen, wurde als Seele geboren, was genauso schön ist, und wurde mit Energie ausgestattet, der Energie der Seele; wir sind Schöpfer, ihr seid Schöpfer, ich nehme eine flüssige Form an, ich fließe, kann mich hierhin und dorthin wenden, wie eine Blase, das ist die Gestalt der Seele ... «

Der »Orb« aus Licht drückt den »Seelenzustand« aus, wenn man seinen Körper verlässt. Bei manchen Begegnungen, so berichten einige Menschen, war es ihnen unmöglich, ihre Partner zu wecken, egal, wie laut man sie ansprach oder schüttelte. Eine Erklärung dafür lieferte die Regressionshypnose. Die »wache« Person nahm wahr, wie ein strahlend heller, grünlicher »Orb« im Schlafzimmer auftauchte. Er schwebte im Zimmer herum und war so sonderbar, dass die »wache« Person erschrak. Bald nach Erscheinen der Lichtkugel wachte die schlafende Person wieder auf. In der hypnotischen Rückführung erwies sich die Lichtkugel als der Astralkörper (oder »Seelenzustand«) der schlafenden Person, der nun in den Körper zurückkehrte.

Ein anderer Fall zeigte, dass wir in diesem außerkörperlichen Zustand auch andere »Lebensformen« bewohnen können. Eine Kontaktperson – eine derjenigen, die ich als Sternensaat bezeichne – hatte das Gefühl, ein »duales Bewusstsein« zu haben, das sich einerseits als Bewusstsein eines Menschen, andererseits als Bewusstsein eines Außerirdischen äußerte. In der hypnotischen Rückführung beschrieb sie, wie sie sich an Bord eines Raumschiffs befand, wo sie sich selbst in Gestalt eines Greys sah, der dort als Wissenschaftler arbeitete. Ich fragte sie, wo sich ihre menschliche Gestalt befunden habe. Sie erwiderte, diese sei ebenfalls auf dem Raumschiff gewesen, jedoch in leblosem Zustand, solange ihr Bewusstsein ihr »außerirdisches Selbst« bewohnte. Ich fragte sie, auf welche Weise sie in ihren menschlichen Körper zurückgekehrt sei. Daraufhin berichtete sie, eine Lichtkugel habe ihre außerirdische Gestalt verlassen, um ihren menschlichen Körper wieder zum Leben zu erwecken. Es sei so gewesen, als hätte sie eine biologische Hülle gegen eine andere ausgetauscht.

Auch viele andere Menschen haben während dieses Seelenzustands erlebt, wie ihre körperliche Gestalt zu der eines Außerirdischen wurde.

Diese Art von Forschung gewährt höchst ungewöhnliche Einblicke in unsere engen persönlichen Verbindungen mit außerirdischen Intelligenzen und fordert zu weiteren Fragen heraus, die das Wesen von Realität an sich betreffen. Untersucht werden dabei beispielsweise genetische Verbindungen zwischen den Spezies (manche Menschen meinen, sie würden möglicherweise DNA einer außerirdischen Lebensform – oder auch DNA von mehreren solchen Lebensformen – in sich tragen), Verbindungen, welche die Raumzeit transzendieren, sowie Interaktionen mit Seelen vor oder nach ihren Inkarnationen als Mensch.

Außergewöhnliches Material stammt auch von einem fünfzehnjährigen Jungen, mit dem ich 2008 in Großbritannien während einer Vortragsreise zusammengearbeitet habe. Die Einzelheiten waren verblüffend, besonders wenn man das Alter des jungen Mannes berücksichtigt. Der Fall hatte viele faszinierende Aspekte. Mit zwei Mitgliedern der insgesamt vierköpfigen Familie führte ich hypnotische Rückführungen durch. Die beiden hatten gemeinsam eine Begegnung mit Außerirdischen und dabei das Phänomen der »fehlenden Zeit« erlebt.

Besonders erfolgreich war die hypnotische Rückführung bei der Großmutter des Jungen, denn nun konnten wir uns mit den lange unterdrückten Ängsten beschäftigen, die sie im Regressionsprozess endlich auflösen konnte. Ihr fünfzehnjähriger Enkel, den ich hier John nennen will (in Wahrheit heißt er nicht so), war sich anfangs keineswegs sicher, ob er eine solche hypnotische Rückführung überhaupt mitmachen wollte. Er hatte Angst vor dem, was er dabei herausfinden würde. Doch das positive, heilsame Ergebnis bei seiner Großmutter ermutigte ihn, sich darauf einzulassen.

Während der Rückführung beschrieb er eingehend etwas, das er »neue Seelen« nannte. Es ist bemerkenswert, dass hier ein fünfzehnjähriger Junge über Konzepte sprach, von denen er bei vollem Bewusstsein keine Ahnung hatte. Bei einer Begegnung mit den Greys erkannte er auch seine verstorbenen Verwandten wieder, die ihm in Gestalt von »Orbs« erschienen. Er sagte, sie seien zu seiner Unterstützung aufgetaucht, um ihm die Angst zu nehmen.[30]

Hier stellt sich für uns die berechtigte Frage, warum für hyperdimensionale Intelligenzen die raumzeitliche Dimension der Erde überhaupt so wichtig ist.

Mary Rodwell kommt zu dem Schluss:

> Komplexe Vorhaben der Außerirdischen, genetische Verbindungen mit Menschen, Erziehungsprogramme auf unterschiedlichen Ebenen, verknüpft mit Interaktionen der Seele: All das passt einfach nicht zu einem subversiven Plan. Es ergibt selbst innerhalb der begrenzten menschlichen Logik keinen Sinn. Außerirdische verfügen über Technologien, die es ermöglichen, uns innerhalb einer Nanosekunde aus dem Verkehr zu ziehen, sofern sie das wünschen. Nein, diese Begegnungen legen eine völlig andere Hypothese nahe, eine sehr viel tiefer greifende. Und wenn wir diesen Ansatz weiterverfolgen, winkt uns eine Veränderung unseres Bewusstseins.[31]

5

Lenkungsstrukturen der intelligenten Zivilisationen

Dem Beweismaterial zufolge ist das Omniversum dicht bevölkert. Bitte rufen Sie sich ins Gedächtnis, dass Linde und Vanchurin, Physiker an der Universität Stanford, berechnet haben, es müsse 10 hoch 10.000.000 physikalische Universen im Multiversum geben und dass eine sehr zurückhaltende Schätzung der Anzahl intelligenter Zivilisationen allein in unserem Universum auf 100 Milliarden kommt. (Diese Schätzung beruht auf der Annahme, dass es lediglich zwölf intelligente Zivilisationen in unserer Galaxis gibt. Doch inzwischen wissen wir, dass mindestens 50 Millionen erdähnliche Planeten existieren.)[1]

Gegenwärtig geht man in der offiziellen staatlichen und akademischen Kultur des Westens davon aus, dass irdische Institutionen und Akteure die einzigen Interessengruppen im All sind.[2] Doch es gibt einige Indizien, die darauf hinweisen, dass die zahlreichen intelligenten Zivilisationen in den Universen des Multiversums sich regierungsähnliche Lenkungsstrukturen gegeben haben. Die Datenbank der Belege für solche Lenkungsstrukturen ist zwar erst im Aufbau, aber sie wird rasch Fortschritte machen, sobald militärische Einrichtungen der Regierungen und die Geheimdienste, beispielsweise die russischen, ihre offiziellen Programme der Beobachtung von Außerirdischen und des Kontaktes mit ihnen publik machen und die von Regierungen auf der Erde gesammelten Informationen für die Öffentlichkeit freigegeben werden. Darüber hinaus werden die außerirdischen Zivilisationen, sobald ein offener und öffentlicher Kontakt und Verkehr mit ihnen beginnt, auch mehr Informationen mit uns teilen, und zwar nicht nur solche, die ihre eigenen Lenkungsstrukturen betreffen, sondern auch die Strukturen in unserem größeren Universum und in den Paralleluniversen des Multiversums.[3]

Empirische Hinweise auf die Existenz von Lenkungsstrukturen innerhalb intelligenter Zivilisationen

Während ich dieses Buch verfasse, gibt es schon mindestens drei öffentlich zugängliche Quellen glaubhafter exopolitischer Belege für nach Recht und Gesetz eingerichtete Lenkungsstrukturen bei intelligenten Zivilisationen im Multiversum. Sie haben gesetzliche Vollmachten über ausgewiesene dimensionale Bereiche, beispielsweise in der Galaxis der Milchstraße. Die glaubhaften Belege dafür umfassen Berichte von Augenzeugen und dokumentarisches Material. Beides genügt den Beweisverfahren innerhalb der Wissenschaft Exopolitik. Diese drei Quellen umfassen:

- die wissenschaftliche Fernbeobachtung
- Aussagen von Kontaktpersonen sowie telepathisches und dokumentarisches Beweismaterial
- Informationen, die Regierungen auf der Erde durch unmittel-

bare Interaktion mit intelligenten Zivilisationen gesammelt haben.

Die wissenschaftliche Fernbeobachtung

Es liegen der Öffentlichkeit zugängliche Berichte über die Kommunikation mit Vertretern von Regierungskörperschaften in der Galaxis unserer Milchstraße vor. Diese Berichte entsprechen dem wissenschaftlichen Standardverfahren für Aufzeichnungen von Fernbeobachtungen.[4] Nach der Definition des Farsight-Instituts ist Fernbeobachtung nämlich …

> ein kontrollierbarer und erlernbarer mentaler Vorgang, der mit Psi (oder medialen Fähigkeiten) zu tun hat. Die Verfahren zur Fernbeobachtung wurden ursprünglich in Labors entwickelt, die von militärischen Einrichtungen und Geheimdiensten der Vereinigten Staaten finanziert wurden und Spionagezwecken dienten. In den letzten Jahren hat das wissenschaftliche Erfassen des Phänomens der Fernbeobachtung große Fortschritte gemacht. Deshalb kann der Vorgang der Fernbeobachtung inzwischen zuverlässig sowohl unter Laborbedingungen als auch bei praktischen Anwendungen demonstriert werden. Es gibt verschiedene, häufig angewandte Methoden der Fernbeobachtung, beispielsweise die *Wissenschaftliche Fernbeobachtung* (SRV) die *Kontrollierte Fernbeobachtung* (CRV) und die Prozeduren der *Hawaii Remote Viewers Guild* (HRVG). Fernbeobachter nutzen eine oder mehrere dieser Methoden, um beschreibende Fakten über ein Beobachtungsziel zu sammeln, das meistens ein Ort oder ein Ereignis zu einem bestimmten Zeitpunkt ist.
>
> Fernbeobachtungen werden stets »blind« durchgeführt. Das bedeutet, dass der Beobachter vorher nichts über das Beobachtungsziel wissen darf. Alle Methoden der Fernbeobachtung verlangen eine Ausbildung und ein regelmäßiges Praktizieren, sodass sich der Beobachter darin üben kann. Üblicherweise wird die

> Fernbeobachtung als ein kontrolliertes Verlagern der Wahrnehmung betrachtet, das im normalen Wachzustand des Bewusstseins durchgeführt wird. Meistens schließt es *keine* außerkörperlichen Erfahrungen, Hypnose, einen veränderten Bewusstseinszustand oder Channeling mit ein.[5]

Fernbeobachtung ist also eine Technik der Bewusstseins, die nach einem standardisierten Laborverfahren erfolgt. Sie ermöglicht den Zugang zu Intelligenzen in einem vorher nicht bekannten Teilraum des Multiversums, und damit replizierbare Kommunikation. Auf diese Weise ist Fernbeobachtung ein Mittel, wissenschaftlich replizierbare Informationen zu übertragen und zu empfangen. Beteiligt sind dabei eine dafür ausgebildete Person auf der Erde innerhalb unseres Raumzeit-Hologramms und ein Vertreter der Regierungskörperschaft einer intelligenten Zivilisation, die sich einer an unser Universum angrenzenden Dimension oder in Paralleluniversen innerhalb des Multiversums befinden kann. Deshalb ist die Fernbeobachtung ein ideales wissenschaftliches Verfahren und Instrument zur Unterstützung und Verifizierung der Hypothese der dimensionalen Ökologie des Omniversums.

Replizierbare, also wiederholbare Daten eines wissenschaftlichen Experiments, das von Fernbeobachtern in Zusammenarbeit mit dem Farsight-Institut durchgeführt wurde, deuten darauf hin, dass ein in spiritueller wie technologischer Hinsicht fortgeschrittener galaktischer Verbund von Welten besteht. Diesen Verbund kann man als locker organisierte dimensionale Regierung der Galaxis unserer Milchstraße beschreiben.

Der folgende Text ist die Mitschrift der Kommunikation eines Forschers auf der Erde mit einem führenden Vertreter des galaktischen Verbundes in der Milchstraße während einer wissenschaftlich durchgeführten Fernbeobachtung.

> **Fernbeobachter:** Sobald ich in seinen Geist eingedrungen war [in den Geist des führenden Vertreters des galaktischen Ver-

bunds], tauchte ich irgendwo im All wieder auf. Dort befinde ich mich auch jetzt. Ich befinde mich außerhalb der Milchstraße und schaue auf sie. Über das Bild ziehen sich gepunktete Linien, die es in galaxieartige Quadranten aufteilen.

Man teilt mir mit, dass man unsere Hilfe benötigt. Ich habe den Eindruck, dass die Außerirdischen sie im Hinblick auf die Galaxis brauchen, aber offenbar wehre ich mich dagegen. Sie sind so viel mächtiger als Menschen. Warum also sollten sie uns brauchen? Das ergibt einfach keinen Sinn.

Der führende Vertreter spürt meinen Widerstand und lenkt mich anderswo hin, zu einem Planeten. Ja, jetzt erkenne ich, dass es die Erde ist. Mir wird mitgeteilt, dass sich die Menschheit in der Zukunft von dem Planeten wegbewegen wird. Ich übersetze hier nur Bilder in Worte. Aber die Aussage ist eindeutig die, dass die Menschen auf der Erde gegenwärtig gewalttätig sind und Probleme machen. Sie müssen sich wandeln, ehe sich die Außerirdischen mit ihnen zusammenschließen können. Auf jeden Fall müssen sie sich einem Wandel unterziehen, ehe sie sich weit über ihren eigenen Planeten hinaus ausdehnen.

Überwacher der Fernbeobachtung: Fragen Sie, ob es irgendwelche praktischen Vorschläge gibt, wie wir helfen können.

Fernbeobachter: Mir wird sehr bestimmt aufgetragen, dieses Buchprojekt fertigzustellen. Auch andere Menschen werden wichtige Rollen bei dem Wandel spielen. Viele sind daran beteiligt, Vertreter vieler Spezies und Gruppen.

Überwacher der Fernbobachtung: Fragen Sie, wen wir sonst noch mittels Fernbeobachtung oder anderer Techniken kontaktieren sollen.

Fernbeobachter: Nur die Marsianer. Mir wird mitgeteilt, dass sich unser Kontakt mit den Außerirdischen kurzfristig auf die Marsianer beschränken wird, zumindest in der nahen Zukunft.

Überwacher der Fernbobachtung: Fragen Sie, ob es neue Informationen gibt, die wir noch nicht kennen, die wir aber unbedingt erfahren sollten.

Fernbeobachter: Dieser Bursche ist sehr geduldig. Ihm ist klar, dass mir das hier Mühe bereitet. Er teilt mir gerade mit, dass viele Probleme auf uns zukommen. Es wird eindeutig eine planetare Katastrophe eintreten – vielleicht sollte ich besser von mehreren Katastrophen reden. Es wird politisches Chaos geben, Unruhen, die gegenwärtige Ordnung wird aus den Fugen geraten. So wie wir gegenwärtig sind, werden wir die neuen Realitäten nicht bewältigen können. Er sagt ganz unverblümt, dass die Menschen sich vor allem auf die Entwicklung des Bewusstseins konzentrieren müssen, wenn wir Fortschritte machen wollen.

In diesem Augenblick zapft er Ihren Geist an [gemeint ist der Geist des Überwachers], so als wollte er Sie orten. Vielleicht will er Sie auch einschätzen oder irgendetwas unternehmen. Er teilt mir mit, dass Sie eine sehr wichtige Rolle bei all diesen Dingen spielen. Wir müssen zu einem späteren Zeitpunkt hierher – in deren Welt – zurückkehren. Wegen unseres Bewusstseins werden wir anfangs als die Vertreter der Menschheit fungieren. Er sagt, dass das Bewusstsein den Zeitpunkt unserer Ankunft bestimmt. Aber es geht noch weiter. Wir sind keine Heilsbringer, sondern nur die anfänglichen Vertreter der Menschheit. Er legt großen Wert darauf, dass ich das begreife.

Mehr und mehr habe ich den Eindruck, dass er uns Folgendes begreiflich machen will: Bei uns liegt die Verantwortung, die Menschheit auf faire Weise zu repräsentieren. Wir dürfen uns das nicht zu Kopf steigen lassen. Das hier ist einfach eine Aufgabe, die sich uns stellt, und wir alle haben Aufgaben zu erfüllen. Er teilt mir auch mit, dass ich es einigermaßen gut hinbekomme, diese Dinge schriftlich festzuhalten.

Er mag Ihren Sinn für Humor. Er sagt, es werde künftig *sehr viel* zu tun geben, tagesaktuelle Dinge. Aber einstweilen sollen wir uns auf das Buch konzentrieren. Das Buch ist wichtig, und sie werden es benutzen.[6]

Aussagen von Kontaktpersonen sowie telepathisches und dokumentarisches Beweismaterial

Die in den Aussagen von kontaktierten Augenzeugen enthaltenen Einzelheiten sind genau wie die Einzelheiten des telepathischen Verkehrs mit Vertretern und Vermittlern der Regierungskörperschaften intelligenter Zivilisationen sehr unterschiedlich und stimmen nicht unbedingt miteinander oder mit der uns bekannten Geschichte überein. Vor allem belegen diese Aussagen eins: dass solche Lenkungsstrukturen tatsächlich existieren; weniger deutlich werden dabei deren Mission, Rolle und Geschichte. Wo immer es möglich ist, werden wir diesbezügliche Aussagen zu Lenkungsstrukturen mit vergleichbaren Informationen abgleichen.

Informationen, die Regierungen auf der Erde durch unmittelbare Interaktion mit intelligenten Zivilisationen gesammelt haben

Akkurate und in höchstem Maße verlässliche Informationen, die Regierungen auf der Erde durch die unmittelbare Interaktion mit intelligenten Zivilisationen gesammelt haben (durch Teleportation, Zeitreisen und andere Raumfahrtmissionen innerhalb unseres Universums und des Multiversums), werden zweifellos dann auftauchen, wenn sich die Regierungen zu vollständigen und wahrheitsgemäßen Enthüllungen entschließen.

Ich habe Interviews mit mehreren Whistleblowern geführt, die an geheimen amerikanischen Programmen des Kontakts mit Außerirdischen (einschließlich Teleportationen und Zeitreisen) beteiligt waren. Zu diesen Whistleblowern zählten unter anderem die früheren US-Chrononauten Andrew D. Basiago, William B. Stillings und Bernard Mendez sowie der frühere Angehörige der amerikanischen Streifkräfte Michael Relfe. Derzeit laufen weitere Projekte zur Erforschung von Lenkungsstrukturen intelligenter Zivilisationen. Über deren Ergebnisse werden wir zu gegebener Zeit berichten.

Die Rolle von außerirdischen Regierungskörperschaften bei der Entstehung der Menschheit

Berichte über die telepathische Kommunikation mit Vertretern regionaler Regierungskörperschaften in unserer Galaxis haben Belege für mögliche Ursprünge der Menschheit auf der Erde erbracht, die – zumindest auf den ersten Blick – mit auf wissenschaftlichen Forschungen beruhenden Informationen über die menschliche DNA übereinstimmen.

Beispielsweise behauptet ein Telepath, der den Berichten nach Verbindung zu einem regionalen galaktischen Lenkungsrat hat, ursprünglich habe ein Konsortium, bestehend aus fortgeschrittenen intelligenten Zivilisationen aus höheren Dimensionen sowie interdimensionalen Zivilisationen, den *Homo sapiens* als intelligentes Wesen mit einer zwölfsträngigen DNA entwickelt. Diese Spezies sei zum Wächter über die dritte Dimension der Raumzeit auf der Erde bestimmt gewesen.

In ihrer Erörterung zur Entwicklung des *Homo sapiens* durch eine Vereinigung oder einen Rat ethisch fortgeschrittener, intelligenter und hyperdimensional agierender Zivilisationen (darunter die Plejader und Sirianer) schreibt die Telepathin Patricia Cori [in direkter Wiedergabe der von ihr empfangenen Informationen]:

> Die bereits existierende Umwelt auf der Erde – die Besonderheiten ihrer Tier- und Pflanzenwelt – wurde gründlich untersucht, auch unter dem Aspekt, auf welche Weise die biologische Vielfalt die unterschiedlichen geografischen und klimatischen Bedingungen widerspiegelt. Dabei wurde erkannt, dass eine solche Vielfalt ideale Voraussetzungen für die Verbreitung von außerirdischen Spezies bieten würde, da sich deren ursprüngliche Umgebungen in vielerlei Hinsicht in den ökologischen Systemen der Erde reproduzieren ließen.

Eure archäologischen Theorien und die evolutinären Theorien mit den Leerstellen des »fehlenden Verbindungsglieds« enthalten keine Erklärung für die eigenständige Entwicklung von vier unterschiedlichen, von uns »ausgesäten« Rassen. Diese sind Archetypen unserer Musterrassen; deren grundlegendes genetisches Material bildete die ursprüngliche »Substanz« eurer Rasse. Hingegen wurden die Schwingungsmuster und die DNA-Sequenzen extradimensionaler Wesenheiten (Wesen höherer Sphären) in die komplizierten Lichtcodes eurer unglaublichen zwölfstrangigen DNA eingewoben. Das genetische Material dieser vier ursprünglichen Rassen (schwarz, rot, gelb und weiß) vereinigte sich in der »Blaupause« für die Spezies des *Homo sapiens*.[7]

Verschiedene Berichte über einen regionalen galaktischen Lenkungsrat

Patricia Coris Berichte über die telepathische Kommunikation mit einem regionalen galaktischen Lenkungsrat stimmen mit empirischen Daten und einer exopolitischen Analyse überein, die ihrerseits auf die Existenz eines solchen Rates hinweisen, der sich mit der Ökologie der Erde und der Menschheit befasst.

Darüber hinaus gibt es überzeugende dokumentarische Belege für Regierungskörperschaften intelligenter Zivilisationen. Das Material umfasst Fotos und Videoaufnahmen, die zeigen, wie Raumschiffe dieser Körperschaften zu vorhergesagten Zeitpunkten über großen Städten der Erde erschienen.

Der ehemalige Offizier des Canadian North American Aerospace Defense Command (NORAD) Stanley A. Fulham hat über Interaktionen mit Vertretern eines regionalen galaktischen Lenkungsrates berichtet, zu dessen Mitgliedern Zivilisationen höherer Dimensionen, die ethischen Zivilisationen der Plejader und Sirianer, gehörten. Dieser Rat befasst sich mit der Entwicklung von Planeten, auf denen Leben existiert, und zwar in einem bestimmten Bereich unserer Galaxis, der auch die Erde mit einschließt.[8] Man muss dazu wissen, dass Fulham sein ganzes Berufsleben lang Offizier im Dienst von NORAD war und dort die Radarüberwachung leitete, die Spuren von hyperdimensionalen UFOs quer über den ganzen nordamerikanischen Kontinent und dessen Umgebung verfolgte.

Bei meinem Interview mit Fulham sagte er, eine regionale galaktische Regierungskörperschaft habe im Januar 2010 beschlossen, sich über die Regel der Nichteinmischung hinwegzusetzen. In einer offiziellen Konferenz beschloss die regionale Körperschaft feierlich, ihre Technologie dazu einzusetzen, die Erdatmosphäre zu reinigen, um einer Umweltkatastrophe auf der Erde vorzubeugen. Zu genau solchen Katastrophen war es nämlich auf vielen anderen besiedelten Planeten gekommen, deren Zivilisationen der auf der Erde ähnelten.

Fulhams Aussagen zufolge entschied sich die Körperschaft für die Einmischung, nachdem sie zu dem Schluss gelangt war, dass die Technologie der Menschheit nicht ausreichen würde, eine globale Umweltkatastrophe und die Auslöschung von Arten auf der Erde zu verhindern. Laut Fulham war das eine sehr ungewöhnliche Entscheidung der Körperschaft – teilweise dadurch bedingt, dass deren Mitglieder die »einzigartigen positiven Eigenschaften der menschlichen Bevölkerung« erhalten wollten. Ihm zufolge besteht die Körperschaft aus »intelligenten Zivilisationen von den Plejaden, Orion, Sirius, Bootes, Alpha Centauri, Comsuli, Zeta Reticuli und Pouseti«.[9]

Nach Fulhams Angaben erfüllt dieser regionale galaktische Lenkungsrat schon seit einer Million Jahren die Rolle eines Aufsehers beziehungsweise eines Betreuers der Erde und hat es nach einem früheren Versuch Außerirdischer, auf unseren Planeten einzufallen und ihn zu übernehmen, geschafft, die Erde unter Schutzquarantäne zu stellen.

Aussage von Stanley A. Fulham vom 3. Dezember 2010

Kurz vor seinem allzu frühen Tod veröffentlichte Fulham auf seiner Website die folgende Erklärung:

> Ich habe meinen Leserinnen und Lesern und den Unterstützern der Ufologen versprochen, sie via E-Mail über das nächste wichtige Erscheinen von UFOs als Teil von deren »Intervention« auf der Erde zu informieren.
>
> Diese »Intervention« begann am 13. Oktober 2010 am Himmel über New York. Die [empfangene] Vorhersage habe ich in meinem Buch *Challenges of Change*[g] dokumentiert. Sie lautete, es werde sich an diesem Tag »etwas Wichtiges über unseren bedeutendsten Städten zeigen«.
>
> Es tauchte dann nur über New York ein UFO auf, nicht aber über anderen amerikanischen Städten. Über diese Änderung der Pläne gegenüber der ursprünglichen Vorhersage wurde viel spekuliert. Ende September 2010 fragte ich die Transzendierenden nach den Gründen für die Änderung der Pläne. [Als »Transzendierende« bezeichnet Fulham die Mitglieder der regionalen galaktischen Regierungskörperschaft, mit denen er über eine die Dimensionen transzendierende telepathische Verbindung kommuniziert.] Sie erwiderten: »Die Plejader kennen sich im Bewusstsein der Menschheit sehr viel besser aus als ihr – schließlich beobachten sie euch seit Millionen von Jahren. Sie sind zu dem Schluss gekommen, dass die Menschheit, ganz allgemein gesagt, noch nicht auf die massive Zurschaustellung plejadischer UFOs über euren großen Städten vorbereitet ist. Die Menschen würden das als feindselige Einmischung betrachten – als das Vorspiel zu einer Invasion.«

---

[g] Fulhams Buch *Challenges of Change* ist das Ergebnis zehnjähriger Forschungen und Interaktionen mit einer Informationsquelle im Umfeld des außerirdischen Rates und enthält eine Abschrift des vom Rat beschlossenen Plans für die Jahre 2010 bis 2015.

Etwa drei Wochen vor dem angesetzten Termin beschloss der Rat der Außerirdischen deswegen, sich nur auf eine einzige unserer großen amerikanischen Städte zu konzentrieren, nämlich New York. New York wird weltweit als die am stärksten kosmopolitisch geprägte Stadt der Menschheit angesehen, sodass der Rat davon ausging, dass der Anblick von UFOs die Bevölkerung dort wahrscheinlich nicht gleich überwältigen würde.

Allerdings blieb es beim angesetzten Termin 13. Oktober 2010. An diesem Tag waren jedoch nicht nur am Himmel über New York, sondern überall auf der Erde UFOs zu sehen. Die Transzendierenden wiesen darauf hin, dass diese im Plan des außerirdischen Rats keineswegs vorgesehen gewesen waren. Das Auftauchen von UFOs über New York ist schlicht als Beginn des »Interventionsprozesses« der Außerirdischen zu betrachten.

In meiner jüngsten Kommunikation mit den Transzendierenden (am Dienstag, dem 13. Oktober 2013) informierten sie mich über die folgenden Vorhaben hinsichtlich einer Entsendung plejadischer UFOs:

A. Im Zeitraum zwischen Anfang Januar 2011 und der zweiten Januarwoche 2011 werden auf spektakuläre Weise UFOs über Moskau zu sehen sein.

B. Etwa sieben Tage später wird sich das Schauspiel über London wiederholen.

C. Die Interventionen werden sich von da an beschleunigen. Allerdings wird sich das Erscheinen von UFOs nicht so sehr auf große Städte konzentrieren, sondern sich über die verschiedenen Kontinente der Erde verteilen und länger dauern als bisher.

Diese Interventionen sollen dazu beitragen, dass die Menschheit außerirdische Phänomene zunehmend akzeptiert, wodurch wir Menschen – hoffentlich – bald bereit sein werden, auch Begegnungen und die Kommunikation mit Außerirdischen von Angesicht zu Angesicht zu akzeptieren, vielleicht sogar schon im kommenden Jahr (2011).

D. Die Zielvorstellung ist ein späterer Auftritt vor den Vereinten Nationen der Erde (als Aufsehen erregende erste Vorstellung der Realität von Außerirdischen).

Der »Interventionsprozess« der Außerirdischen wird die Menschheit in philosophischer Hinsicht mehr herausfordern als alles andere in ihrer bisherigen Geschichte. Er wird unsere grundsätzlichsten Überzeugungen in Frage stellen. Hat Christus seine Lehren auch in diesen außerirdischen Welten verbreitet? Wissen die Außerirdischen von Allah und dessen Hass auf die Heiden und Ungläubigen (zu denen natürlich auch die Außerirdischen gezählt werden müssen, denn auch sie haben ja ›Seelen‹)? Haben die Außerirdischen Religionen? Oder besitzen sie Spiritualität?

Der »Interventionsprozess« der UFOs wird starke Auswirkungen auf die Regierungen der Vereinigten Staaten und Russlands haben und der Katalysator sein, um die »Verschwörung des Verschweigens« zu durchbrechen. Später können die Ufologen ihre Aufmerksamkeit auf die Herausforderungen richten, die die neuen außerirdischen Technologien für die Menschheit darstellen werden.

Wegen meiner schwindenden Gesundheit ist diese Mail möglicherweise der letzte Text, in dem ich mich zu diesem Thema äußere. Ich wünsche all meinen Leserinnen und Lesern und den Unterstützern der Ufologen das Allerbeste für ihre zukünftige Arbeit.

Stanley A. Fulham, 3. Dezember 2010.[10]

13. Oktober 2010: Die Enthüllung des Raumflugkörpers der Regierungskörperschaft

Ursprünglich hatte die regionale galaktische Regierungskörperschaft auf ihrer Konferenz im Januar 2010 (Erdzeit) beschlossen, ihre Raumflugkörper am 13. Oktober 2010 gleichzeitig über den wichtigsten Metropolen der Welt erscheinen zu lassen, um die Menschen auf der Erde an die Präsenz der Körperschaft und deren Beschluss, sich auf der Erde einzumischen, zu gewöhnen.

In seinem Rundfunkinterview mit *Exopolitics* sagte Fulham, der regionale außerirdische Rat habe sein Vorhaben inzwischen auf eine einzige Stadt beschränkt und New York für ein erstes Auftauchen eines außerirdischen Raumschiffs am 13. Oktober 2010 ausgewählt. Der Grund dafür: New York sei eine weltbekannte kosmopolitische Stadt mit einer Bevölkerung, die durch kaum etwas zu erschüttern sei. Die Menschen würden sich vom Auftauchen Außerirdischer nicht einschüchtern lassen.

Es gibt mehrere voneinander unabhängige Quellen, die belegen, dass die UFO-Sichtungen am 13. Oktober über New York City die Intervention einer nicht-irdischen intelligenten Zivilisation offenbarten und nicht etwa andere Ursachen hatten (wie freigelassene Ballons).[11]

Am 14. Oktober 2010, dem Tag nach den für den 13. Oktober 2010 vorhergesagten UFO-Sichtungen über New York, hielt Dr. Mazian Othman, bis 2013 Leiterin des Wiener Büros für Weltraumfragen der Vereinten Nationen, eine umfassende 28-minütige Video-Pressekonferenz bei den Vereinten Nationen in New York ab.

Dabei erklärte sie, »möglicherweise gibt es außerirdisches Leben«, und bemerkte, die Vereinten Nationen müssten sich auf außerirdische Kontakte vorbereiten. Nach den UFO-Sichtungen am 13. Oktober über New York kündigte die regionale galaktische Regierungskörperschaft eine Reihe von UFO-Sichtungen über Moskau und London an.

Zählen die UFOs, die im Dezember 2010 am Himmel über Russland auftauchten, zu der von Fulham vorhergesagten UFO-Serie?

Am 29. Dezember 2010 berichtete ich Folgendes:

Das russische Fernsehen meldet jetzt, dass UFOs nach und nach am Himmel über Russland erscheinen, und hat ein Video und einen Zeitungsartikel veröffentlicht, die diese UFO-

Sichtungen bestätigen. Der jüngst an Bauchspeicheldrüsenkrebs verstorbene frühere NORAD-Offizier Stanley A. Fulham hat kurz vor seinem Tod erklärt, dass [...] eine regionale galaktische Regierungskörperschaft 2011 häufiger als bisher UFOs entsenden wird, beginnend mit dem »spektakulären Auftauchen eines UFOs über Moskau im Zeitraum zwischen Anfang Januar und der zweiten Januarwoche 2011«.

Es fragt sich, ob diese Serie von UFO-Erscheinungen, die derzeit über Russland beginnt, Teil der UFO-Welle ist, die Stanley A. Fulham in seiner letzten Erklärung angekündigt hat.[12]

In einem russischen Bericht heißt es dazu:

Anfang Dezember tauchten über der Hauptstadt der autonomen Republik Kalmückien im südlichen Teil des europäischen Russlands wiederholt UFOs auf. Alle zehn Tage erblickten die Bewohner von Elista über verschiedenen Stadtteilen Flugkörper unbekannter Herkunft.

Die jüngste Information über diese Himmelserscheinungen stammt vom 22. Dezember 2010. Augenzeugen sichteten solche Flugkörper in verschiedenen Teilen der Hauptstadt.

Nach Aussagen mehrerer Einwohner konnte man am Himmel zwei konzentrische Kreise sehen, die sich in gegenläufige Richtungen drehten. Andere sprechen von einem dreieckigen Flugkörper, der Licht ausstrahlte.

Die Wissenschaftler haben noch keine rationale Erklärung für diese Phänomene gefunden. Michailjajew Badme, Professor für Theoretische Physik an der Universität von Kalmückien, schließt die Möglichkeit nicht aus, dass hier eine außerirdische Zivilisation am Werk ist, sieht in dem Erscheinen von UFOs am Himmel über Elista aber auch keinen eindeutigen Beweis für deren Existenz.

Mittlerweile sind nach Angaben von Ufologen UFOs auch in anderen Teilen Russlands zu sehen.[13]

Das häufige Auftauchen unbekannter Flugobjekte über Russland im Dezember 2010 scheint tatsächlich in Verbindung zu stehen mit dem vom regionalen galaktischen Lenkungsrat angekündigten und angestrebten Prozess der »Gewöhnung von Menschen an Außerirdische«, den Stanley A. Fulham in seinem Buch *Challenges of Change* und in seiner (oben vollständig zitierten) Erklärung vom 3. Dezember 2010 veröffentlicht hat.[14]

Zwei seiner Aussagen erscheinen in diesem Zusammenhang als besonders relevant: »Der ›Interventionsprozess‹ der UFOs wird starke Auswirkungen auf die Regierungen der Vereinigten Staaten und Russlands haben und der Katalysator sein, um die ›Verschwörung des Verschweigens‹ zu durchbrechen«. Und: »Die Interventionen werden sich von da an beschleunigen. Allerdings wird sich die Zurschaustellung von UFOs nicht so sehr auf große Städte konzentrieren, sondern sich über die verschiedenen Kontinente der Erde verteilen und länger dauern als bisher. Diese Interventionen sollen dazu beitragen, dass die Menschheit außerirdische Phänomene mehr und mehr akzeptiert.«

Hier noch eine Anmerkung zu der von Russland und den Vereinigten Staaten betriebenen »Verschwörung des Verschweigens«, soweit es die Präsenz von Außerirdischen betrifft. Diese Verschwörung beinhaltet auch, dass die Absicht der Außerirdischen, die Ökologie der Erde zu retten und zu bewahren, der Menschheit vorenthalten wird. Eine unabhängige Untersuchung ist zu dem Schluss gekommen, dass der Krankheitsverlauf bei Fulhams Bauchspeicheldrüsenkrebs möglicherweise von bestimmten menschlichen Interessengruppen beschleunigt wurde, damit Fulham nichts Weiteres mehr über die Vorhaben des regionalen galaktischen Lenkungsrats veröffnetlichen konnte. Mit anderen Worten: Man hat ihn möglicherweise zum Schweigen gebracht.[15]

Voneinander unabhängige Bestätigungen für die Existenz eines hyperdimensional agierenden Rates

Auszug aus meinem Bericht vom 13. Januar 2011:[16]

Das Auftauchen eines offenbar plejadischen UFOs über Moskau erfüllt zum zweiten Mal auf akkurate Weise eine Ankündigung: Interdimensional übermittelte Botschaften, offenbar ausgelöst von einem galaktischen Lenkungsrat, hatten vorhergesagt, dass plejadische Raumschiffe über einem wichtigen städtischen Gebiet erscheinen würden.

Beim ersten Mal hatte der Rat durch Fulham ankündigen lassen, Raumschiffe der galaktischen Körperschaft würden am Abend des 13. Oktober 2010 über New York auftauchen. Tatsächlich geschah es so, und die UFOs wurden gefilmt.[17]

Die zweite Prophezeiung erfüllte sich im Januar 2011 über Moskau. Am Himmel über der Stadt wurden nachweislich UFOs (offenbar plejadischer Herkunft) des galaktischen Lenkungsrats gesichtet, wie Fulham am 3. Dezember vorhergesagt hatte.

UFO-Sichtungen über London oder Paris Mitte Januar 2011?

Gemäß Fulhams Verlautbarung vom 3. Dezember 2010 sollte sich das Erscheinen von UFOs circa sieben Tage nach deren Sichtung in Moskau in London wiederholen.

Ein enger Mitarbeiter des verstorbenen Stanley Fulham schickte mir am 11. Januar 2011 folgende Warnung:

Stan erwähnte, er sei sich schon seit längerer Zeit nicht mehr ganz sicher, ob das nächste Ereignis in London oder aber in Paris stattfinden werde. Nach langem Überlegen war er jedoch zu dem Schluss gekommen, es müsse wohl London sein. Er hoffte auf eine weitere Kommunikation mit den Transzendierenden, um nach Möglichkeit ein genaueres Datum und eine genauere Ortsbestimmung zu erhalten, aber er war schon zu krank und zu schwach dafür. Ich hielt es für richtig, im Vorfeld jemanden davon zu unterrichten. Es könnte ja sein, dass die Sache nun doch in Paris stattfindet und auch der zeitliche Rahmen nicht ganz stimmt.[18]

Die Kernfrage

Wir müssen uns fragen, ob der galaktische Lenkungsrat tatsächlich so existiert und operiert, wie Fulham es beschrieben hat – was allerdings durch zwei voneinander unabhängige UFO-Sichtungen offenbar bestätigt wurde. Oder handelt es sich in Wirklichkeit um ein Täuschungsmanöver, eine Manipulation der Psyche, eine Desinformation oder aber um zufällige UFO-Sichtungen? Liegt tatsächlich das vor, was es zu sein scheint: die Intervention einer galaktischen Regierungskörperschaft?

Diese Fragen sind berechtigt. Aufgeworfen wurden und werden sie durch die UFO-Sichtungen am 13. Oktober und 24. November über New York und im Januar 2011 über Moskau. Am besten, wir untersuchen hier einmal die wesentlichen Aspekte der Hypothese, eine galaktische Regierungskörperschaft mische sich bis zum heutigen Tag in die Angelegenheiten der Erde ein.

Ein Täuschungsmanöver hyperdimensional agierender Außerirdischer?

In Ermangelung weiteren Hintergrundwissens und unter Berücksichtigung der UFO-Sichtungen im Oktober und November 2010 sowie im Januar 2011 könnte man dafür plädieren, dass jede davon rein zufällig erfolgte, womöglich auch nur ein Täuschungsmanöver von dimensional agierenden Außerirdischen war – nicht jedoch Teil der gezielten interdimensionalen Einmischung einer intelligenten Zivilisation, die dieses Vorgehen im Vorfeld ankündigte. Aber es müssen auch noch andere Faktoren berücksichtigt werden, insbesondere Fulhams Expertenwissen, soweit es die UFOs Außerirdischer betraf.

Fulhams interdimensionale Kommunikation

Stanley Fulham war ein Experte darin, außerirdische UFOs zu identifizieren und deren Spur zu verfolgen. Als Offizier, der sein ganzes Berufsleben lang im Dienst von NORAD gestanden hatte, schilderte er, wie er regelmäßig außerirdische Flugobjekte über Nordamerika aufgespürt hat. Aus der Perspektive eines (hypothetischen) regionalen galaktischen Lenkungsrats war er wahrscheinlich eine ideale Kontaktperson, da er die besten beruflichen Referenzen besaß, wenn es um die Identifizierung außerirdischer Flugobjekte ging. Er verbrachte zehn Jahre mit der Untersuchung und interdimensionalen Kommunikation im Bereich des regionalen galaktischen Lenkungsrats, befasste sich mit dessen Mitgliedern, Funktionen und Operationen. Dieses Wissen hat er uns durch ein substanzielles, seriöses Sachbuch vermittelt.

Zeitschiene einer möglichen Intervention des galaktischen Lenkungsrats

Der augenscheinliche Hinweis des regionalen galaktischen Lenkungsrats auf 2014 und 2015 als die Jahre, in denen eine (möglicherweise intelligente) Zivilisation von Außerirdischen ihre Einmischung in die Angelegenheiten der Erde offenbaren werde, hat durch eine ungewöhnliche Konstellation besondere Bedeutung: 2014 und 2015 findet viermal (und durch zwei Sonnenfinsternisse getrennt) eine Mondfinsternis statt. Diese astronomische Konstellation ist zuletzt 1492 aufgetreten, in dem Jahr, in dem Columbus Amerika entdeckte. Erst in 1.000 Jahren wird sie sich wiederholen.[19]

Wenn man die Prophezeiung des galaktischen Lenkungsrates für die Jahre 2014 und 2015 unter Zuhilfenahme der modernen Hermeneutik analysiert und eingehender betrachtet, könnte man die vierfache Mondfinsternis in diesen Jahren tatsächlich als Vorspiel dazu ansehen, dass intelligente außerirdische Zivilisationen als »Heilsbringer« und Unterstützer der menschlichen Gesellschaft auf der Erde landen werden.

Diese Betrachtungsweise stimmt mit Aussagen der Informationsquelle aus den Reihen des regionalen galaktischen Lenkungsrats überein, die behauptet hat, die Außerirdischen würden sich 2014 und 2015 mit dem Ziel auf der Erde einmischen, die dimensionale Ökologie der Erde zu bewahren.[20]

Doch was ist, falls die vom regionalen galaktischen Lenkungsrat vorhergesagte Einmischung in den Jahren 2014 und 2015 gar nicht eintritt? Falls es so kommt, wird das meiner Meinung nach maßgebliche Belege für die Existenz galaktischer Lenkungsräte nicht beeinträchtigen. Denn die öffentliche Verbreitung absichtlicher Falschmeldungen und Fehlinformationen kann auch eine bewusst gewählte Strategie solcher Räte sein, wenn sie es mit dem feindseligen Umfeld irdischer Regierungen zu tun haben, das möglicherweise jedes ungetarnt auftauchende Raumschiff eines solchen galaktischen Rats angreifen würde.

Wie ist Stanley A. Fulhams Vermächtnis einzuschätzen?

Nüchtern betrachtet, besteht Stanley Fulhams Vermächtnis erstens aus einer gut dokumentierten Enthüllung der Pläne eines regionalen galaktischen Lenkungsrats, sich in die Ökologie der Erde einzumischen; und zweitens aus drei verschiedenen Vorhersagen, die sich erfüllt haben. Tatsächlich zeigten sich auf der Erde interdimensional agierende Raumflugkörper der Plejader – der »Einsatzkräfte« des galaktischen Rats.

Der UFO-Experte Randy Kitchur ist in seiner Analyse und Bewertung der Aussagen Fulhams zu dem kaum anzuzweifelnden Schluss gelangt, dass sich Fulhams Prognosen, es würden sich am 13. Oktober 2010 UFOs über New York City, Anfang Januar 2011 über Moskau und etwa sieben Tage später über London zeigen, buchstäblich erfüllt haben.[21]

Randy Kitchur fungierte als offizieller Sprecher für Stan Fulham. Er studierte fünf Jahre lang Politische Wissenschaft an der Universität von Manitoba in Winnipeg, Kanada. Dort konzipierte er eine Magisterarbeit, die sich mit der Vertuschung von UFO-Sichtungen befasste. Ein Jahr lang arbeitete er an seinem Bachelor in Politischen Wissenschaften an der Brock University in St. Catharines, Ontario, Kanada. Darüber hinaus studierte er zweieinhalb Jahre lang Soziologie und Psychologie an der Universität in Winnipeg, ehe er mit dem Master-Studium begann.

Gemeinsam mit Fulham produzierte er zwei YouTube-Videos über Fulhams Buch *Challenges of Change* und Fulhams UFO-Vorhersagen, ehe die außerirdischen Flugkörper am 13. Oktober 2010 erschienen.

Die Erfüllung von Fulhams Vorhersagen hat wichtige Implikationen, besonders, wenn man Fulhams gut dokumentierten Bericht und dessen Kern berücksichtigt. Die empirischen Belege für das angekündigte Erscheinen von UFOs bestätigen die Arbeitshypothese, dass ein regionaler galaktischer Lenkungsrat existiert und sich jetzt aus ökologischen Gründen wohlmeinend in die Umwelt der Menschen einmischt.

PROJEKT BLUEBEAM

Ein geheimes Täuschungsmanöver

Projekt Bluebeam ist ein geheimes psychologisches, auf größere Menschenmengen ausgerichtetes Täuschungsmanöver, das dreidimensionale optische Hologramme und Schall sowie Laserprojektionen vielfältiger holografischer Bilder in vielen Teilen der Welt dazu einsetzt, die Illusion massenhaft auftauchender Raumflugkörper zu erzeugen. Das Geheime Weltraumprogramm (»Secret Space Program«, abgekürzt SSP) unterstützt und betreibt die Entwicklung bedeutender außerirdisch agierender Raumflotten sowie exotischer Mittel der Beförderung durch die Raumzeit, etwa mittels Zeitreisen und Teleportation. Es wird finanziert aus einer sogenannten Schwarzkasse oder geheimen finanziellen Zuwendungen, auf die die rechtmäßige Regierung der Vereinigten Staaten keinen Zugriff hat.

Manche Berichterstatter behaupten, die UFOs über New York, Moskau und London seien in Wirklichkeit Teil der holografischen Displays des Projekts Bluebeam oder eine Zurschaustellung irdischer UFOs gewesen, finanziert aus der Schwarzkasse.

Diesen Szenarien zufolge wäre Fulhams Material in Wahrheit eine von einem Geheimdienst auf der Erde in die Welt gesetzte »Legende« – Teil eines Täuschungsmanövers, um der Welt eine globale Neuordnung aufzuzwingen, angeblich, um die Erde gegen eine Landung oder Invasion von Außerirdischen zu verteidigen. Eine Variante davon ist die Behauptung, die von Fulham vorhergesagten Erscheinungen seien Machenschaften einer außerirdischen Zivilisation, die dem Streben der Menschheit nach Souveränität und Selbstbestimmung feindlich gesinnt ist.

Kitchurs sachkundige Einschätzung der UFOs hat jedoch gezeigt, dass die interdimensional agierenden UFOs über New York City, Moskau und London nicht Teil eines von der Erde aus gelenkten holografischen Täuschungsmanövers waren und mit dem Projekt Bluebeam nichts zu tun hatten. Ebensowenig handelte es sich dabei um von der Erde aus gestartete Antigravitationsflugkörper.[22]

Darüber hinaus gibt es auch keinerlei Belege dafür, dass Fulham von einer manipulativen außerirdischen Macht für ein Täuschungsmanöver eingespannt wurde. Fulham, ein zutiefst spiritueller Mensch, war sein ganzes Berufsleben lang ein bestens ausgebildeter NORAD-Offizier. Die Beschäftigung mit UFOs war für ihn alltägliche Arbeit. Zehn Jahre lang befasste er sich mit einer interdimensionalen Kommunikation, die den regionalen galaktischen Lenkungsrat und dessen Botschaft zur ökologischen Krise auf der Erde betraf. Seine schriftlichen Berichte und seine Handlungen sind unschwer als moralisch motivierte Unternehmungen zu erkennen – genauso wie die Tätigkeiten des regionalen galaktischen Lenkungsrats, der Fulham entsprechendes Material zukommen und die

UFOs über drei Städten der Erde als Zeichen seiner Existenz und seines guten Willens auftauchen ließ.

Allerdings haben Experten auf dem Gebiet außerirdischer Kontakte auch angemerkt, dass hyperdimensionale Zivilisationen ihren Kontaktpersonen auf der Erde mitunter absichtlich irreführende Informationen über gewisse einzelne Fakten geben. Das dient dazu, diese Menschen vor Angriffen irdischer Geheimdienste zu schützen, die solche Fakten möglichst unterdrücken wollen. Das mag im Fall von Stanley Fulham durchaus zutreffen. Offenbar hat der regionale galaktische Lenkungsrat ihm genaue Informationen über die Termine der geplanten UFO-Erscheinungen gegeben. Doch der Rest dieser Botschaften, die den Zeitplan und die Art der Einmischung in öffentliche Angelegenheiten der Erde betrafen, könnte in wichtigen Aspekten bewusste Falschinformationen enthalten haben. Jedenfalls ist der vorhergesagte Termin, an dem der regionale galaktische Rat in physischer Gestalt vor den Vereinten Nationen auftreten wollte, offensichtlich nicht korrekt gewesen. Vielleicht kommt es irgendwann in der Zukunft dazu.

Anders verhält es sich mit dem Ziel des galaktischen Rats, die Ökologie der Erde durch seine Einmischung nach Möglichkeit zu verbessern. Tatsächlich könnte es sein, dass sich die regionale galaktische Regierungskörperschaft in die Ökologie der Erde auf eine Weise einmischt, die für menschliche Beobachter nicht sichtbar ist; oder aber diese Einmischung erfolgt erst zu einem späteren Zeitpunkt in der Zukunft.

Wie die Strategie dieser Körperschaft auch aussehen mag: Offenbar konnte sie Stanley Fulham nicht vor der Ermordung bewahren. Denn nach Meinung des Verfassers dieser Zeilen, der als eine der letzten Personen Gelegenheit hatte, ein Interview mit Fulham kurz vor seinem Tod durchzuführen, wurde ihm durch Fremdeinwirkung – durch einen ferngesteuerten, schnell wirkenden Krebs – das Leben genommen.

DRITTER TEIL

Spirituelle Dimensionen des Omniversums

6

Die Dimensionen des Zwischenlebens

Empirische Indizienbeweise stützen die Hypothese, dass das Omniversum aus der Gesamtheit von Paralleluniversen in den exopolitischen Dimensionen (dem Multiversum) und den spirituellen Dimensionen besteht.

Das Beweismaterial für die Existenz spiritueller Dimensionen, für intelligente Zivilisationen der Seele,[h] die in den Dimensionen des Zwischenlebens angesiedelt sind, und für die Kommunikation zwischen den exopolitischen und den spirituellen Dimensionen belegt zugleich das Fortbestehen des Bewusstseins nach dem körperlichen Tod, nämlich im Zwischenleben.

Dieses Beweismaterial umfasst:

- die instrumentelle Transkommunikation (ITK), beispielsweise durch elektronisch aufgezeichnete Stimmen

h Wie bereits erwähnt, ist die Seele eine individuierte, nicht an einen bestimmten Ort gebundene, mit Bewusstsein und Intelligenz begabte Wesenheit.

- Untersuchungen der Reinkarnation
- Nahtoderfahrungen
- Experimente mit medial begabten Menschen.

Instrumentelle Transkommunikation (ITK)
Dr. Ernst Senkowski (1922-2015), der als Professor für Physik an der Fachhochschule in Bingen (Deutschland) gelehrt hat, definierte die instrumentelle Transkommunikation als technisch unterstützte Kontaktaufnahme mit »Wesenheiten, Gebilden und Informationsstrukturen«, die normalerweise nicht zugänglich sind.[1]

Mit Hilfe elektronischer Technologie – wie Video, Audio und Computer, dem Streaming von Video- und Audio-Dateien sowie Mobiltelefonen – hat die ITK replizierbare empirische Beweise für die interaktive Kommunikation zwischen lebenden Menschen in unserem Raumzeit-Hologramm und dem offenbar intelligenten Geist verstorbener Menschen erbracht. Diese Intelligenzen befinden sich entweder in einer Hyperdimension der exopolitischen Dimensionen oder aber im Zwischenleben in den spirituellen Dimensionen. Dr. Senkowski bemerkt dazu: »Geräte der Telekommunikation (Tonbandgeräte, Radioempfänger, Telefone, Videorekorder, Fernsehgeräte, Computer) verhalten sich zuweilen außergewöhnlich, indem sie Stimmen, Bilder und Texte unterschiedlicher, manchmal ausgezeichneter Qualität übertragen, die aus dem Nirgendwo kommen.«[2]

In seiner Erörterung der von ITK gelieferten Fakten erklärt der Forscher Victor Zammit:

> Nach Angaben von Mark Macy, einem führenden Forscher auf diesem Gebiet, konnten die Forschungslabore in Europa während der 1990er Jahre immer wieder eine ausgedehnte wechselseitige Kommunikation mit geistesverwandten Kollegen verzeichnen. Dies geschah fast täglich, vermittelt über Anrufbeantworter, Rundfunkgeräte und Computerausdrucke. In seinem Buch *Miracles in the Storm* skizziert Macy, was die Forscher, die

für das International Network for International Communication arbeiteten, aus dem Jenseits empfingen:

- Bilder von Menschen und Orten im Jenseits. Die Bilder erschienen entweder deutlich auf dem Bildschirm des Fernsehgeräts und blieben dort eine Weile stehen, oder sie bauten sich nach und nach zu einer einigermaßen deutlichen Wiedergabe von mehreren Einzelbildern auf.
- Text- und Bilddateien von Menschen im Jenseits, die im Hauptspeicher eines Computers oder aber auf Disketten oder ähnlichen Aufzeichnungsmedien auftauchten.
- Texte und Bilder von Menschen und Orten im Jenseits in der Form von Fax-Nachrichten.[3]

Indem die ITK physische Spuren in Form von Stimmen und Bildern produziert, die bestimmten, identifizierbaren, früher lebenden und jetzt »toten« Menschen zugeordnet werden können, belegt sie sowohl die Kommunikation zwischen exopolitischen Dimensionen und denen des Zwischenlebens als auch das Überleben der Seele nach dem Tod.

ITK als nicht-ortsgebundene Kommunikation

Der bekannte Autor, Wissenschaftsphilosoph und Systemtheoretiker Ervin Laszlo schreibt:

> Die Authentizität von ITK ist nicht ganz unbestritten, doch die Belege dafür rechtfertigen eine gründliche Untersuchung. Nach Auffassung des Verfassers handelt es sich bei der ITK möglicherweise um ein bislang noch nicht erforschtes Gebiet, das im physikalischen Sinne eine Nicht-Lokalität darstellt – um eine Form nicht an einen bestimmten Ort gebundener Kommunikation.
>
> Um eine wissenschaftliche Basis für das Phänomen der ITK zu finden, muss man es mit physikalischen Theorien verbinden. Die

Transkommunikation kann nicht in den Bereich der Klassischen Physik gehören, denn diese beruht auf einem Paradigma, das Phänomene, die nicht unmittelbar auf sensorische Erfahrungen zurückzuführen sind, als höchst fragwürdig, wenn nicht sogar als eindeutig illusorisch einstuft. Doch nach dem neuesten Stand der gegenwärtigen Physik werden viele Dinge und Prozesse als Bestandteile der Realität anerkannt, die an sich nicht beobachtbar sind. Völlig zu Recht beziehen sich Theorien in der Teilchenphysik wie auch in der kosmologischen Physik auf ein Gebiet oder eine Dimension, die noch unterhalb der Welt des Quantums liegt, die bisher als unterste Ebene der physikalischen Realität betrachtet wurde. Dieses Gebiet oder diese Dimension, die als »physikalische Raumzeit«, »Nu-Äther«, »Hyperraum« oder auch als »zeitloser Raum« bezeichnet wird, ist möglicherweise verantwortlich für die Phänomene der Nicht-Örtlichkeit im Mikrobereich des Quantums wie auch für die Phänomene im Zwischenbereich des Lebens und im Makrobereich des Universums.[4]

Tesla, Marconi, Edison und ITK

Professor Ernst Senkowski zieht eine interessante Verbindungslinie zwischen der Untersuchung der ITK und den frühen Anfängen der Telekommunikation:

> Tesla, Marconi und Edison vermuteten [es müsse möglich sein], mit elektromagnetischen Mitteln Verbindung zu anderen Welten aufzunehmen. Medial begabte Menschen sagten die zukünftige Entwicklung von dazu geeigneten Gerätschaften voraus. Seit dem Ersten Weltkrieg wurden unerklärliche Signale beobachtet. Besonders erfolgreiche Tests wurden in den 1920er, 1930er und 1940er Jahren durchgeführt. Erste Simmen wurden unabhängig voneinander während der 1950er Jahre in Italien, den Vereinigten Staaten und Schweden auf Tonband aufgezeichnet. Später tauchten Videobilder im Fernsehen und Texte auf

Computern auf. Offizielle Untersuchungen dieser Phänomene sind nicht bekannt. Versuche, solche Stimmen auf Tonbändern wahrzunehmen, wurden in mindestens zwölf Ländern durchgeführt, und zwar von Einzelpersonen, kleinen Gruppen und einigen größeren Organisationen. Rund sechzig Sachbücher in sieben Sprachen sind bislang dazu erschienen. Nur sehr wenige derjenigen, die diesbezügliche Versuche durchführen, sind wissenschaftlich interessiert. Höchstens zehn Personen haben bisher herausragende Ergebnisse erzielt.

Es stellen sich dabei drei offene Fragen ...

Erstens: Wie werden ITK-Ereignisse wahrgenommen?
Erfolgreiche Ergebnisse dieser außergewöhnlichen Interaktion zwischen Körper und Geist, Seele und Materie, Mensch und Maschine, Bewusstsein und Realität hängen offenbar von den medialen Fähigkeiten ihrer Betreiber ab. Ein einfaches Modell, das die parapsychologischen Termini »außersinnliche Wahrnehmung« und »Psychokinese« verwendet, beschreibt die ITK als weitgehend unbewussten Vorgang, der sich in zwei Schritten vollzieht: Eine zur Transzendenz fähige Wesenheit jenseits unserer Raumzeit stellt eine telepathische Verbindung zu einem menschlichen Empfänger auf der Erde her, der durch Psychokinese die übertragene Information in das elektronische Gerät eingibt.

Grundsätzlich kann nicht ausgeschlossen werden, dass unsere technischen Systeme von der »anderen Seite« direkt manipuliert werden, und zwar durch uns unbekannte Methoden.

Zum Verständnis dieser Vorgänge können wir uns möglicherweise auf folgende Quellen stützen: die Bewusstseinsforschung, die Neurowissenschaften, Modelle der Quantentheorie (David Bohm und Hermann Arthur Jahn, Dunne-Pear, Princeton University); die Subquanten- oder Vakuum-Physik; die zwölfdimensionale Feldtheorie (Burkhard Heim); die Theorie morphischer Felder (Rupert Sheldrake); Systemtheorien; außerkörperliche Erfahrungen; Nahtoderfahrungen; die Wissenschaft vom Sterben;

»weithergeholte« Spekulationen, zum Beispiel über Skalarfelder und Tachyonen (hypothetische Teilchen, die sich schneller als mit Lichtgeschwindigkeit bewegen).

Zweitens: Worum geht es inhaltlich bei der ITK?
Offenbar möchte ein »Körperloser« die Menschheit davon überzeugen, dass es ein Leben nach dem Tode gibt, und zwar in gewandelten Zuständen des Bewusstsein; außerdem davon, dass nicht-menschliche Wesenheiten existieren, die sich eventuell in einem nicht kontrollierbaren Ausmaß einmischen. Allgemein gesagt bestätigen diese Inhalte die Grundzüge des menschlichen Channelings in technischer Form.

Drittens: Wer erzeugt diese instrumentelle Transkommunikation?
Es scheint nicht gerechtfertigt zu sein, dieses Phänomen als bloßes Produkt eines (hypothetischen) »Unterbewusstseins« des menschlichen Betreibers der Kommunikation oder einer außergewöhnlichen telepathischen Fähigkeit zu »erklären«. Die Grenzen überschreitenden Wesenheiten agieren offenbar autonom und sind – von ihrem Bewusstsein her – lebendig. Die Selektivität der Störsignale lässt sich nicht erklären, sie deutet aber in diese Richtung. Vermutlich ist der menschliche Empfänger dieser Kommunikation aktiv an der Umwandlung der Signale beteiligt und ergänzt die ursprüngliche Nachricht unbewusst durch gewisse eigene Assoziationen.

Wichtige Inhalte der ITK:
Die Demonstration bislang noch nicht entwickelter Fähigkeiten des menschlichen Geistes, der Multidimensionalität des Menschen; die holistische Verbundenheit und Untrennbarkeit von allem, was existiert; mentales Erwachen; die Öffnung von Fenstern zu bislang unbekannten Realitäten oder »Parallelwelten«, einschließlich »vergangener« Existenzen; eine sich bereits vollziehende wie auch zukünftige Metamorphose oder Wandlung der Menschheit.[5]

Die Beziehung zwischen der ITK (dem Zwischenleben) und der Chronovision (der Zeitreise)

Wie schon erwähnt, ist es für die Hypothese der dimensionalen Ökologie des Omniversums von großer Bedeutung, dass die Tonbandaufzeichnungen von Stimmen bei der ITK, die der Erkundung des Zwischenlebens in den spirituellen Dimensionen dienen, und die Chronovision – eine Zeitreisetechnologie zur Erkundung von Zeitlinien in den Universen unserer exopolitischen Dimensionen – im Werk der beiden italienischen katholischen Priester, Pellegrino Ernetti und Agostino Gemelli, zusammengelaufen sind beziehungsweise sich überschnitten haben.

Zammit bemerkt dazu:

> Die Katholische Kirche hat die Analyse der elektronisch empfangenen und aufgezeichneten Stimmphänomene befürwortet und ermutigt. Zwei der Ersten, die diese Phänomene untersucht haben, waren die italienischen Priester Pater Ernetti und Pater Gemelli. Sie stießen zufällig auf das Phänomen, als sie 1952 Tonbandaufnahmen von gregorianischen Gesängen machten. Pater Gemelli hörte auf dem Tonband plötzlich die Stimme seines Vaters, der ihn mit dem Spitznamen aus seiner Kindheit ansprach: »Zucchini, es ist doch deutlich zu hören, merkst du denn nicht, dass ich es bin?«[6]

Zutiefst verstört, da sie verinnerlicht hatten, was die katholischen Lehren zum Kontakt mit Toten zu sagen hatten, suchten die beiden Priester Papst Pius XII. in Rom auf. Der Papst beruhigte sie mit den Worten: »Lieber Pater Gemelli, du musst dir wirklich keine Sorgen über diese Geschichte machen. Die Existenz dieser Stimme ist eine streng wissenschaftliche Tatsache und hat nichts mit Spiritismus zu tun. Das Tonbandgerät ist völlig objektiv. Es empfängt nur Schallwellen, wo auch immer sie herkommen mögen, und zeichnet sie auf. Vielleicht wird dieses Experiment zu einem Meilenstein wissenschaftlicher Untersuchungen, die später den Glauben der Menschen bestärken werden.«[7]

Ein Cousin von Papst Pius, der geweihte Priester und Professor Dr. Gebhard Frei, Mitbegründer des Jung-Instituts, war ein international bekannter Parapsychologe, der eng mit dem lettischen Parapsychologen Konstantin Raudive, einem Pionier auf diesem Forschungsgebiet, zusammenarbeitete. Frei war auch Vorsitzender der Internationalen Vereinigung Katholischer Parapsychologen. Er selbst sagte, wie belegt ist: »Alles, was ich gelesen und gehört habe, zwingt mich zu glauben, dass die Stimmen von transzendenten individuellen Wesenheiten stammten. Ob es mir nun passt oder nicht: Ich habe kein Recht, die Realität dieser Stimmen anzuzweifeln.«[8] Dr. Frei starb am 27. Oktober 1967. Im November 1967 drang bei mehreren Tonbandaufnahmen eine Stimme durch, die ihren Namen als Gebhard Frei angab. Professor Peter Hohenwarter von der Universität Wien identifizierte die Stimme eindeutig als die von Dr. Frei.[9]

Papst Paul VI. war sich sehr wohl der Arbeit bewusst, mit der sich sein guter Freund, der schwedische Filmemacher Friedrich Jürgenson, von 1959 an beschäftigte: Es war die Erforschung von Tonbandstimmen. Jürgenson drehte auch einen Dokumentarfilm über den Papst, der ihn für sein Werk im Jahre 1969 mit der Komturstufe des Gregoriusordens auszeichnete. Jürgenson schrieb an Bander: »Im Vatikan habe ich ein offenes Ohr für das Phänomen der Stimmen gefunden. Unter den führenden Personen in der Heiligen Stadt habe ich viele wunderbare Freunde gefunden. Heute steht die ›Brücke‹ fest auf ihren Fundamenten.«[10]

Der frühere US-Chrononaut Andrew D. Basiago zitiert Pater Pellegrino Ernetti, den Entdecker der Chronovision, mit dem Satz: »Von der Geburt an bis zum Tod hinterlässt jeder Mensch die Spur eines Licht- und Schallbogens im Quantenhologramm.«[i][11]

---

i Dem früheren US-Chrononauten Andrew D. Basiago zufolge wurde »der Chronovisor zufällig entdeckt, als zwei Priester des Benedektiner-Ordens, Pellegrino Ernetti und Agostino Gemelli, in den 1940er Jahren an der Katholischen Universität von Mailand die Harmonien gregorianischer Gesänge untersuchten«.

Mit dem Ausdruck »Quantenhologramm« beziehen sich Basiago und Pater Pellegrino Ernetti auf die Dimensionen in den Universen der exopolitischen Dimension des Omniversums.

Die Geschichte, wie Ernetti mit seinem Tonbandgerät durch interaktive Kommunikation mit seinem Vater die Möglichkeit zur instrumentellen Transkommunikation entdeckt hat, sowie die Übersetzung eines italienischen Zeitungsartikel aus dem Jahre 1972 mit der Überschrift »Die Erfindung eines Geräts, mit dem man die Vergangenheit fotografieren kann«, zeigen mindestens zwei Anwendungen des von Ernetti und Gemelli entwickelten Chronovisors. Er wurde für folgende Zwecke eingesetzt:

- für die instrumentelle Transkommunikation – die interaktive Kommunikation mit den Intelligenzen bestimmter verstorbener Menschen, die sich innerhalb der spirituellen Dimensionen des Omniversums im Zwischenleben befanden
- für Zeitreisen via Chronovision – das heißt für die Ortung und für Audio- und Videoaufzeichnungen von Ereignissen entlang der Zeitlinie der Vergangenheit im Raumzeit-Hologramm des Multiversums.

Die Möglichkeit von Zeitreisen entlang Zeitlinien im Raumzeit-Hologramm (Quantenhologramm) des Multiversums wird bestätigt durch die von Ernetti und Gemelli veröffentlichten Chronovisionsaufzeichnungen bekannter historischer Persönlichkeiten. Ernetti behauptet, dass sich der Chronovisor entlang einer Zeitlinie in der exopolitischen Dimension auf individuelle Stimmen und Bilder einstellen lässt, und zwar durch eine geeignete technische Ausrüstung, die er und seine Mitarbeiter als weltweit Erste entwickelten.

Er schreibt dazu:

> Die Ausrüstung besteht aus mehreren Antennen, die man auf individuelle Stimmen und Bilder einstellen kann. Wir wissen, dass jeder Mensch von seiner Geburt an bis zum Tod eine

> doppelte Spur hinterlässt: eine sichtbare und hörbare Spur – eine Art Ausweis, und das gilt für jede einzelne Person. Gestützt auf diese unterschiedlichen »Ausweise« kann man den Menschen in all seinen Worten und Taten rekonstruieren. Deshalb sind wir jetzt in der Lage, die größten Persönlichkeiten der menschlichen Geschichte wiederzusehen.[12]

Ernettis und Gemellis Experimente liefern empirische Belege für die Annahme einer dimensionalen Ökologie des Omniversums – eines Omniversums, das sowohl aus exopolitischen als auch aus spirituellen Dimensionen besteht.

Und sie liefern Belege dafür, dass wir Menschen innerhalb eines Raumzeit-Hologramms als Inkarnationen in den exopolitischen Dimensionen existieren und sich unsere Seelen im Zwischenleben in den spirituellen Dimensionen befinden.

Untersuchungen der Reinkarnation

Maßgebliche empirische Belege für die Hypothese dimensionaler Ökologie und für die Existenz intelligenter Zivilisationen von Seelen, die im Zwischenleben der spirituellen Dimensionen angesiedelt sind, wurden durch wissenschaftliche Untersuchungen gewonnen, die auf Reinkarnationen hinwiesen. Reinkarnation ist ein grundlegender Vorgang im Omniversum. Durch Inkarnation kann eine Seele, die sich in den Dimensionen des Zwischenlebens innerhalb der spirituellen Dimensionen befindet, in eine parallele Dimension oder ein Universum des Multiversums eintreten und dort ein inkarniertes Leben beginnen. Zur Unterstützung kann sie den Körper eines Lebewesens oder eines Gebildes als Avatar benutzen, meistens innerhalb einer intelligenten Zivilisation. Manche spirituellen Überlieferungen sprechen auch von einer Seelenwanderung menschlicher Seelen, die sich dann in Tieren, Pflanzen oder Mineralien wiederfinden. Wir konzentrieren uns hier jedoch auf die Untersuchung von reinkarnierten Seelen innerhalb intelligenter Zivilisationen.

Die beiden Hauptmethoden einer wissenschaftlichen Untersuchung der Reinkarnation in den exopolitischen Dimensionen sind die hypnotische Rückführung zur Erinnerung an frühere (oder zukünftige) Leben und die Analyse spontaner Erinnerungen an vergangene Leben bei Kindern. Mit der hypnotischen Rückführung zur Rekonstruktion des Nach- oder Zwischenlebens beschäftigen wir uns vor allem in Kapitel 7.

Spontane Erinnerungen an frühere Leben

Dr. Ian Stevenson (1918-2007), früherer Angehöriger der Medizinischen Hochschule der University of Virginia, hat mehr als 3.000 Fälle bei Kindern untersucht, die auf Reinkarnation hindeuteten, denn diese Kinder konnten sich spontan an – offenbar – frühere Leben erinnern. Diese Fälle liefern Beweise für das Weiterleben des Bewusstseins nach dem Tod des Körpers. Jeder einzelne Fall vermittelt einen empirisch verifizierten Beleg dafür, dass das zugrunde liegende Bewusstsein (die Seele) nach dem Tod in einem neuen Körper weiterlebte.[j]

Alle diese Fälle haben miteinander gemein, dass die Kinder im Alter zwischen zwei und vier Jahren begannen, sich an Tatsachen und Geschichten aus ihren früheren Leben zu erinnern. Im Alter von acht oder neun Jahren hatten sie ihre vergangenen Leben im Großen und Ganzen anscheinend vergessen. Andere gemeinsame Muster in all diesen Fällen bestanden darin, dass die Kinder erwähnten, sie seien in ihrem früheren Leben einen gewaltsamen Tod gestorben. Alle erinnerten sich noch deutlich an die Art und Weise, wie sie ums Leben gekommen waren.

Erinnerungen an ein früheres Leben

Fasst man Dr. Stevensons Fälle zusammen, zeigen sich schon auf

j Einen Überblick über Stevensons Arbeiten gibt die Abteilung für Wahrnehmungsstudien der University of Virginia unter http://bit.ly/17cJkMo (aufgerufen am 30. Juni 2015) den ersten Blick bestimmte Muster, die die Annahme einer dimensionalen Ökologie des Omniversums bestätigen. In den meisten Fällen bestätigt sich, dass ein und dieselbe Seele Erinnerungen an eine frühere Inkarnation als Mensch auf der Erde im Raumzeit-Hologramm der exopolitischen Dimensionen in sich trägt. Eine ausgezeichnete Zusammenfassung, die der Computerwissenschaftler Kevin Williams vornahm, hält fest:

> Das häufigste Ereignis oder der gemeinsame Nenner bei der Wiedergeburt ist vermutlich, dass sich ein Kind an sein vergangenes Leben erinnert. Meistens beginnen die Kinder im Alter von zwei bis vier Jahren über ihre Erinnerungen zu sprechen. Solche Erinnerungen im frühen Kindesalter schwinden allmählich, wenn sich das Kind im Alter zwischen vier und sieben Jahren befindet. Es gibt natürlich immer einige Ausnahmen, etwa den Fall, dass sich ein Kind weiterhin an sein früheres Leben erinnert, aber aus unterschiedlichen Gründen nicht mehr darüber redet.
>
> Die meisten Kinder sprechen mit großer Intensität und viel Gefühl über ihre frühere Identität. Häufig können sie eigenständig nicht entscheiden, welche Welt real ist und welche nicht, und erleben auf diese Weise eine Art Doppelexistenz, in der zeitweilig ein Leben wichtiger ist als das andere, während zu anderen Zeiten wiederum das zweite Leben in den Vordergrund rückt. Deshalb erzählen sie von ihrem früheren Leben oft in der Zeitform der Gegenwart und sagen Dinge wie: »Ich habe einen Ehemann und zwei Kinder, die in Jaipur leben.« Fast alle von ihnen können uns etwas über die Ereignisse sagen, die zu ihrem Tod geführt haben.
>
> Solche Kinder neigen dazu, eher ihre früheren als ihre gegenwärtigen Eltern als ihre wahren Eltern anzusehen, und drücken meistens den Wunsch aus, zu diesen zurückzukehren. Wenn die frühere Familie gefunden ist und Einzelheiten über die Person im früheren Leben ans Licht gekommen sind, wird auch der Ur-

sprung des fünften gemeinsamen Nenners bei diesen Kindern deutlich. Dieser fünfte gemeinsame Nenner ist das auffällige oder ungewöhnliche Verhalten des Kindes.

Ein Beispiel: Wenn das Kind in der Gegenwart in Indien in eine Familie der untersten Schichten hineingeboren wurde und im früheren Leben einer höheren Kaste angehörte, fühlt es sich in seiner neuen Familie vielleicht nicht wohl. Möglicherweise verlangt das Kind dann, von vorne bis hinten bedient zu werden, und weigert sich, billige Kleidung anzuziehen. Stevenson gibt uns mehrere Beispiele für solche ungewöhnlichen Verhaltensmuster.[13]

Muttermale und Wunden aus einem früheren Leben

Die Genauigkeit, mit der Dr. Ian Stevenson diese Fälle schildert, stützt die Hypothese einer dimensionalen Ökologie des Omniversums. Sie zeigt, in welcher Weise lebhafte Eindrücke in der dimensionalen Ökologie über mehrere Inkarnationen hinweg fortbestehen können – abhängig von der karmischen Bindung der Seele an Ereignisse aus früheren Lebensspannen. Beispielsweise weist Stevenson auch noch eine andere empirisch nachgewiesene Regelmäßigkeit nach, eine, die als Indizienbeweis gelten kann: Bei einer Seele können sich Verletzungen und Wunden, die sie in einem früheren Leben erlitten hat, im gegenwärtigen Leben innerhalb des Raumzeit-Hologramms der Erde in den exopolitischen Dimensionen körperlich als Muttermale zeigen. Stevenson schreibt dazu:

> Es ist fast nichts darüber bekannt, warum pigmentierte Muttermale (Leberflecke oder Nävi) an bestimmten Stellen der Haut auftreten. Ebenso wenig bekannt sind die Ursachen der meisten Geburtsdefekte. Rund 35 Prozent der Kinder, die behaupten, sich an frühere Leben zu erinnern, haben Muttermale und/oder Geburtsdefekte, die sie (oder erwachsene Informanten) den Verletzungen einer Person zuschreiben, an deren Leben sich das Kind als an sein eigenes Leben erinnert. 210 solcher Fälle bei Kindern wurden untersucht. Die Muttermale waren meistens un-

behaarte, runzlige Hautstellen. Einige wiesen kaum eine oder gar keine Pigmentierung auf (hypopigmentierte Hautflecken), andere eine erhöhte Pigmentierung (hyperpigmentierte Leberflecken). Die Geburtsdefekte waren fast immer von einer sehr selten auftretenden Art. In Fällen, bei denen eine verstorbene Person identifiziert werden konnte, deren Leben in seinen Einzelheiten eindeutig mit den Behauptungen des Kindes übereinstimmte, fand sich fast immer eine weitgehende Übereinstimmung zwischen den Muttermalen und/oder Geburtsdefekten des Kindes und den Wunden der verstorbenen Person. In 43 von 49 Fällen, bei denen ein ärztliches Zeugnis (meistens ein Obduktionsbericht) beschafft werden konnte, bestätigte sich die Entsprechung von früheren Wunden und gegenwärtigen Muttermalen oder Geburtsdefekten. Es spricht kaum etwas dafür, dass Eltern oder andere Informanten dem Kind eine falsche Identität überstülpten, um die Muttermale oder Geburtsdefekte an dessen Körper zu erklären. Offenbar haben wir es hier mit einem paranormalen Vorgang zu tun, der zumindest einige Einzelheiten dieser Fälle erklärt, einschließlich der Muttermale und Geburtsdefekte.

Da die meisten (aber nicht alle) dieser Fälle bei Personen vorkommen, die an Reinkarnation glauben, ist es nicht verwunderlich, dass die Gewährsleute für diese Fälle sie als Beispiele deuten, die ihrem Glauben entsprechen. Allerdings müssen Wissenschaftler auch andere Erklärungen in Erwägung ziehen.

Eine auf der Hand liegende Erklärung besteht darin, dass diese Muttermale oder Geburtsdefekte bei den Kindern rein zufällig sind. Demzufolge wären dann die Berichte der Eltern über Aussagen des Kindes und über dessen ungewöhnliches Verhalten nur Erfindungen, die die Muttermale (oder Geburtsdefekte) im Rahmen des kulturell akzeptierten Glaubens an Reinkarnation erklären sollen. Allerdings lässt sich gegen diese Version einiges nicht Unerhebliche einwenden.

Erstens haben die Eltern (oder andere an einem solchen Fall beteiligte Erwachsene) es gar nicht nötig, Einzelheiten eines früheren Lebens zu erfinden und zu erzählen, um die Wund- oder Muttermale zu erklären. Da die meisten von ihnen an Reinkarnation glauben, begnügen sie sich fast immer damit, diese Male irgendeinem Ereignis zuzuschreiben, ohne nach einem ganz bestimmten Leben mit passenden Details Ausschau zu halten.

Zweitens waren die Leben der Verstorbenen, die in diesen Fällen eine Rolle spielten, sehr unterschiedlich, soweit es deren gesellschaftlichen Status und ein empfehlenswertes Verhalten betrifft. Nur wenige von ihnen waren oder hatten andere beneidenswerte Eigenschaften. Vielmehr lebten viele von ihnen in Armut oder waren in anderer Hinsicht keine geeigneten Vorbilder. Nur wenige Eltern würden ihren Kindern eine Identifikation mit solchen Menschen aufbürden.

Drittens kannten sich die frühere und die gegenwärtige Familie zwar in den meisten Fällen (oder die Familien waren sogar miteinander verwandt), aber in mindestens 13 Fällen (von 210 in dieser Hinsicht sorgfältig überprüften) bin ich mir sicher, dass die beiden betroffenen Familien niemals voneinander gehört hatten. In diesen Fällen kann die Familie der Versuchsperson (des Kindes) keine Informationen gehabt haben, auf deren Grundlage sie sich ein früheres Leben des Kindes hätte ausdenken können, das sich dann später als wirkliches Leben einer verstorbenen Person entpuppt hätte. In weiteren zwölf Fällen hatten die Eltern des Kindes zwar vom Tod der betreffenden Person gehört, wussten aber nichts von deren Wunden oder Verletzungen. [...]

Viertens habe ich meiner Meinung nach aufgezeigt, dass die örtliche Übereinstimmung zwischen zwei oder mehr Muttermalen bei der Versuchsperson mit den Verletzungen einer verstorbenen Person kaum zufällig sein kann. Eine solche Deutung spricht gegen das Gesetz der Wahrscheinlichkeit.[14]

Stevenson stellt seine Untersuchungen in einen Zusammenhang, bei dem er wohlweislich auch alternative Erklärungen berücksichtigt:

Menschen, die eine Erklärung verwerfen, in welcher der Zufall, kombiniert mit einer im Nachhinein erfundenen Geschichte, die Hauptrolle spielt, könnten auch andere Deutungen heranziehen, die paranormale Vorgänge beinhalten, ohne so weit zu gehen, ein Leben nach dem Tode anzunehmen. Eine dieser Erklärungen geht davon aus, dass das Muttermal oder der Geburtsdefekt zufällig auftaucht, die Versuchsperson (das Kind) dann durch Telepathie von einer verstorbenen Person erfährt, die ähnliche Male am Körper hatte, und sich anschließend mit dieser Person identifiziert. Die Kinder zeigten in den untersuchten Fällen jedoch niemals so große paranormale Fähigkeiten, wie sie nötig wären, wollte man die auftauchenden Erinnerungen als »von außen« – aus einem Bereich jenseits ihrer eigenen Erinnerungen – übermittelt deuten.

Eine weitere Erklärung, die die körperlichen Male der Kinder nicht als zufallsbedingt betrachtet, schreibt sie einem potenziellen Einfluss der Kindsmutter zu. Demnach könnte eine Schwangere, die von den Wunden der verstorbenen Person weiß, so auf den Embryo/Fötus in ihrem Körper einwirken, dass dessen Male den Wunden der verstorbenen Person entsprechen.

Die Vorstellung von diesbezüglichen mütterlichen Einwirkungen auf das ungeborene Kind war in früheren Jahrhunderten und bis in unsere unmittelbare Vergangenheit hinein sehr verbreitet, ist mittlerweile jedoch in Verruf geraten. Bis mein eigener Artikel erschien (Stevenson, 1992), hatte seit 1890 niemand mehr derartige Fälle untersucht. [...]

Dennoch zeigen einige der veröffentlichten alten und neuen Fälle eine bemerkenswerte Entsprechung zwischen einem ungewöhnlichen Reiz im Gehirn einer Schwangeren und einem ungewöhnlichen Muttermal oder Geburtsdefekt ihres Kindes. Außerdem stellte ich bei einer Analyse von 113 veröffentlichten Fällen fest, dass sich dieser Reiz bei der Mutter in 80 Fällen im ersten Schwangerschaftsdrittel bemerkbar machte (Stevenson, 1992). Es ist allgemein bekannt, dass das erste Schwangerschaftsdrittel die Phase ist, in der der Embryo/Fötus am sensibelsten auf Thalidomide (Schlaf- und Beruhigungsmittel) wie zum Beispiel Contergan, das nachweislich Missbildungen erzeugt hat, reagieren. [...]

Angewandt auf die gegenwärtig vorliegenden Fälle, weist die Hypothese mütterlicher Einwirkung allerdings ebenso viele Schwächen auf wie jede Erklärung durch Zufälligkeiten. Erstens mag in den 25 oben erwähnten Fällen die Mutter der Versuchsperson zwar von dem Tod der betroffenen verstorbenen Person gehört haben, wusste aber nichts von deren Verletzungen/Wunden. Zweitens unterstellt diese Deutung, dass die Mutter durch ihre Gedanken nicht nur den Körper ihres ungeborenen Kindes umgestaltet hat, sondern das Kind nach dessen Geburt auch noch dahingehend beeinflusste, dass es sonderbare Dinge behauptete und ein Verhalten an den Tag legte, das es von sich aus nicht gehabt hätte. Ein Motiv für solche Handlungsweisen ist bei den meisten der Mütter (oder Väter) der Versuchspersonen nicht erkennbar.[15]

Dr. Ian Stevensons Fälle liefern also begründete Mutmaßungen darüber und erste empirische Belege dafür, dass in der dimensionalen Ökologie regelmäßig Inkarnationen stattfinden. Denn höchstwahrscheinlich sind es Wunden aus einem früheren Leben, die sich bei der reinkarnierten Seele im gegenwärtigen Leben als Muttermale oder Geburtsdefekte zeigen – vermutlich ausgelöst durch ein nicht aufgearbeitetes energetisches oder karmisches Erlebnis der reinkarnierten Seele. Insgesamt gesehen stützen Dr. Stevensons Fälle auch die These, dass die Universen des Multiversums die Aufgabe haben, den Seelen die Möglichkeit zur Inkarnation zu geben, damit diese sich in moralischer und anderer Hinsicht weiterentwickeln können.

Nahtoderfahrungen

Es gibt auch andere Methoden zur Entwicklung replizierbarer empirischer Belege für die Annahme einer dimensionalen Ökologie des Omniversums. Zum Beispiel listet David Fontana, Psychologe, Parapsychologe, Autor und ehemaliger Professor an der Cardiff University, insgesamt 17 standardisierte Methoden für den Beweis der Existenz von Dimensionen des Zwischenlebens auf.[16] Besonders bemerkenswert ist dabei die Untersuchung von Nahtoderfahrungen, denn diese liefern Indizienbeweise (in Form von Augenzeugenberichten) dafür, dass die menschliche Seele verschiedene Dimensionen durchqueren kann und spirituelle Dimensionen existieren.[17]

Victor Zammitt, ein australischer Rechtsanwalt und mittlerweile Experte auf dem Gebiet von Beweisführungen für ein Leben nach dem Tode, hat 14 Punkte skizziert, die zeigen, dass Nahtoderfahrungen real sind – und nicht etwa durch Sauerstoffmangel im Gehirn oder durch Medikamente ausgelöste Halluzinationen.

Er schreibt:

1. Überlebende von Nahtoderfahrungen haben deutliche und strukturierte Erinnerungen an das, was mit ihnen geschehen ist. Patienten, die bei ähnlicher Behandlung keine Nahtoderfahrung hatten, waren verwirrt und konnten sich an nichts erinnern.
2. Während sich sämtliche Halluzinationen voneinander unterscheiden, sind Nahtoderfahrungen einander quer durch die Kulturen und die ganze menschliche Geschichte sehr ähnlich. In allen Kulturen gibt es Berichte über Nahtoderfahrungen. Sie reichen bis ins Jahr 1760 vor Christus zurück.
3. Während die Menschen bewusstlos sind, sehen und hören sie Dinge, die sie mit ihren normalen Sinnen gar nicht erfassen könnten. Sehr viele Menschen mit Nahtoderfahrung können präzise beschreiben, was ihnen widerfuhr, während sie nicht bei Bewusstsein waren.
4. Wenn Menschen aus dem Nahtod ins Leben zurückkehren, wissen sie akkurat über Dinge Bescheid, die sie vorher nicht wussten.
5. Manche Menschen berichten über Begegnungen mit Verwandten, von deren Tod sie gar nicht wussten. In allen Fällen waren ihre Angaben korrekt.
6. Manche Menschen kehren mit Kenntnissen über die Zukunft ins Leben zurück.

7. Manche Menschen verfügen bei ihrer Rückkehr über ein fortgeschrittenes Wissen, das mit der Quantenphysik übereinstimmt. Fast alle Überlebenden sagen, dass sie in eine Dimension eingetreten sind, in der Zeit nicht existiert. Viele konnten in der Zeit vorwärts oder zurück gehen.
8. Manche Menschen genasen während einer Nahtoderfahrung von einer tödlichen Krankheit oder erholten sich auf wundersame Weise von schweren Verletzungen.
9. Blinde Menschen können während einer Nahtoderfahrung sehen.
10. Manche Menschen erleben eine Nahtoderfahrung als Gruppe. So hat eine Mannschaft von Feuerwehrleuten ausgesagt, sie alle hätten ihre Körper verlassen, als der Rauch sie überwältigte. Dennoch hätten sie miteinander kommuniziert und hätten ihre leblosen Körper von oben gesehen.
11. Manche Menschen machen dem Nahtod ähnliche Erfahrungen, auch wenn ihnen körperlich nichts fehlt. Forscher haben herausgefunden, dass tiefe Meditation, Visionen auf dem Totenbett, Entspannung, psychische Visionen, astrale Projektionen, Blicke in den Spiegel und bestimmte Augenbewegungen Elemente einer Nahtoderfahrung auslösen können.
12. Manche Menschen machen Nahtoderfahrungen, wenn ihr Gehirn schon gar nicht mehr arbeitet. Halluzinationen können nur auftreten, wenn Menschen ein funktionierendes Gehirn haben, das auf dem EEG Ausschläge anzeigt.
13. Viele Menschen erleben bei der Nahtoderfahrung eine »Rückschau auf ihr Leben«, bei der sie das eigene Leben aus der Perspektive anderer Menschen sehen.
14. Die Nachwirkungen einer Nahtoderfahrung sind einzigartig und halten lange an.

Es hat viele Versuche gegeben, Nahtoderfahrungen »wegzuerklären«. Manche Menschen behaupten, solche Erfahrungen würden durch Sauerstoffmangel ausgelöst. Andere sagen, solche Erfahrungen seien nichts anderes als eine natürliche Reaktion eines absterbenden Gehirns oder irgendeine zufällige chemische Reaktion des Gehirns. Die meisten solcher Theorien stützen sich auf die Beobachtung sehr weniger Fälle. Solche Fälle mögen Elemente einer Nahtoderfahrung erzeugen, nicht aber eine umfassende Nahtoderfahrung. Am wichtigsten ist jedoch die Tatsache, dass sie nicht dieselbe »Wucht« und nicht dieselben Nachwirkungen haben wie eine echte Nahtoderfahrung.[18]

Als Rechtsanwalt, der seit 25 Jahren im Beweisrecht geschult ist, konnte Victor Zammitt eine kritische Masse von replizierbaren empirischen Belegen für Nahtoderfahrungen sammeln. Sie führten zu der wohlbegründeten Annahme, dass die menschliche Seele nach dem körperlichen Tod in den spezifischen Dimensionen des Nach- oder Zwischenlebens weiterlebt, was wesentliche Elemente der Hypothese einer dimensionalen Ökologie des Omniversums stützt.

Mitteilungen aus dem Jenseits – Experimente mit medial begabten Personen

Eine andere bemerkenswerte Methode zur Sammlung von Beweisen dafür, dass die menschliche Seele im Zwischenleben innerhalb der spirituellen Dimensionen weiterhin existiert, besteht in kontrollierten Experimenten, an denen Medien beteiligt sind. Ein solches Experiment führte Fredrick W. H. Myers (1843-1901) durch, der von 1865 bis 1872 klassische Sprachen an der Universität Cambridge lehrte. Nach seinem Tod übermittelte er mehr als einem Dutzend medial begabter Menschen in verschiedenen Teilen der Welt eine Reihe mit seinem Namen signierter Manuskripte.

Zammitt merkt dazu an:

> Später folgten, ebenfalls posthum, signierte Manuskripte des verstorbenen Professors Henry Sidgwick (1838-1900) und des verstorbenen Philosophen und Psychologen Edmund Gurney (1847-1888). Wie ihr Kollege Myers waren beide führen-

de Mitglieder der Society for Psychical Research gewesen. Alle Manuskripte behandelten ungewöhnliche Themen klassischer Literatur und waren für sich genommen nicht verständlich. Doch den Medien wurde mitgeteilt, sie sollten diese Schriften an eine bestimmte Adresse schicken.

Als man die Manuskripte dort zusammenführte, passten sie so perfekt zusammen wie die einzelnen Teile eines Puzzels. Insgesamt wurden auf diese Weise mehr als 3.000 Schriftstücke im Laufe von 30 Jahren übermittelt. Manche davon umfassten mehr als 40 Schreibmaschinenseiten. Zusammen füllten sie 24 Bände und 12.000 Seiten. Die Analyse dieser Manuskripte nahm so viel Zeit in Anspruch, dass einige der damit befassten Herren, beispielsweise Professor Verrall, im Laufe der Untersuchung verstarben und nun selbst Mitteilungen aus dem Jenseits schickten.[19]

Auch die Ergebnisse dieser Experimente stützen die Hypothese, dass die Seele im Jenseits weiterlebt – und damit zugleich wesentliche Elemente der Annahme einer dimensionalen Ökologie des Universums. Denn diese Ergebnisse zeigen, dass Intelligenzen auch im Zwischenleben weiterarbeiten und Tätigkeiten in der raumzeitlichen Welt der Erde koordinieren können.

Biozentrismus und die Hypothese einer dimensionalen Ökologie des Omniversums

Biozentrismus ist eine neue Denkschule, die auf Robert Lanzas und Bob Bermans Buch *Biocentrism* zurückgeht. Darin postuliert Lanza, dass nicht etwa die leblosen Vorgänge in der Physik für die Ursprünge und Prozesse unseres Universums entscheidend sind, sondern vielmehr das Leben und das Bewusstsein.

Auch der Biozentrismus des Wissenschaftlers Lanza stützt Ansichten über das Omniversum, wie sie mit der Hypothese einer dimensionalen Ökologie vorgestellt wurden. Denn er beruft sich auf eine interessante Wechselbeziehung. Lanza schreibt:

> Außerhalb des Lebens und des Bewusstseins existiert kein davon getrenntes physikalisches Universum. Nichts ist real, sofern es nicht wahrgenommen wird. Es hat niemals eine Zeit gegeben, in der ein externes, stupides physikalisches Universum existiert und aus dem heraus sich später zufällig Leben entwickelt hat. Raum und Zeit existieren nur als Konstrukte des menschlichen Verstandes, als Mittel der Wahrnehmung. Experimente, in denen der Beobachter das Ergebnis beeinflusst, lassen sich leicht durch die Wechselbeziehung zwischen dem Bewusstsein und dem physikalischen Universum erklären. Weder die Natur noch der menschliche Geist ist irreal; beide korrelieren. Was Gott betrifft, so beziehen wir hier keine Position.[20]

Die Autorin Anna Lemind kommt bei ihrer Analyse des Biozentrismus zu dem Schluss:

> Die Theorie [des Biozentrismus] impliziert, dass der Tod nicht existiert. Er ist eine Illusion, die im Geist von Menschen entsteht, und zwar deshalb, weil diese sich mit ihrem Körper gleichsetzen. Sie glauben, dass der Körper früher oder später zugrunde geht, und nehmen an, dass dann auch ihr Bewusstsein verschwinden wird. Tatsächlich existiert das Bewusstsein jedoch jenseits der Grenzen von Raum und Zeit. Es kann sich überall befinden: im menschlichen Körper und außerhalb davon. Das fügt sich gut in die grundsätzlichen Postulate der Quantenphysik ein, denn danach kann sich ein bestimmtes Teilchen überall befinden und sich ein Ereignis auf vielfache, mitunter zahllose Weise vollziehen.
>
> Lanza geht davon aus, dass mehrere Universen gleichzeitig existieren können. Diese Universen bieten mehrere, unterschiedlichen Möglichkeiten für Szenarien. In dem einen Universum

kann der Körper beispielsweise sterben, während er in einem anderen Universum weiterhin existiert und das Bewusstsein aufnimmt, das in dieses Universum übergesiedelt ist.

Das bedeutet, dass ein verstorbener Mensch, wenn er durch den Tunnel reist, nicht etwa in der Hölle oder im Himmel landet, wie oft angenommen, sondern in einer anderen Welt, die derjenigen ähnelt, die er früher einmal bewohnt hat. Nur ist er diesmal am Leben. Und so geht es endlos weiter.

Gemäß der neo-biozentrischen Theorie gibt es also eine Fülle von Orten oder anderen Universen, in die unsere Seele nach dem körperlichen Tod übersiedeln kann. Aber existiert überhaupt so etwas wie eine Seele?

Professor Stuart Hameroff [geboren 1947] von der University of Arizona hat keinen Zweifel daran, dass eine ewig lebende Seele existiert. Vor einigen Jahren verkündete er, er habe Beweise dafür gefunden, dass das Bewusstsein nach dem körperlichen Tod weiterlebt. Hameroff zufolge ist das menschliche Gehirn ein perfekter Quantencomputer und die Seele oder das Bewusstsein schlicht Information, die auf Quantenebene gespeichert wird. Diese Information kann nach dem Tod des Körpers übertragen werden; die Quanteninformation, repräsentiert durch unser Bewusstsein, verschmilzt dann mit unserem Universum und existiert dort endlos weiter. Der Biozentrismus-Experte Lanza beweist jedoch, dass die Seele in ein anderes Universum übersiedelt. Das ist der Hauptunterschied zwischen seiner Theorie und den Theorien mancher seiner Kollegen auf diesem Forschungsgebiet.

Sir Roger Penrose [geboren 1931, ein berühmter britischer Physiker und mathematischer Experte aus Oxford], unterstützt Lanzas Theorie und hat ebenfalls Spuren eines Kontakts mit anderen Universen gefunden. Gemeinsam entwickeln und nutzen Lanza und Penrose die Quantentheorie dazu, das Phänomen des Bewusstseins zu erklären. Sie glauben, dass sie Träger des Bewusstseins gefunden haben – die Elemente, die während des Lebens Informationen ansammeln. Nach dem physischen Tod wer-

> den diese Elemente freigesetzt, verlagern sich und »entladen« sich an einem anderen Ort. Diese Elemente befinden sich innerhalb sogenannter neuronaler Mikrotubuli (wörtlich übersetzt »Minikanäle«), die auf Proteinbasis aufgebaut sind. Früher wurden diesen Mikrotubuli stets nur einfache Funktionen als Verstärker und Transporteure in lebenden Zellen zugeschrieben. Aufgrund ihrer Struktur sind sie allerdings bestens dazu geeignet, als Überträger von Quanteneigenschaften innerhalb des Gehirns zu agieren. [...] Sie sind nämlich fähig, Quantenzustände über einen längeren Zeitraum hinweg aufrechtzuerhalten, und können deshalb auch als Elemente eines Quantencomputers fungieren.[21]

In vielerlei Hinsicht haben Robert Lanza und der Biozentrismus einen potenziellen Beweis für die Hypothese einer dimensionalen Ökologie des Omniversums erbracht, so wie Lanza ja auch zu vielen damit übereinstimmenden Lehrmeinungen gelangt ist, ohne dass er die replizierbaren empirischen Fakten dazu, die ich im vorliegenden Buch erkundet habe, ausdrücklich untersucht hat.

Die zentrale Bedeutung des Bewusstseins bildet einen überaus wichtigen Hintergrund für das Verständnis der intelligenten Zivilisationen der Seele. Im folgenden Kapitel werden wir diese intelligenten Zivilisationen ausführlich behandeln.

7

Die intelligenten Zivilisationen der Seele

In Übereinstimmung mit der Hypothese einer dimensionalen Ökologie des Universums wird das Leben von Seelen in der Geschichte der Menschheit schon seit langem schriftlich festgehalten. Sehr alte Beispiele dafür sind Platons Beschreibungen der Seele – an dieser Stelle wiedergegeben von Anthony Peake (geboren 1954), einem Forscher und Autor, der sich mit dem Nach- oder Zwischenleben des Menschen befasst.

> Platon äußert sich eindeutig dazu, dass die Seele nach dem Tod weiterlebt. Anhand von Erfahrungen des [Kriegers] »Er«, einer Person in seiner *Politeia*, beschreibt er, dass eine Art richterliche Entscheidung stattfindet. Diese Entscheidung treffen himmlische Wesen, die offenbar – es wird nicht ausdrücklich gesagt – das Leben der fraglichen Seele Revue passieren lassen. Danach folgt die Entscheidung, ob die Seele wiedergeboren wird

(diese Seelen landen auf der linken Seite und müssen zurück »nach unten«) oder ihr erlaubt wird, zu einer höheren Ebene der Existenz aufzusteigen. Dieses Bild beschreibt er immer wieder, wie wir sehen werden.[1]

Die Hypothese einer dimensionalen Ökologie des Universums wird auch durch replizierbare Daten gestützt, die mithilfe hypnotischer Rückführung gewonnen wurden. Im Zeitraum zwsichen 1960 und 1980 entwickelte und verwendete der Psychologe Michael Newton (geboren 1931) Standardverfahren der hypnotischen Rückführung, um Zugang zu Erinnerungen der Seele zu erlangen. Sein Material wuchs im Laufe der Jahre auf 7.000 replizierbare Fälle und ein Gesamtwerk an, das erstmals 1995 veröffentlicht wurde, mehr als dreißig Jahre nach Beginn seiner Experimente.[2] Diese empirischen Indizienbeweise vermitteln uns detaillierte Informationen über die Interaktion von intelligenten Zivilisationen der Seelen, spirituellen Wesenheiten und der Quelle allen Seins mit den Universen und intelligenten Zivilisationen der exopolitischen Dimensionen (dem Multiversum).

Insbesondere haben wir in unserer Durchsicht repräsentativer Ausschnitte und Zusammenfassungen innerhalb des Werks von Dr. Michael Newton und seiner Mitarbeiter unsere Hypothesen stützende Belege gefunden, die Folgendes betreffen:

- die Erschaffung von Seelen und deren Beschaffenheit als holografische Fragmente Gottes
- eine seelische Entwicklung durch alle Dimensionen des Omniversums hindurch (wobei Gruppen von Seelen eine Rolle spielen)
- Wiedereintritt von Seelen aus den exopolitischen Dimensionen in die Dimensionen des Zwischenlebens
- Zeitreisen, Teleportationen und interdimensionale Portale zwischen exopolitischen Dimensionen und Dimensionen des Zwischenlebens
- Erschaffung von Leben in den Universen der exopolitischen Dimensionen (im Multiversum)

- Beschaffenheit der Quelle allen Seins und die Beziehungen zwischen exopolitischen und spirituellen Dimensionen
- Erschaffung von galaktischer Materie, Sternen und Planeten in den exopolitischen Dimensionen (einschließlich interdimensionaler Reisen und Änderungen von Zeit und Materie durch die Seelen)
- Einmischung von Seelen in Träume von Individuen in den Universen der exopolitischen Dimensionen
- Rolle der außerirdischen Greys beim Reinkarnationszyklus der Seelen
- Parallelen zwischen hyperdimensionalen Außerirdischen und Seelen

Wir empfehlen Ihnen, alle Ergebnisse von Michael Newtons Forschungen im Original zu lesen (beziehungsweise in ihrer deutschen Übersetzung, aufgelistet im bibliografischen Anhang dieses Buches), um die ganze Tragweite seiner Erforschung der Beschaffenheit von allen Dimensionen der Omniversums zu erfassen.

Die Erschaffung von Seelen und ihre Beschaffenheit als holografische Fragmente Gottes

Michael Newton definiert die Seele als »intelligente Lichtenergie«. Er schreibt:

> Wir können die Seele nicht auf physikalische Weise definieren, denn damit würden wir Grenzen für etwas setzen, das offenbar keine Grenzen hat. Ich betrachte die Seele als intelligente Lichtenergie. Ähnlich der elektromagnetischen Kraft scheint diese Energie in Form vibrierender Wellen wirksam zu werden, jedoch ohne die Grenze, die geladene Materieteilchen haben. Die Energie der Seele ist anscheinend nicht homogen. Wie ein Fin-

gerabdruck besitzt jede Seele eine einzigartige Identität, soweit es ihre Gestaltung, Zusammensetzung und die Streuung ihrer Schwingungen betrifft. Ich kann Eigenschaften ihrer jeweiligen Entwicklung anhand von Farbtönen unterscheiden, aber das definiert keineswegs, was die Seele als Wesenheit ist.[3]

Eine Schlusssfolgerung, die von Newtons Beweismaterial gestützt wird, bezieht sich auf die Beschaffenheit und den Ursprung von Seelen: Jede ist ein holografisches Fragment der ursprünglichen Quelle allen Seins oder des Schöpfers. Es sind holografische »Lichteier« von Gott, der sich als »Meer von Licht« manifestiert. In der folgenden aufgezeichneten Rückführung spricht Newton mit einer Seele, die in den spirituellen Dimensionen in einer Einrichtung zur Erschaffung von Seelen tätig ist.

Newton: Wann siehst du – als eine »Inkubator-Mutter« – die neuen Seelen zum ersten Mal?

Seele: Wir halten uns im Ankunftsbereich auf, einem Teil der »Kinderstube« an einem Ende des Verteilerzentrums. Die Neuankömmlinge werden als kleine Ballungen weißer Energie, umschlossen von einem goldenen Säckchen, übermittelt. Sie bewegen sich langsam, in einer majestätischen, wohlgeordneten Reihe, auf uns zu.

Newton: Von wo aus?

Seele: An unserem Ende des Verteilerzentrums, unter einem Torbogen, ist die ganze Wand angefüllt mit einer geschmolzenen Masse hochintensiver Energie und [...] Lebenskraft. Die Wand wirkt eigentlich nicht so sehr wie eine sichtbare Wärmequelle, sondern eher so, als würde eine erstaunliche Kraft der Liebe sie mit Energie versorgen. Die Masse pulsiert und wogt in einer schönen, fließenden Bewegung hin und her. Ihre Farbe gleicht dem Inneren deiner Augenlider, würdest du mit geschlossenen Augen an einem hellen Tag in die Sonne blicken.

Newton: Und aus dieser Masse siehst du Seelen auftauchen?

Seele: In der Masse beginnt etwas anzuschwellen, doch niemals zweimal an derselben Stelle. Das Anschwellen wird stärker, drängt nach außen und wird zu einer formlosen Ausbuchtung. Ihre Loslösung von der Masse ist ein wundervoller Augenblick, denn nun wird eine neue Seele geboren. Sie ist völlig lebendig, besitzt eigene Energie und unterscheidet sich von allen anderen Seelen.[4]

Die folgende Anmerkung über die Inkubation fügte Newton aus einem anderen Interview mit einer Seele aus höherer Ebene hinzu.

Ich sehe eine eiförmige Masse, deren Energie nach außen drängt und dann wieder zurück. Wenn sich die Masse ausdehnt, bringt sie neue Fragmente seelischer Energie hervor. Wenn sie sich zusammenzieht, holt sie meinem Eindruck nach jene Seelen in ihr Inneres zurück, deren Geburtsprozess nicht erfolgreich verlief. Aus irgendeinem Grund haben es diese Fragmente seelischer Energie nicht bis zur nächsten Stufe der Individuierung geschafft.[5]

Seelische Entwicklung in allen Dimensionen des Omniversums

Aus Newtons Material kann man noch einen weiteren Schluss ziehen: Die intelligenten Zivilisationen der Seele, die in den spirituellen Dimensionen des Omniversums angesiedelt sind, inkarnieren im Multiversum, um dort als unterschiedliche intelligente Geschöpfe vielfältige Lebenserfahrungen zu machen, denn das dient der individuellen moralischen wie der gesamten Entwicklung der Seele. Das hat einen guten Grund. Da die Seele ein holografisches Fragment der Quelle allen Seins ist, bringt die individuelle Entwicklung jeder Seele auch die Entwicklung der ganzen Gemeinschaft in der spirituellen Dimension voran.

Die Universen der exopolitischen Dimensionen fungieren als virtuelle Umgebung, in der sich die Seelen durch Erfahrung entwickeln. Die wichtigste Entwicklung von Seelen findet auf dem Wege der Inkarnation als intelligente Spezies in einem Universum der exopolitischen Dimensionen statt. Eine Aufgabe der örtlichen Dimensionen des Bewusstseins in unserem Universum besteht darin, für die Höherentwicklung und Vielfalt des Bewusstseins zu sorgen und die Evolution des Bewusstseins durch alle Dimensionen hindurch voranzutreiben.

Beispielsweise befinden sich die Menschen auf der Erde, wie bereits erwähnt, in der dritten Dimension der Raumzeit. Weiter entwickelte Menschen, etwa die Arcturianer, haben über sich ausgesagt, dass sie sich – gemäß eines bestimmten Systems der Bewusstseinshierarchie – in der sechsten Lichtdimension unseres Universums befinden. Bezogen auf ihre Position hinsichtlich der Dimensionen des Bewusstseins in unserem Universum sind Arcturianer also weiter entwickelt als die Menschen auf der Erde. Seelen im Zwischenleben, die sich für eine Inkarnation entscheiden, würden in den exopolitischen Dimensionen als arcturianische Menschen völlig andere Lebenserfahrungen machen denn als irdische Menschen. Die Seele, die als irdischer Mensch inkarniert, könnte theoretisch eine größere seelische Entwicklung durchlaufen als eine Seele, die als Arcturianer inkarniert.[6]

Die jeweiligen Schritte im Inkarnationsprozess umfassen:

1. Wahl eines zukünftigen physischen Lebens (auch mit technisch unterstützten »Stichproben von Leben«).
2. Praktische Übungen und Lektionen in der Wahrnehmung (zusammen mit gleichfalls inkarnierenden Seelengefährten) zur Vorbereitung auf das gewählte zukünftige Leben.
3. Teleportation (mit dem Ziel von Inkarnation und Geburt) durch ein interdimensionales Portal, das von den Dimensionen des Zwischenlebens zu den exopolitischen führt, und zwar zu Koordinaten in der Nähe des künftigen Mutterschoßes.

Verschmelzung mit dem Fötus des neuen Lebens der Seele etwa drei Monate vor der Geburt (also im letzten Schwangerschaftsdrittel).

In seltenen Fällen kann eine einzelne Seele gleichzeitig unterschiedliche physische Leben an verschiedenen Orten in den exopolitischen Dimensionen führen. Im Normalfall teleportiert die Seele nach dem körperlichen Tod durch ein interdimensionales Portal zurück ins Zwischenleben und wird dann von Führungspersonen, Familie, Freunden und anderen empfangen (es sei denn, es handelt sich um eine schon weiter fortgeschrittene Seele). Anschließend folgt unter Anleitung und zusammen mit einem Ältestenrat eine Phase der Lebensrückschau, die auch einen holografischen Rückblick auf Lebensphasen mit einschließt, deren Zweck karmische Lektionen sind. Zur weiteren Heranbildung tritt die Seele dann in eine Übergangsphase ein, in der sie eine neue Laufbahn als Führer oder Heiler einschlagen oder eine neue Lebensplanung beginnen kann. Die Seele wird nun in diesen neuen Tätigkeitsbereich befördert, und es beginnt, falls nötig, ein Prozess zur Auswahl eines neuen Lebens.

Seelengruppen in den Dimensionen des Zwischenlebens

Daten aus der hypnotischen Rückführung deuten darauf hin, dass die Entwicklung und Erziehung der Seele im Zwischenleben in Gruppen stattfindet. Die Seelen werden bestimmten Gruppen zugewiesen, in denen sie – bei völliger Freiheit – meistens auch bleiben. Bei der Reinkarantion neigen diese Gruppen manchmal dazu, gemeinsam durch die Dimensionen zu reisen und zusammenzubleiben, inkarniert in unterschiedlichen sozialen Rollen auf Planeten in den Universen der exopolitischen Dimensionen. Newtons Material legt Folgendes nahe:

1. Neue Seelen werden, abhängig von ihrem Verständnisvermögen, einer neuen Unterstützungsgruppe zugewiesen.

2. Sobald sich eine neue Unterstützungsgruppe für Seelen gebildet hat, nimmt sie keine weiteren neuen Seelen mehr auf.
3. Es wird ein Verfahren zur systematischen Auswahl von Seelen angewendet, damit homogene Gruppen entstehen. Dabei werden Ähnlichkeiten des Egos, des wahrnehmenden Bewusstseins, der Ausdrucksformen und der Wünsche berücksichtigt.
4. Unabhängig von ihrer Größe vermengen Seelengruppen ihre Energie nicht mit der Energie anderer Seelengruppen. Die Seelen können miteinander kommunizieren.
5. Die Lernfortschritte der einzelnen Seelen können sich voneinander unterscheiden. Manche Seelen kommen schneller voran als andere. Wenn sie auf der mittleren Ebene besondere Gaben zeigen (zum Beispiel in der Heilkunst, der Kreativität oder beim Unterrichten anderer), wird ihnen erlaubt, an speziellen Ausbildungen teilzunehmen. Dabei verbleiben sie jedoch in ihre Seelengruppe.
6. Auf der mittleren Ebene können sich die Seelen zu großen unabhängigen Studiengruppen zusammenschließen.
7. Auf einer höheren Stufe können Seelen unabhängig von der Gruppe eigenen Tätigkeiten nachgehen und als Führer agieren.
8. Ein Klassifikationsmodell für die Entwicklung von Seelen unterscheidet folgende Entwicklungsstufen, Auren und Verteilungen:
   Seelen auf Anfängerstufe (weiße Aura) = 42 %
   Seelen auf mittlerer Stufe (goldgelbe Aura) = 57%
   Fortgeschrittene Seelen auf höheren Stufen (violette Aura) = 1%.[7]

Der Wiedereintritt von den exopolitischen Dimensionen in die Dimensionen des Zwischenlebens

Das aus der hypnotischen Rückführung gewonnene Material von Seelenerinnerungen an das Zwischenleben deutet darauf hin, dass es standardisierte Behandlungen für Seelen gibt, die durch das interdimensionale Portal wieder in die spirituellen Dimensionen des Zwischenlebens eintreten. Am Portal benutzen die Anleiter dieser Seelen dafür drei Verfahren:

1. *Umhüllung.* Die eintretende Seele wird von ihrem Führer in eine große kreisförmige Masse von Energie eingehüllt. Damit wird ihr Übergang aus der Inkarnation in den exopolitischen Dimensionen erleichtert.
2. *Fokussierung.* Der Führer kann in einer Art spiritueller Akupunktur entlang der Meridiane des ätherischen Körpers der Seele Energie an bestimmte kritische Punkte leiten.
3. *Notfallbehandlung am interdimensionalen Portal.* Falls eine ankommende Seeele den gewaltsamen Tod ihres physisch inkarnierten Körpers erlebt hat, kann es sein, dass sie einen starken Energieabfall aufweist. Der Führer wird ihr dann belebende spirituelle Meditationsübungen aufgeben, ehe sie ins Zwischenleben und in die spirituellen Dimensionen voranschreitet.[8]

Zeitreisen, Teleportationen und interdimensionale Portale

Es existieren glaubhafte Belege dafür (die die Hypothese einer dimensionalen Ökologie stützen), dass Seelen, vom Zwischenleben in den spirituellen Dimensionen aus, mittels Teleportation als physische Leben in anderen Universen der exopolitischen Dimensionen inkarnieren. Newton hat erklärt:

> Ich verfüge über umfangreiche Unterlagen über Seelen, die zwischen ihren Leben auf der Erde in anderen Welten inkarniert sind, und über Seelen, die in verschiedenen, ihnen unbekannten Welten umhergereist sind, um zu forschen und um sich zu erholen.[9]

Die replizierbaren Aussagen während der hypnotischen Rückführung, die Newton und seine Mitarbeiter getroffen haben, passen zu dem, was Andrew D. Basiago berichtet hat. Während er als US-Chrononaut im Dienste der Vereinigten Staaten teleportiert war, hatte er Seelen kürzlich Verstorbener gesehen und gehört. Diese Seelen befanden sich in Dimensionen oder »astralen Ebenen«, die an den vortalen Tunnel angrenzten, den Energietunnel durch Zeit und Raum, durch den er teleportierte. Sie waren offenbar noch im Übergang aus dem Raumzeit-Hologramm unseres Universums zu jenem interdimensionalen Portal, das zu den Dimensionen des Zwischenlebens führt.

In seinem Bericht über diesen Übergang schreibt Newton:

> Sobald sie durch den Tunnel gelangt sind, haben unsere Seelen das erste Tor ihrer Reise in die spirituelle Welt passiert. Den meisten wird jetzt vollständig klar, dass sie nicht wirklich tot sind, sondern sie sich nur aus den hindernden Grenzen eines irdischen Körpers gelöst haben, der gestorben ist.
>
> Mit dieser Erkenntnis geht Akzeptanz einher, deren Grad von der einzelnen Seele abhängt. Manche Seelen betrachten ihre neue Umgebung mit anhaltender Verwunderung, während andere mir eher nüchtern berichten, was sie sehen. Es hängt sehr viel von ihrer jeweiligen Reife ab. Die häufigste Reaktion, die ich höre, ist ein erleichtertes Aufseufzen, gefolgt von Bemerkungen der folgenden Art: »Oh, wie wunderbar, jetzt bin ich wieder zu Hause an diesem wunderschönen Ort.«
>
> Daneben gibt es die hoch entwickelten Seelen, die sich so schnell aus ihren Körpern herausbewegen, dass ich vieles von dem, was ich hier beschreibe, nur flüchtig wahrnehmen kann. Sie kehren rasch heim in ihre spirituellen Dimensionen. Sie sind die »Sachkundigen« und meiner Meinung nach auf der Erde eindeutig eine Minderheit. Die durchschnittlichen Seelen bewegen sich nicht schnell, manche sogar recht zögerlich. Abgesehen von den seltenen Fällen schwer gestörter Gemüter, die darum kämpfen,

mit ihren toten Körpern in Verbindung zu bleiben, würde ich sagen, dass es sich bei diesen Seelen um erheblich jüngere mit wenig Vergangenheit handelt.

Die meisten der von mir untersuchten Seelen berichten, dass die Situation für sie noch eine Weile verwirrend ist, wenn sie den Tunnelausgang verlassen haben. Vermutlich liegt das an der Dichte der nächsten astralen Ebene, die die Erde umgibt. Die Theosophen bezeichnen diese Ebene als *kamloka.*[10]

Die Erschaffung des Lebens in den Universen der exopolitischen Dimensionen

Das von Newton und seinen Mitarbeitern aufbereitete Material veranschaulicht die Rollen, die die intelligenten Zivilisationen der Seele bei der Erschaffung von Leben im Multiversum gespielt haben. Diese Rollen stimmen mit der replizierbaren Entdeckung überein, dass »Gott« die Gesamtheit der spirituellen Dimensionen des Omniversums ist, das heißt die Gesamtheit, die die intelligenten Zivilisationen der Seele, spirituelle Wesenheiten und Gott selbst umfasst. In der nachstehenden Mitschrift zeigt Newton, wie sich eine Seele an der Erschaffung von Leben beteiligen kann.

Newton: Ich will versuchen, das hier zusammenzufassen. Bitte sage mir, wenn ich etwas falsch verstanden habe. Wenn eine Seele gelernt hat, tatsächlich Leben zu erschaffen, muss sie ja auch fähig sein, Zellen zu teilen und Instruktionen zur DNA zu geben. Und ihr macht das, indem ihr Energieteilchen ins Protoplasma schickt?

Seele: Ja, das müssen wir lernen und es mit der Energie einer Sonne koordinieren.

Newton: Warum?

Seele: Weil jede Sonne mit ihrer jeweiligen Energie anders auf die sie umgebenden Welten einwirkt.

Newton: Warum mischt ihr euch überhaupt in das ein, was eine Sonne sowieso mit ihrer Energie auf einem Planeten anstellen würde?

Seele: Das ist keine Einmischung. Wir untersuchen neue Strukturen ... Mutationen, um zu beobachten und zu sehen, was machbar ist. Und wir stellen Substanzen bereit, die verschiedene Sonne höchst effizient nutzen können.

Newton: Wenn sich eine lebende Spezies auf einem Planeten entwickelt, geschieht das dann auf der Grundlage natürlicher Umweltbedingungen, soweit es Selektion und Anpassung betrifft? Oder greifen intelligente Seelen in das Geschehen ein?

Seele (weicht aus): Meistens gehören zu jedem lebensfreundlichen Planeten Seelen, die ihn beobachten. Und alles, was wir tun, ist natürlich.

Newton: Wie können Seelen biologische Wachstumseigenschaften überwachen und beeinflussen, die sich über Abermillionen Jahre hinweg aus einer urzeitlichen Welt heraus entwickelt haben?

Seele: Wir zählen die Zeit nicht nach Erdjahren. Wir nutzen sie so, wie es unseren Experimenten am besten entspricht.

Newton: Erschaffst du persönlich auch Sonnen in unserem Universum?

Seele: Eine ganze Sonne? Oh nein, das geht weit über meinen Horizont. Und dazu braucht es die Kraft und Macht von vielen. Ich erschaffe Dinge nur auf einer viel kleineren Ebene.

Newton: Was, zum Beispiel?

Seele: Ach ... kleinere Dinge aus hoch konzentrierter Materie ... erhitzter Materie.

Newton: Wie sieht deine Arbeit aus, wenn du sie vollendet hast?

Seele: Es sind kleine Sonnensysteme.

Newton: Haben deine winzige Sonne und deine Planeten die Größe von Felsen, Gebäuden oder dem Mond? Von was reden wir hier?

Seele (lacht): Meine Sonnen haben die Größe von Korbbällen und die Planeten ... die von Murmeln ... Größeres kann ich nicht erschaffen.

Newton: Warum tust du das überhaupt in einem derart winzigen Maßstab?

Seele: Zur Übung, damit ich später größere Sonnen erschaffen kann. Bei genügend Druck explodieren die Atome und verdichten sich. Aber allein kann ich nichts wirklich Großes schaffen.

Newton: Was meinst du damit?

Seele: Wir müssen lernen zusammenzuarbeiten und unsere Energien miteinander zu verbinden, denn nur so erhalten wir optimale Ergebnisse.

Newton: Und wer erzeugt die riesigen thermonuklearen Explosionen, die die physikalischen Universen und den Raum selbst erschaffen?

Seele: Die Quelle allen Seins ... die konzentrierte Energie der Alten.

Newton: Oh, dann hat die Quelle allen Seins also Hilfe?[11]

Die Beschaffenheit der Quelle allen Seins und die Beziehungen zwischen exopolitischen und spirituellen Dimensionen

Newtons Material stützt die Hypothese einer dimensionalen Ökologie des Omniversums, indem sie Aspekte einer spirituellen Dimension beschreibt, die erstens aus Intelligenzen der Seele, spirituellen Wesenheiten und Gott selbst besteht und zweitens als Ursprung der erschaffenen Universen der Zeit, des Raums, der Energie und der Materie in den exopolitischen Dimensionen (im Multiversum) fungiert.

Newton: Sag mir, wohnt die Quelle allen Seins in irgendeinem besonderen, zentralen Raum innerhalb der geistigen Welt [der spirituellen Dimensionen]?

Seele: Die Quelle allen Seins ist die geistige Welt [die spirituellen Dimensionen].[12]

Newton: Wenn die Quelle allen Seins die ganze geistige Welt repräsentiert, wie unterscheidet sich dieser geistige Ort dann von den physikalischen Universen mitsamt den Sternen, Planeten und Lebewesen?

Seele: Universen werden erschaffen, um zum Nutzen der Quelle allen Seins zu leben und zu sterben. Der Ort allen Geistes ... ist die Quelle allen Seins.

Newton: Wir scheinen in einem Universum zu leben, das expandiert und sich dann eventuell wieder zusammenzieht und irgendwann stirbt. Da wir in einem Raum mit zeitlichen Begrenzungen leben, wie kann die geistige Welt zeitlos sein?

Seele: Weil wir in der geistigen Welt in einer Nicht-Lokalität leben, in der keine Zeit existiert ... ausgenommen bestimmte Zonen.

Newton: Bitte erkläre mir, was das für Zonen sind.

Seele: Es sind ... Verbindungstüren ... Öffnungen, durch die wir in ein physikalisches Universum gelangen können, in der Zeit existiert.

Newton: Du hast vorhin von Universen gesprochen, also in der Mehrzahl. Gibt es andere physikalische Universen neben demjenigen, das die Erde enthält?

Seele (ausweichend): Es gibt ... unterschiedliche Realitäten, je nachdem, was der Quelle allen Seins gerade angenehm ist.

Newton: Willst du damit sagen, dass Seelen durch spirituelle Tore in verschiedene Räume unterschiedlicher physikalischer Realität eintreten können?

Seele (nickt): Ja, das können Seelen – und sie tun es auch.[13]

Die Erschaffung und Veränderung von galaktischer Materie, Sternen und Planeten in den exopolitischen Dimensionen durch die Seelen

Newtons überzeugendes Beweismaterial zeigt, welche umfassende Rolle die intelligenten Zivilisationen der Seele sowohl in den spirituellen Dimensionen als auch in den Universen der exopolitischen Dimensionen (im Multiversum) spielen. Seelen erfüllen eine äußerst wichtige Rolle bei der Planung, Erschaffung und Erhaltung von Universen, Galaxien, Planeten, Himmelskörpern und der lebendigen Flora und Fauna im Multiversum.

Im Rückführungsgespräch mit einer fortgeschrittenen Seele der Kategorie »Strukturelle Seele« konnte Newton die Rolle fortgeschrittener Seelen beim Erschaffen von galaktischer Materie, Sternen und Planeten in den Universen der exopolitischen Dimensionen dingfest machen. Auch diese replizierbaren Daten stützen die Hypothese einer dimensionalen Ökologie des Omniversums.

Newton schreibt:

> Die von mir Befragten, die »Strukturelle Seelen« sind, sagen, dass sich ihre Gestaltungen auf die Bildung »geometrischer Formen, die als elastische Muster im Raum schweben« konzentrieren und zu den Bausteinen eines lebendigen Universums beitragen. [...] Die Meister des Designs haben enormen Einfluss auf die Schöpfung. Man hat mir mitgeteilt, dass sie fähig sind, eine Brücke zu Universen zu schlagen, die offenbar keinen Anfang und kein Ende haben, und ihre Ziele in zahllosen Umweltszenarien verfolgen. Der logische Schluss daraus wäre, dass diese Meister – oder Großmeister – des Designs auch in der Lage sind, die herumwirbelnden Gaswolken mit galaktischer Materie zu erschaffen, die die Herausbildung von Sternen und Planeten in Gang gesetzt haben.[14]

Newtons Material enthüllt außerdem, dass fortgeschrittene Seelen der Kategorie »Erkunder« von den Dimensionen des Zwischenlebens zu den Universen der exopolitischen Dimensionen (im Multiversum) reisen, während sie Planeten schaffen oder verändern. Dazu heißt es bei Newton:

> Seelen, die durch die Dimensionen reisen, erklären, dass ihre Bewegungen offenbar in gewölbte Kugeln hinein und wieder hinaus führen. Diese Kugeln sind durch Zonen miteinander verbun-

den, die sich durch aufeinander zulaufende Schwingungen öffnen und schließen. Seelen, die zu Erkundern ausgebildet werden, müssen das erst lernen. Nach den Berichten, die ich gehört habe, müssen die Seelen, die durch Dimensionen reisen, sich auch über die Oberflächenbegrenzung und Oberflächenbeschaffenheit kundig machen – so wie Wanderer die Ausgangspunkte von Wanderwegen zwischen Höhenzügen orten müssen. Die Seelen sprechen von Punkten, Linien und Oberflächen im Multiraum, die, zumindest in physikalischen Universen, auf größere Festkörper hinweisen. Ich hätte gedacht, dass Dimensionen, die ein geometrisches Design beinhalten, einen Hyperraum benötigen, der sie umfasst. Doch die erkundenden Seelen reisen derart schnell in einer Art Hyperraum, dass es mir so vorkommt, als wäre die eigentliche Geschwindigkeit, Zeit und Richtung der Reise kaum ein für allemal festgelegt. Die Ausbildung zu einer erkundenden Seele muss wirklich beeindruckend sein. Darauf deutet auch das folgende Zitat einer weiblichen Versuchsperson hin, deren Seele zwischen ihren Leben durch fünf Dimensionen gereist ist:

»Diese Dimensionen sind so miteinander verwoben, dass ich ein Gefühl von Grenzenlosigkeit habe, mal abgesehen von zwei Faktoren: Schall und Farbe. Ich muss lernen, meine Energie auf die Schwingungsfrequenz jeder einzelnen Dimension einzustellen, und manche sind so komplex, dass ich dorthin noch nicht reisen kann. Was Farben betrifft, so manifestieren sich Licht und Dichte von Energieteilchen in den Dimensionen, die ich bereise, in violetten, blauen, gelben, roten und weißen Farbtönen.«[15]

Aus hypnotischen Rückführungen gewonnene Informationen offenbaren auch Inkarnationen auf simulierten Planeten in den exopolitischen Dimensionen. Sie dienen dazu, dass die Seele spezifische Fertigkeiten entwickelt; beispielsweise soll sie die zeitliche Dimension in den Raumzeit-Hologrammen innerhalb der Universen des Multiversums beherrschen lernen.

Hierzu eine weitere Mitschrift von Newton:

Newton: Und auf dieser simulierten Welt, die die Erde zu sein scheint, lebt ihr nicht in körperlicher Gestalt? Ihr benutzt sie nur?

Seele: Ja, zu Ausbildungszwecken.

Newton: Wieso nennst du diese dritte Sphäre die *Welt wandelbarer Zeit?*

Seele: Weil wir die Zeitfolgen ändern können, um bestimmte Ereignisse zu untersuchen.

Newton: Und wozu soll das dienen?

Seele: Dazu, meine das Leben betreffenden Entscheidungen zu verbessern.[16]

Einmischungen der Seelen in individuelle Träume innerhalb des Multiversums

Newtons Rückführungen und Interviews mit fortgeschrittenen Seelen der Kategorie »Traumweber« zeigen deren Rolle bei der Beeinflussung des interdimensionalen Bewusstseins, insbesondere bei Träumen von Menschen in unserem Universum.

Newton merkt an:

Die Seelen der Traumweber, zu denen ich einen Kontakt herstellen konnte, beschäftigen sich alle mit den Implikationen von Träumen. Dabei gibt es zwei unterschiedliche Eingriffsmöglichkeiten:

1. *Die Änderung eines Traums*

Eine körperlose Seele verschafft sich auf geschickte Weise Zugang zum Geist des Schläfers oder der Schläferin und ändert den Traum, der bereits im Gange ist, in gewissen Teilen. Diese Methode würde ich den »Einschub eines neuen Inhalts« nennen. Die Seelen intervenieren dabei als Akteure beim Ablauf eines sich entfaltenden Schauspiels, aber so, dass der oder die Träumende nicht merkt, dass jemand in das »Drehbuch« und den Ablauf der folgenden Szenen eingegriffen hat. Diese Methode ist zwar nicht einfach, aber für mich liegt auf der Hand, dass das zweite Verfahren noch wesentlich komplexer ist.

2. Die Erschaffung eines Traums
In diesen Fällen muss die Seele einen neuen Traum sozusagen aus dem Nichts heraus kreieren und implantieren. Sie muss dabei ein Traumgespinst von Bildern zu einer sinnvollen Abfolge zusammenweben, die ihren Zweck erfüllt. Das Erschaffen oder Ändern von Szenen im Geist eines Träumenden zielt nämlich darauf ab, eine Botschaft zu vermitteln. Ich betrachte das als einen Liebesdienst. Falls die Implantierung des Traums nicht so geschickt erfolgt, dass der Traum eine Bedeutung gewinnt, entgleitet der Schläfer der Seele. Wenn er oder sie dann am Morgen aufwacht, erinnert er oder sie sich nur noch an unzusammenhängende Bruchstücke des Traums, wenn überhaupt.[17]

Der »Ältestenrat« und die Rolle außerirdischer Greys im Reinkarantionszyklus einer Seele

Der Forscher David Wilcock vermutet, dass der »Ältestenrat«, den Dr. Michael Newton als dauerhaften Bestandteil des Zwischenlebens entdeckt hat, möglicherweise aus Außerirdischen besteht – vielleicht aus solchen vom Exophänotyp der Greys.

Wilcock schreibt:

Eine Klientin von Dr. Newton berichtet, dass die Ältesten alle unbehaart sind, ovale Gesichter, hohe Wangenknochen und nur angedeutete Gesichtszüge haben – ähnlich bestimmten Typen von Außerirdischen, die manche Menschen nach eigener Aussage gesehen haben. Die Ältesten hatten zwar Augen wie unsere (also keine schwarzen Ovale), doch in vielen Berichten von

Augenzeugen der Begegnung mit Außerirdischen wird ein solches Aussehen wie bei den Ältesten erwähnt.[18]

Falls Mr. Wilcocks Vermutung tatsächlich zutrifft, deutet sie darauf hin, dass die Erfahrungen von Dr. Newtons menschlichen Versuchspersonen im Zwischenleben in Wirklichkeit Erinnerungen an eine irreführende »virtuelle Erfahrung« waren, bei der sich die mutmaßlichen außerirdischen Greys in irgendeiner Dimension des Multiversums als fortgeschrittene spirituelle Wesenheiten aus spirituellen Dimensionen ausgaben.

Bei genauerer Analyse spricht jedoch vieles dafür, dass Mr. Wilcock mit dieser Vermutung falsch liegt. Der vollständige Textabschnitt, auf den sich Mr. Wilcock bezieht – darin behandelt Dr. Newton die Erinnerungen einer Seele ans Zwischenleben – lautet wie folgt:

> Eine der letzten Anforderungen vor dem Aufbruch besteht für viele Seelen darin, zum zweiten Mal vor dem Ältestenrat zu erscheinen. Während manche den Rat nur ein einziges Mal zwischen den Leben sehen, begegnen die meisten Seelen ihm unmittelbar nach dem Tod und kurz vor der Wiedergeburt. Die geistige Welt ist eine durch Ordnung bestimmte Umgebung, und die Ältesten wollen die Bedeutung der Ziele einer Seele für das nächste Leben hervorheben. Manchmal erzählen mir meine Klienten, dass sie nach dem Treffen mit dem Ältestenrat zu ihrer Seelengruppe zurückkehren, um sich zu verabschieden. Andere dagegen sagen, dass sie sofort nach dem Treffen mit dem Rat zur Reinkarnation aufbrechen. Letzteres beschrieb eine Klientin mit den Worten: »Meine Führerin Magra begleitet mich zu einem weichen weißen Ort, in dem man sich so fühlt, als umschließe einen eine Wolke. Wie üblich sehe ich mein dreiköpfiges Empfangskomitee. Der Älteste in der Mitte scheint die meiste alles beherrschende Energie zu besitzen. Alle haben ovale Gesichter, hohe Wangenknochen, sind unbehaart und haben nur angedeutete Gesichtszüge. Sie scheinen geschlechtslos zu sein. Genauer ausge-

drückt: Sie scheinen zwischen weiblichem und männlichem Äußeren hin und her zu wechseln.

Ich bin innerlich ruhig. Die Atmosphäre ist formell, aber nicht unfreundlich. Einer nach dem anderen stellt mir auf sanfte Weise Fragen. Die Ältesten wissen alles über meine gesamten Lebensspannen, aber sie sind nicht so strikt in ihren Anweisungen, wie man annehmen könnte. Sie wollen meinen Input, um meine Motivation und die Stärke meines Entschlusses, die Arbeit in einem neuen Körper aufzunehmen, einschätzen zu können. Ich bin mir sicher, dass sie bei der Auswahl des Körpers, der mir für mein künftiges Leben zugeteilt wurde, ihre Hand im Spiel hatten. Ich habe nämlich den Eindruck, dass sie in dieser Hinsicht gewiefte Strategen sind. Sie wollen, dass ich meinem Auftrag Ehre mache, heben die Vorteile von Hartnäckigkeit und der Aufrechterhaltung meiner Werte auch unter feindseligen Bedingungen hervor. Ich überlasse mich nämlich allzu oft meiner Wut, und sie erinnern mich daran, während sie meine früheren Handlungen und Reaktionen auf Ereignisse und Menschen Revue passieren lassen. Die Ältesten und Magra geben mir Inspiration und Hoffnung und ermutigen mich, mir in schlimmen Situationen mehr selbst zu vertrauen und die Dinge nicht aus dem Ruder laufen zu lassen. Und dann, als letzte Handlung, strecken sie, als ich aufbrechen will, die Arme hoch und schicken einen Stromstoß positiver Energie in meinen Geist, damit ich diese Energie mitnehmen kann.«[19]

Die ganze Palette des berichteten replizierbaren Materials über die intelligenten Zivilisationen, das Dr. Michael Newton dokumentiert hat, passt nicht zu der Vermutung, dass das Zwischenleben eine – von den Greys oder anderen hyperdimensionalen Außerirdischen inszenierte – irreführende virtuelle Erfahrung ist.

Wenn überhaupt etwas, dann zeigt Dr. Newtons Material, dass intelligente Seelen in Gestalt außerirdischer Exophänotypen der Greys in den verschiedenen Universen des Multiversums inkarnieren können. Es gibt verlässliche Belege dafür, dass fortgeschrittene hyperdimensionale Außerirdische vom Exophänotyp der Greys eine operative Rolle im Reinkarantionszyklus intelligenter Seelen übernehmen können, und zwar von den Standorten der Greys in den Universen unseres Multiversums aus.

Im folgenden Hauptkapitel werden wir diese Belege erkunden – und auch, auf welche Weise sich eine Spezies der hyperdimensionalen Greys in den Reinkarnationszyklus einer Seele einmischt.

Parallelen zwischen hyperdimensionalen Außerirdischen und Seelen in der Raumzeit-Dimension

Mary Rodwell, die mehr als 6.000 Fälle von Kontakten mit Außerirdischen untersuchte, hat auch die zahlreichen Parallelen erörtert, die es zwischen der Einmischung hyperdimensionaler Außerirdischer und der Einmischung intelligenter Seelen in der raumzeitlichen Dimension der auf der Erde lebenden Menschen gibt. Sie schreibt diesbezüglich:

> Wenn wir diese potenziellen Realitäten erkunden, finden wir bei einigen Begegnungen [mit Außerirdischen] Hinweise darauf, dass diese Intelligenzen in Dimensionen nicht-physikalischer Realitäten agieren oder interagieren können, beispielsweise in den Dimensionen der Seele. Dazu gehört auch der Kontakt oder die Kommunikation mit ihnen vor unserer gegenwärtigen physischen Inkarnation. In seinem Buch *Die Abenteuer der Seelen – Neue Fallstudien zum Leben zwischen den Leben* führt Dr. Michael Newton Beispiele dafür an. Darüber hinaus deuten meine Forschungen darauf hin, dass diese Interaktionen auch nach unserem körperlichen Tod weitergehen können.
>
> In Zeugenaussagen wird berichtet, dass wir auch noch nach unserer gegenwärtigen Inkarnation als Menschen mit diesen In-

telligenzen zu tun haben können [...] und überall mit ihnen interagieren können in dem, was wir Zeit und Raum nennen würden. Ich habe einige dieser außergewöhnlichen Darstellungen untersucht, die in sich stimmig sind und bei der Tiefenhypnose offenbar an die Oberfläche kommen.

Sie veranschaulichen Interaktionen, die innerhalb des Raumzeit-Kontinuums anscheinend keine Grenzen kennen. Allerdings habe ich keine Möglichkeit, irgendwelche dieser genannten Fakten persönlich zu verifizieren.[20]

8

Die Rolle hyperdimensionaler Zivilisationen im Omniversum

Die Rolle hyperdimensionaler Zivilisationen bei der Reinkarnation von Seelen

Es gibt Augenzeugenberichte darüber, dass in unserem Universum angesiedelte hyperdimensionale Zivilisationen eine zentrale Rolle dabei spielen können, die Inkarnation von Seelen in menschlichen Körpern auf der Erde zu erleichtern. Das hier präsentierte Beweismaterial stammt aus einer Fallstudie, die mit den Erfahrungen Suzanne Hansens zu tun hat, der Gründerin und Leiterin des New Zealand Research Network UFOCUS. Sie hat als einflussreiche und wirksame Kraft dafür gesorgt, Enthüllungen über UFOs und Außerirdische in Neuseeland zu verbreiten. Das betrifft beispielsweise geheime Akten der Verteidigungsstreitkräfte Neuseelands, die am Mittwoch, dem 22. Dezember 2010, veröffentlicht wurden. Sie enthalten mehr als 2.000 Seiten mit Berichten von Zivilisten, Angehörigen des Militärpersonals und Piloten, in denen unerklärliche Sichtungen im Luftraum ausführlich beschrieben werden. Ihr ganzes Leben lang, so Hansen, waren ihre Erfahrungen mit Greys »transformierend, zweckdienlich und positiv«.[1]

Hansens Bericht wird von Mary Rodwell bestätigt, die ebenfalls dem Research Network angehört. Sie hat Hansens hypnotische Rückführung während zahlreicher Sitzungen geleitet, um ihr dabei zu helfen, sich ihre Erinnerungen an lebenslange Erfahrungen mit hyperdimensionalen Greys ins Gedächtnis zurückzurufen. Mary Rodwell ist weltweit führend in der Beratung von Entführungsopfern von Außerirdischen.

Zusammen mit ihrem Sohn, einem bekennenden UFO-Skeptiker, wurde Rodwell in einer Dokumentation des Special Broadcasting Service, einer öffentlich-rechtlichen Rundfunkgesellschaft Australiens, dem Publikum vorgestellt. Rodwell, früher Krankenschwester, Hebamme und klinische Hypnotherapeutin, gründete 1997 das Australian Close Encounter Resource Network (ACERN). Seitdem hat sie weltweit mehr als 1.600 Fälle von Begegnungen mit Außerirdischen untersucht. ACERN hilft Entführungsopfern dabei, ihre Traumata zu verarbeiten, und wird dabei von Ärzten, Psychologen und Therapeuten unterstützt.

Die TV-Dokumentation *My Mum Talks to Aliens* (Meine Mutter spricht mit Außerirdischen), die in ganz Australien ausgestrahlt wurde, begleitet Rodwell und ihren Sohn auf einer Entdeckungsreise. Auf der Suche nach stichhaltigen Beweisen für die Anwesenheit von Außerirdischen auf der Erde durchqueren sie das ganze Land. »Ich glaube, dass diese fortgeschrittenen Intelligenzen diesen Planeten schon seit Urzeiten besuchen und hier sind, um der Evolution zu einer höheren Stufe zu verhelfen«, erklärt Ms. Rodwell in der Dokumentation.[2]

Suzanne Hansens Fall zeigt eine wesentliche Abweichung von der vorherrschenden Methode, auf die Seelen in unserem Universum inkarnieren. In diesem Fall wurde eine Seele ihrer künftigen menschlichen Mutter auf der Erde (Hansen) frühzeitig an Bord eines Raumschiffs hyperdimensionaler Greys vorgestellt. Hansen war acht Jahre alt, als man sie auf das Schiff teleportierte. Die künftige Mutter und die Seele, die als »Lichtkugel« auftauchte, spielten unter Aufsicht der hyperdimensionalen Greys miteinander.

Jahre später, als Hansen verheiratet und schwanger war, wurde sie erneut zu einem Raumschiff der hyperdimensionalen Greys teleportiert und dort auf eine Transportliege gebettet. Es erfolgte eine »Verschmelzung«, das heißt die Seele ihres künftigen Sohns »verschmolz« mit dem Fötus der Schwangeren. Die hyperdimensionalen Greys teilten Hansen Einzelheiten über die besondere Rolle mit, die ihr Sohn zukünftig in der Raumzeit-Dimension der Erde spielen würde.[3]

Dies alles ereignete sich im Multiversum, nicht in den Dimensionen des Zwischenlebens des Omniversums. Der Fall Hansen zeigt, dass die hyperdimensionalen Greys unter bestimmten Umständen die Verantwortung dafür übernehmen, die Inkarnation von Seelen in den exopolitischen Dimensionen einzuleiten, was normalerweise die Aufgabe der Lebensauswahlverfahren und Vorbereitungen sowie eines Führers im Zwischenleben ist.

Hansens Bericht über Interaktionen mit Seelen an Bord eines Raumschiffs hyperdimensionaler Greys

In meinem Interview mit Hansen erklärte sie anfangs, sie sei als Achtjährige von außerirdischen Greys an Bord ihres Raumschiffs gebracht worden. Dort habe man ihr mitgeteilt, sie werde jemandem begegnen, der in ihrem Leben einmal »sehr wichtig« sein werde. Als Erwachsene hatte Hansen immer wieder blitzartige Erinnerungen an dieses Erlebnis und bat Mary Rodwell um hypnotische Rückführungen, da sie die Lücken in ihrem Gedächtnis füllen wollte. Während der Rückführungen mit Rodwell fiel Hansen dann wieder ein, dass sie auf dem Raumschiff mit einer Gruppe von

Greys und transgenen (hybriden) Kindern gespielt hatte. Das ganze Spiel vollzog sich auf dem Wege der Telepathie. Sie erinnerte sich auch daran, dass sie, zusammen mit anderen Kindern, holografische Formen in die Luft gezeichnet und mit diesen Formen wie mit Spielzeug gespielt hatte. Sie sagte, sie habe mit ihrer Familie ihr ganzes Leben lang Erlebnisse mit UFOs gehabt, sodass ihr dieses spezielle Erlebnis gar nicht so seltsam vorkam.

Als Vorbereitung auf unser Interview schickte mir Hansen eine Erklärung, der sie drei Zeichnungen beigelegt hatte:

> 1. Bei dem Erlebnis im Alter von acht Jahren wurde ich anfangs in ein großes Zimmer gebracht, in dem ich mit Kindern verschiedener, gemischter Spezies »spielte«. Wir benutzten »Denkspiele«, um die telepathische Kommunikation zwischen uns zu erleichtern. Die erste [Zeichnung] zeigt das große Zimmer. Ich konnte die von uns geistig erzeugten Objekte »sehen«, und zwar sowohl mit meinem inneren Auge als auch mit meinen normalen Augen. In einer anderen Rückführung unter Anleitung von Mary habe ich beschrieben, wie mir beigebracht wurde, geistig ein Hologramm zu erschaffen und es in die Luft vor mir zu projizieren. In dieser Zeichnung wird Ihnen ein sonderbares Bett auffallen, auf dem ein Baby liegt und daneben ein Grey. In einer anderen Rückführung brachte mich Mary Rodwell in die Zeit zurück, in der ich sechs Monate alt war. Und dabei konnte ich mich selbst auf diesem kleinen Bett liegen sehen. Ich habe es das »Schlummerbettchen« getauft. In einem Kapitel meines Buches beschreibe ich, wie und warum dieses Bett für menschliche Babys benutzt wird und welche Technologie daran beteiligt ist.
>
> 2. Man bat mich, einen Grey zu einem Zimmer zu begleiten, in dem ich ein anderes »Kind« kennenlernen sollte. Die zweite Zeichnung zeigt mich als Achtjährige während meiner ersten »offiziellen« Begegnung mit der blauen Lichtkugel. Dabei lernte ich, eine Beziehung zu der Seele meines künftigen Sohns

herzustellen, und zwar durch ein Spiel, bei dem ich die Kugel durch das Zimmer jagte. Währenddessen »beobachteten« uns die Greys von einem anderen Teil des Raumschiffs aus, weil sie sehen wollten, ob wir zueinander passten.

3. Im Alter von 28 Jahren wurde ich erneut an Bord eines Raumschiffs gebracht. Ziel war dabei eine »Verschmelzung«, bei der die Seele meines künftigen Sohns erstmals in meinen Körper und den des ungeborenen Kindes eindringen sollte. Die dritte Zeichnung zeigt die beiden Wesenheiten (Mischungen aus Greys und einer anderen Spezies), die mich umsorgten, während ein Grey ein Beruhigungsverfahren einsetzte, um meinen Stoffwechsel »herunterzufahren«, bevor die Seele meines künftigen Sohns in meinen Körper und den des ungeborenen Kindes eindrang.

Ich bin meinem Mann, der Künstler ist, sehr dankbar dafür, dass er Zeichnungen für mein Buch entworfen hat. Wir sitzen stundenlang zusammen, damit sie das, was ich als reales Geschehen erinnere, so gut wie möglich wiedergeben.[4]

In unserem Interview berichtete Hansen, dass während ihres Besuchs bei den Außerirdischen als Achtjährige ein hyperdimensionaler Grey zu ihr kam, der ihrem Eindruck nach etwas vor ihr verbarg. Gleich darauf stellte er ihr eine Lichtkugel vor, und das Licht verwirrte sie. Der Hyperdimensionale forderte sie auf, ihm in die Augen zu sehen. Hansen sagte, sie habe drei Informationsströme gespürt, die von ihm ausgingen. Als Erstes übermittelte ihr der Hyperdimensionale, dass die Lichtkugel ein Freund sei, den sie gern besuchen werde. Als Zweites empfing sie ein ganzes Päckchen visueller Informationen, die das Leben eines Kindes betrafen, das diese Lichtkugel war. Hansen weiß noch, dass sie auf dem Fußboden des Zimmers im Raumschiff mehrmals Rad schlug, um eine Beziehung zu der Lichtkugel herzustellen. Als Letztes teilte ihr der Hyperdimensionale mit, dass sie und die Lichtkugel einander auf seelischer Ebene schon sehr lange kannten, und zwar durch frühere Inkarnationen.[k5]

Während der Jahre nach diesem Erlebnis gewöhnte sich Hansen, wie sie sagt, an die eigenständige Existenz von Seelen. Es gelang ihr, mit Personen zu kommunizieren, die sich als Seelen im Zwischen- oder Nachleben befanden.

Durch ihre Arbeit mit Mary Rodwell konnte sie sich auch wieder daran erinnern, dass sie vor der Geburt ihres Sohnes erneut an Bord des Raumschiffs hyperdimensionaler Greys gebracht wurde. Dort führte sie ein Grey (der ihr aufgrund seiner »Ausstrahlung von Schwingungsfrequenzen« vertraut war) durch einen Korridor zu einem kleinen Zimmer, in dem sie ihr unbekannte medizinische Gerätschaften entdeckte. Bald darauf trat ein kleinerer hyperdimensionaler Grey ins Zimmer, der kaum größer als ein Meter zwanzig war. Er entsprach nach ihren Angaben dem Archetyp eines »kleinwüchsigen Greys« und sah ganz anders aus als die anderen Greys im Zimmer.

Und nun begann der »Verschmelzungsprozess«. Wie Hansen noch weiß, musste der hyperdimensionale Grey zunächst einige ihrer früheren Erinnerungen an die Interaktion mit der Lichtkugel zurückholen. Dazu legte er ihr eine Hand auf die Stirn, und es tauchten visuelle Erinnerungen daran auf, wie sie als Achtjährige mit einer blauen Lichtkugel auf einem Raumschiff der Greys kommuniziert hatte. Sie reagierte sehr emotional darauf, und ihr kamen die Tränen. Dann wurde ihr mitgeteilt, die Seele ihres ungeborenen Sohnes sei durch die Lichtkugel erweitert und verstärkt worden. Seine Persönlichkeit sei nun sehr viel stärker ausgeprägt als vorher und könne sie verletzen, wenn man ihren Stoffwechsel nicht vorübergehend »herunterfahre«.

Dann betraten schätzungsweise achtzehn Kinder der hyperdimensionalen Greys das Zimmer, um bei der Verschmelzung der See-

---

k Diese Beschreibung stammt aus einem Interview, das ich für ExopoliticsTV mit Hansen führte. Es wurde am 19. Januar 2011 veröffentlicht (siehe die entsprechenden Fußnoten im Anhang).

len zuzuschauen. Hansen weiß noch, dass sie auf telepathische Weise miteinander schwatzten. Der hyperdimensionale Grey erzählte ihr, diese Kinder, die bald erwachsen sein würden, nenne man »Beobachter«. Sie schienen zusammen mit dem hyperdimensionalen Grey an einer bestimmten Aufgabe zu arbeiten.

Gleich darauf wurde ihr Metabolismus »heruntergefahren«. Hansen atmtete kaum noch, ihre Körpertemperatur fiel stark ab und sie sprach mit schleppender, leiser Stimme. Dann drang die blaue Lichtkugel in ihren Körper und in den Fötus ihres Sohns ein, und ihr Metabolismus wurde danach wieder »hochgefahren«. Sie erhielt Informationen über die Zukunft ihres Sohns und auch darüber, dass das Kind sowohl an Bord des Raumschiffs der hyperdimensionalen Greys als auch in der menschlichen Dimension auf der Erde erzogen werden würde. Man sagte ihr, diese doppelte Erziehung solle ihr Sohn zum Wohl der Menschheit erhalten.

Hansen erklärte, dass sich ihr Sohn 2011, als er Mitte zwanzig war, nicht mehr daran erinnern konnte, jemals an Bord des Raumschiffs der hyperdimensionalen Greys gewesen zu sein. Die Greys haben ihr mitgeteilt, im Alter von Mitte dreißig werde er sich wieder daran erinnern. Sie hat mit ihrem Sohn über die Geschichte ihrer früheren Interaktion auf dem Raumschiff der Greys gesprochen. Mittlerweile verfügt er über mediale Fähigkeiten und die Gabe der Präkognition.

Bestätigende Fakten im Interview mit Mary Rodwell

In meinem Interview mit Mary Rodwell für ExopoliticsTV bestätigte sie Hansens Erinnerungen an ihre Erlebnisse auf dem Raumschiff außerirdischer Greys. Rodwells Fallstudien aus ihrer Tätigkeit als Forscherin, die sich mit Entführungen durch Außerirdische befasst, zeigen, dass menschliche Seelen in der Gestalt von Lichtkugeln offenbar Zugang zu Raumschiffen hyperdimensionaler Greys haben.

Rodwell erwähnt beispielsweise einen fünfzehnjährigen Jungen, der zwei Lichtkugeln sah, die ihn während einer Begegnung mit hyperdimensionalen Greys begleiteten. Der Junge erklärte, die Lichtkugeln seien die Seelen seines Vaters und seines Großvaters gewesen. Ihre Anwesenheit habe dazu gedient, ihn zu ermutigen, ihm die Angst zu nehmen und ihn wissen zu lassen, dass alles »in Ordnung« sei. Rodwell bemerkt dazu, dieser Fall veranschauliche, dass hyperdimensionale Greys auf sehr greifbare Weise mit menschlichen Seelen zusammenarbeiteten, auch wenn sie offenbar Intelligenzen sind, die sich von Seelen unterscheiden.

Rodwell erklärt, durch ihre Forschung über Entführungen durch Außerirdische sei sie zu dem Schluss gekommen, dass die Tätigkeit dieser besonderen Spezies von hyperdimensional agierenden Greys folgende Aufgaben beinhaltet:

1. die Sammlung genetischer und anderer Informationen über Menschen
2. die Anwendung von Heilverfahren bei Menschen
3. die Zusammenarbeit mit interdimensional agierenden Intelligenzen – ein Beispiel dafür ist die Kooperation von hyperdimensionalen Greys und Seelen
4. die Stärkung von Mitgefühl und Liebe, von Heilfähigkeiten und der telepathischen Übermittlung von Informationen bei Seelen, die als Menschen auf der Erde inkarniert sind.[6]

Bei den 1.600 Entführungsfällen, die Rodwell untersucht hat, leiden inzwischen rund 30 Prozent der menschlichen Entführungsopfer unter leichten bis schweren Traumata. Die übrigen 70 Prozent sind glücklicherweise frei davon. Sofern die hyperdimensionalen Greys Gesundheits-Checks und bestimmte medizinische Untersuchungen bei Menschen vornehmen, prüfen sie offenbar vor allem den Grad der Verseuchung und Vergiftung eines Menschen und Schädigungen durch andere gefährliche Stoffe, die mit den Problemen des ganzen Planeten zu tun haben.

Wer sind die Greys und worin besteht ihre Mission?

Hansen sagt aus, dass ihres Wissens derzeit viele außerirdische Spezies die Erde besuchen. Dabei arbeiten ihren Angaben nach einige der mehr als 150 Arten hyperdimensionaler Greys zusammen.[7]

Wie Hansen meint, ist es ein wahres Minenfeld, die Mission der Greys vollständig verstehen zu wollen, da die Erlebnisse mancher Menschen mit hyperdimensionalen Greys beängstigend sind, während andere Erlebnisse die Menschen transformieren oder anderes bewirken. Ihre eigenen Erfahrungen mit der Spezies hyperdimensionaler Greys, der sie begegnete, waren zweckdienlich und haben sie tatsächlich verändert. Allerdings hatte auch sie zunächst eine Phase von Angst, bevor sie diese Erfahrungen verarbeiten konnte.

Hansen sagt, ihrem Verständnis nach handele es sich bei Seelen um universelle Wesenheiten. Sie könnten in Gestalt vieler verschiedener Spezies auf verschiedenen Planeten inkarnieren. Demnach ist eine Seele eine spirituelle Wesenheit und ihre Inkarnationen sind offenbar dazu da, dass sie sich moralisches und/oder evolutionäres Wissen aneignet. Hansens Auffassung nach können die hyperdimensionalen Greys der Menschheit nicht sagen, »wo es lang geht«. Dazu herrscht auf dem Planeten Erde ein zu großes Chaos. Offenbar besteht die Methode der hyperdimensionalen Greys, Einfluss auf Menschen auszuüben, darin, mit Seelen zu arbeiten, die bereit sind, auf einem Planeten zu inkarnieren, dessen menschlichen Bewohnern mit Liebe zu begegnen und sie zu erziehen.

Als ich Hansen fragte, ob sie weiß, wie Seelen erschaffen werden und wie es denn überhaupt möglich ist, dass sich Seelen auf einem Raumschiff hyperdimensionaler Greys aufhalten, winkte sie ab und erwiderte, sie habe keine Ahnung.

Seelen – eine Gemeinsamkeit von Außerirdischen und auf der Erde lebenden Menschen

2011 habe ich eine Hypothese entwickelt, die mit derjenigen der Forscherinnen Suzanne Hansen und Mary Rodwell übereinstimmt. Sie bezieht sowohl die Außerirdischen als auch die menschliche Seele ein und beruht auf empirischen Belegen. Diese Hypothese bekräftigt die Untersuchungsergebnisse von Hansen und Rodwell und die Plausibilität und Wahrhaftigkeit der Fallstudie Hansen.

Basierend auf zahlreichen Forschungsergebnissen auf den Gebieten der Exopolitik, der Parapsychologie, der Reinkarnation und der hypnotischen Rückführung postuliert diese Hypothese, dass in den spirituellen Dimensionen offensichtlich eine Zivilisation von intelligenten, sich entwickelnden Seelen geschaffen wird. Wie oben beschrieben entwickeln sich diese Seelen von sich aus weiter und inkarnieren in unterschiedlicher menschlicher oder anderer Gestalt auf verschiedenen Planeten in dem uns bekannten physikalischen Universum. Aufgrund der Analyse des Materials aus vielen Fallbeispielen der hypnotischen Rückführung, bei denen Erinnerungen an das Zwischenleben zu Tage traten, habe ich die Hypothese mit der Annahme erweitert, dass die Gemeinschaft der menschlichen Seelen in komplexen Mustern in Gestalt von Außerirdischen und Menschen auf der Erde inkarniert. Daher sind menschliche Seelen etwas, das Außerirdische und Menschen auf der Erde miteinander gemein haben.

Sowohl der Fall Suzanne Hansen als auch die von Michael Newton berichteten Fälle stützen diese Hypothese. Der Fall Hansen zeigt, dass Seelen und bestimmte hyperdimensional agierende Greys das Multiversum als interdimensionale Wesenheiten bereisen. Dabei gehen sie Beziehungen der Zusammenarbeit ein. Beispielsweise unterstützen sie sich gegenseitig bei der Erziehung eines künftigen Elternteils einer inkarnierenden Seele und beim Inkarnationsvorgang selbst. Entsprechend scheinen manche Seelen – etwa die von Suzanne Hansens künftigem Sohn und jene des bereits erwähnten Vaters sowie des Großvaters des fünfzehnjährigen Jungen, die ihm während einer Begegnung mit hyperdimensionalen Greys beistanden – Teil eines sorgfältig strukturierten Programms der Kooperation zwischen intelligenten Zivilisationen der Seele und einer spezifischen Art hyperdimensional agierender Greys zu sein. Dieses Programm umfasst auch spezielle Eingriffe in bestimmte Inkarnationsweisen der Seele und erzieherische Begegnungen mit hyperdimensional agierenden Greys in der exopolitischen Dimension.

Mindestens eine Organisation, die derzeit die Rolle der hyperdimensional agierenden Greys erforscht, ist – jedenfalls vorläufig – zu dem Schluss gekommen, dass sich eine bestimmte Art außerirdischer Greys vermutlich weitreichend in den Reinkarnationszyklus der Menschen auf der Erde einmischt.[8]

Die Menschen auf der Erde stehen als Gemeinschaft noch ganz am Anfang damit, alle dimensionalen Faktoren zu verstehen, die den Reinkarnationszyklus der menschlichen Seele beeinflussen mögen. Hier liegt ein Schwerpunkt unserer weiteren Forschung, der unser Verständnis und das Heranreifen unserer Spezies innerhalb des Kosmos voranbringen wird.

Schlusswort

Das Omniversum, wissenschaftlich betrachtet

Aus der wissenschaftlichen Erforschung des Omniversums lassen sich mindestens zehn Schlussfolgerungen für die weitere Erkundung der dimensionalen Ökologie des Universums, von der wir in unserer Hypothese ausgehen, und für eine positive Zukunft der Menschheit ziehen.

1. Das Beweismaterial stützt die Annahme einer dimensionalen Ökologie des Universums

Ein verständiger Beobachter kann jetzt das Fazit ziehen, dass empirische Indizienbeweise eine dimensionale Ökologie des Omniversums belegen. Diese Hypothese besagt, dass wir Menschen auf der Erde in einem Omniversum leben, das intelligente Zivilisationen umfasst, die sowohl in den exopolitischen Dimensionen des

Multiversums angesiedelt sind als auch in den spirituellen Dimensionen. Die Gesamtheit der spirituellen Dimensionen (Seelen, spirituelle Wesenheiten und Gott) fungiert als die Quelle der Universen exopolitischer Dimensionen.

2. Exopolitik und Parapsychologie

Exopolitik, die Wissenschaft, die sich mit den Beziehungen zwischen intelligenten Zivilisationen befasst, und Parapsychologie, die sich mit dem Psi-Bewusstsein, der Telepathie, der Reinkarnation, der Seele, dem Zwischenleben und dem Ursprung allen Seins (Gott) beschäftigt, zählen zu den angemessenen wissenschaftlichen Disziplinen, wenn es darum geht, die dimensionale Ökologie des Omniversums zu erkunden und zu kartieren.

Es ist an der Zeit, dass Exopolitik und Parapsychologie in den akzeptierten Kanon wissenschaftlicher Disziplinen aufgenommen werden und offen auf allen Bildungsebenen vermittelt werden – in der Grundschule, an den weiterführenden Schulen und den Universitäten. Bisher war das nicht erwünscht: 1953 führte die amerikanische CIA eine Podiumsdiskussion unter Vorsitz von Howard P. Robertson durch, über die der CIA-Beamte F. C. Durant einen schriftlichen Bericht abfasste. Daraus resultierte eine staatliche Zensur, die sich auf die offizielle Verunglimpfung und Leugnung des Konzepts eines bevölkerten, organisierten Omniversums stützte. Diese Zensur richtet sich gegen jegliche Diskussion über das Omniversum in der Zivilgesellschaft, darüber hinaus aber auch gegen Publikationen, Forschungsprojekte und öffentliche Wissensvermittlungen, die das Konzept eines Omniversums betreffen. Es ist jetzt an der Zeit, dass diese Zensur für alle Zeiten aufgehoben und Platz für eine Neuinterpretation des Konzepts geschaffen wird. Die Regierungen und Geheimdienste haben genauso wenig wie die wirtschaftlichen und politischen Eliten, von denen sie gesteuert werden, die spirituelle, moralische oder gesetzliche Vollmacht, die Forschung und den Zugang zum Omniversum – einschließlich der exopolitischen Dimensionen, des Zwischenlebens, der spirituellen Dimensionen und der Quelle allen Seins – zu unterdrücken.[1]

3. Dimensionalität ist ein wesentliches Merkmal des Omniversums

Dimensionalität, die Fähigkeit von Intelligenzen zur Selbstorganisation mittels Dimensionen (eigenständigen Bandbreiten bewusster Energie), ist offenbar wesentlich für die Beschaffenheit des Omniversums, und zwar sowohl in den spirituellen als auch in den exopolitischen Dimensionen. Intelligente Zivilisationen (einschließlich der außerirdischen und interdimensionalen) in den spirituellen wie in den exopolitischen Dimensionen können anhand der Dimension, in der sie angesiedelt sind, typisiert werden.

4. Das Bewusstsein und die Entwicklung der menschlichen Seele

Das Bewusstsein und die Entwicklungsstufe von Seelen, die auf der Erde inkarnieren, sowie unsere bislang beschränkte kollektive Fähigkeit, die dimensionale Ökologie des Multiversums zu erfassen, stellen sowohl eine große Herausforderung als auch einen Schlüssel für die künftige Entwicklung der Menschen auf der Erde dar, soweit es ihre Gemeinschaft mit dem organisierten Leben in den exopolitischen Dimensionen angeht.

In Kommentaren von Michael Newton zu allem, was er über die Verteilung von Seelen gemäß ihren Entwicklungsstufen (Anfangsstufe, Zwischenstufe, fortgeschrittene Stufe) herausgefunden hat, heißt es: »Meinen Ergebnissen nach befinden sich fast drei Viertel aller Seelen, die heutzutage menschliche Körper auf der Erde bewohnen, noch in frühen Entwicklungsstadien. Mir ist klar, dass dies eine sehr entmutigende Feststellung ist, denn das bedeutet, dass der überwiegende Teil der Menschheit noch am Anfang der seelischen Ausbildung steht. [...] Ich halte es aber tatsächlich für möglich, dass es auf der Erde vielleicht nur einige hunderttausend Menschen [Seelen] gibt, die die fünfte Stufe der Entwicklung (eine sehr weit fortgeschrittene Entwicklung) bereits erreicht haben.«[2]

5. *Die positive Umgestaltung von Energie sowie der wirtschaftlichen und gesellschaftlichen Strukturen auf der Erde*

Die langfristige positive Umwandlung von Energie sowie von wirtschaftlichen und gesellschaftlichen Strukturen auf der Erde hängt womöglich von der »Seelenkraft« ab. Eine bedeutende seelische Entwicklung während einer Inkarnation kann sich als wissenschaftlich fundierte Kenntnis über die dimensionale Ökologie des Omniversums zeigen. Seelen im mittleren oder fortgeschrittenen Stadium der Entwicklung, die auf der Erde inkarnieren, können dieses Wissen stark verinnerlichen und es den schätzungsweise 75 Prozent der Erdbevölkerung präsentieren, die sich bei ihrer Inkarnation noch im seelischen Anfangsstadium befinden (vorausgesetzt, dass Newtons prozentuale Schätzungen empirisch korrekt sind). Bei diesen Präsentationen können wir davon ausgehen, dass hyperdimensionale Zivilisationen die Erweiterung des Bewusstseins bei den Menschen auf der Erde unterstützen.

Der Autor und Forscher Carl Johan Calleman hat, gestützt auf den Kalender der Maya, die Theorie vom Einheitsbewusstsein entwickelt und die Hypothese aufgestellt, dass die Singularität oder das interdimensionale Portal im Zentrum unserer Galaxis (das dort befindliche »Schwarze Loch«) seit dem 28. Oktober 2011 fortwährend »erleuchtetes universelles Einheitsbewusstsein« ausgestrahlt hat. Nach Calleman moduliert diese Singularität oder dieses interdimensionale Portal auch die Energiewelle, die das universelle Einheitsbewusstsein überträgt und vermittelt. Das sind auf jeden Fall außerordentlich erfreuliche Nachrichten aus der Wissenschaft. Schon seit dem Urknall, so Calleman, strahlen in unserem Universum solche universellen, sich wandelnden Energiequellen nach außen ab. Und es sind diese Wellenbewegungen, die das Bewusstsein in unserem Universum in den vergangenen achtzehn Milliarden Jahren geformt haben.[3]

In einem Interview mit mir erklärte Calleman: »Die universellen, jeweils wechselnden Wellenbewegungen von Energie haben inzwischen aufgehört. Jetzt befindet sich die Erde in einer Situation, in der sie nach und nach das Potenzial entwickeln kann, den utopischen Status eines fortgeschrittenen Planeten zu erlangen, also eines ›Garten Eden‹ im wahrsten Sinne des Wortes.«[4] Dieser Meilenstein markiert den Beginn der letzten Vorbereitungen darauf, dass die Erde in das so lange prophezeite Goldene Zeitalter von Utopia eintritt beziehungsweise die »positive Zeitlinie« erreicht. Nun werden Sie sich vielleicht fragen: Aber was hat die universelle Welle des Einheitsbewusstseins mit mir persönlich und mit meiner Realität zu tun? Um mit einem einzigen Wort zu antworten: Alles!

Die Welle des Einheitsbewusstseins schafft – wie alle ausstrahlenden universellen Energiequellen – das »Mem« [einen Bewusstseinsinhalt, beispielsweise einen Gedanken, der durch Kommunikation weitergegeben und damit vervielfältigt wird] und damit den erzählerischen Inhalt unserer persönlichen und kulturellen Realität. Callemans Entdeckungen legen nahe, dass sich unsere höchsten Gedanken und »Meme« vielleicht tatsächlich aus den Energiequellen der universellen Singularität speisen und innerhalb unseres Universums durch die galaktische Singularität, das »Schwarze Loch« im galaktischen Zentrum, das die Maya als *Hunab Ku* bezeichneten, an uns weitergegeben werden. In unser Sonnensystem gelangen diese Energiewellen demnach durch die systemeigene Singulariät, unsere Sonne, die nach Angaben des Physikers Nassim Haramein ein dimensionales Portal zu anderen Galaxien darstellt.

Die universellen Energiewellen, vermittelt durch Singularitäten, dienen also als Übertragungswellen für »die Software des universellen Denkens und des universellen Geistes«.[5] Das heißt, sie fungieren als Mittel, mit denen ein absichtsvolles Universum (geschaffen und aufrechterhalten von einer kollektiven, mit Bewusstsein begabten Quelle) uns wissen lässt, was es mit dem Bewusstsein in unserem ganzen Universum vorhat.

Spielt es in praktischer Hinsicht irgendeine Rolle, ob man in diese universelle Energiewelle des Einheitsbewusstseins eintaucht und sich auf sie einlässt? Ja, die universellen Energiewellen, in die wir eintauchen und auf die wir uns einlassen, bestimmen unseren Status als Planet – und auch, wie wir unser Potenzial als Planet ausschöpfen.

Wird sich die Erde zu einer Dystopie oder zu einer Utopie entwickeln? Die gute Nachricht ist, dass unsere galaktische Singularität innerhalb ihres Spektrums wechselnder, Energie übertragender Wellen jetzt »utopische« Bewusstseinswellen ausstrahlt. Je mehr wir Menschen individuell und kollektiv in die universelle Energiewelle, die uns ein »aufgeklärtes universelles Bewusstsein« vermittelt, eintauchen und je stärker wir ein nicht-dualistisches Bewusstsein anstreben, desto stabiler wird die »positive Zeitlinie« und desto schneller werden wir unser Potenzial als Planet ausschöpfen können, um ein fortgeschrittenes, utopisches Stadium zu erreichen.

Mary Rodwell, die sich als Forscherin mit außerirdischen Phänomenen befasst, hat Einzelheiten eines bevorstehenden globalen Wandels enthüllt. Diese Einzelheiten hat sie bei der Untersuchung von Interaktionen Außerirdischer und Menschen sowohl auf der Ebene des Bewusstseins als auch auf der seelischen Ebene entdeckt. Rodwell zufolge umfasst die bevorstehende Transformation ein Erwachen und einen Wandel des menschlichen Bewusstseins, begleitet von dramatischen Veränderungen, die Arbeitsweise und Organisation der menschlichen Gesellschaften auf der Erde betreffen.[6]

Einige Forscher gehen davon aus, dass dieser globale Wandel des Bewusstseins ein langfristiges dimensionales Projekt der hyperdimensional agierenden Greys ist und sich möglicherweise auf die von den Greys kontaktierten und entführten Menschen beschränkt.

6. *Das Erfassen von außerirdischen, hyperdimensionalen und mit Exopolitik verbundenen Phänomenen und Informationen*

Die Annahme einer dimensionalen Ökologie des Omniversums und die auf Dimensionen beruhende Typologie intelligenter Zivilisationen in den exopolitischen Dimensionen können dazu beitragen, dass die Öffentlichkeit der Menschen auf der Erde und, darüber hinaus, wissenschaftliche und staatliche Einrichtungen sowie Organisationen im Bereich der Bildung und der Medien leichter und schneller Fakten und Informationen erfassen, die sich auf UFOs und außerirdische Phänomene beziehen. Auf diese Weise wird es dann vielleicht auch häufiger zu Enthüllungen über außerirdische Phänomene kommen, einschließlich von Informationen, die intelligente außerirdische Zivilisationen selbst und von sich aus an uns weitergeben.

7. *Das Erfassen der spirituellen Dimensionen (Seele, Zwischenleben, Gott)*

Die Annahme einer dimensionalen Ökologie des Omniversums und die wissenschaftliche Untersuchung der spirituellen Dimensionen können dazu beitragen, dass die Öffentlichkeit der Menschen auf der Erde und darüber hinaus wissenschaftliche und staatliche Einrichtungen sowie Organisationen im Bereich der Bildung und der Medien leichter und schneller wahre und grundlegende Konzepte der Realität erfassen können, die die Seele, das Zwischenleben und die Quelle allen Seins mit einschließen. In diesem Zusammenhang lassen sich auch offene Fragen angehen, etwa die Fragen, ob es mehr als nur ein Omniversum und mehr als nur eine Quelle allen Seins gibt. All das wird die Bewusstseinsentwicklung der Menschheit auf der Erde und der auf der Erde als Menschen inkarnierten Seelen beschleunigen.

8. Die zentrale Bedeutung der intelligenten Zivilisationen von Seelen für die Universen der exopolitischen Dimension

Die Seele – die ein holografisches Fragment der Schöpfungsquelle (Gott) darstellt – ist ein gemeinsamer Nenner aller Dimensionen des Omniversums. Die wissenschaftliche Untersuchung der exopolitischen und spirituellen Dimensionen des Omniversums offenbart die zentrale Bedeutung der intelligenten Zivilisationen der Seelen bei der Schöpfung, Aufrechterhaltung, Gestaltung und letztlich auch bei den Inkarnationen in den Universen der exopolitischen Dimensionen.

Die menschliche Seele bewohnt die spirituellen Dimensionen *zwischen* den physischen Leben und die exopolitischen Dimensionen *während* des physischen Lebens und kann dabei mehrere exopolitische Leben gleichzeitig führen. Das exopolitische Leben kann in menschlicher Gestalt auf der Erde stattfinden oder auch in Gestalt eines intelligenten Lebewesens auf einem anderen Planeten, in einem anderen Universum oder in einer anderen Dimension. Möglich, dass wir bei unseren Forschungen noch viele unterschiedliche Arten intelligenter Seelen entdecken. Vorläufig deuten Berichte einiger von Außerirdischen kontaktierter Personen darauf hin, dass eine spezifische Spezies hyperdimensional agierender Greys möglicherweise eine wesentliche Rolle im Reinkarnationszyklus von Seelen der Menschheit auf der Erde spielt. Hier tut sich ein überaus wichtiges Feld für künftige Forschungen auf, das zugleich entscheidend dazu beitragen wird, dass die Menschheit ein Verständnis für ihre Inkarnationen auf der Erde entwickelt.

9. *Die Wissensvermittlung über die Seele, das Zwischenleben und die Quelle allen Seins*

Derzeit erhält die Menschheit nur irreführende Informationen über die Beschaffenheit der Seele, des Zwischenlebens, die Prozesse der Reinkarnation und letztlich auch über die Quelle allen Seins.

Die Religionen liefern viele fehlerhafte Darlegungen dieser Realitäten. Diese Falschinformationen beruhen auf Texten und uralten Glaubenslehren, die in wissenschaftlicher Hinsicht nicht zutreffend sind und dennoch als heilig und unantastbar betrachtet werden – da sie Glaubenssache sind.

Tatsächlich sind die irdischen Religionen das Ergebnis der Einmischung und Manipulation außerirdischer Wesenheiten, beispielsweise dem Übergriff der Anunnaki auf die Erde, der vor rund 280.000 Jahren seinen Anfang nahm.[7]

Die an den Universitäten gelehrte und praktizierte Wissenschaft unterbindet die Wissensvermittlung über die Realität des Lebens nach dem Tode, obwohl empirische Beweise diese Annahme stützen. Deshalb ist auch die moderne Wissenschaft eine Quelle von Fehlinformationen über die Seele, das Zwischenleben und den Ursprung allen Seins (Gott). Kulturelle und religiöse Konflikte haben ihre Wurzeln in der Ignoranz, die den Menschen von der Religion und einem überholten Kanon wissenschaftlicher Lehrmeinungen aufgezwungen wird, soweit es irgendwelche spirituellen Realitäten betrifft. Die Wissenschaft des Geistes kann die wahre Beschaffenheit der menschlichen Seele und deren spirituelle und exopolitische Dimensionen aufzeigen.

10. *Wissenschaft und Spiritualität*

Die Hypothese, dass im Omniversum eine dimensionale Ökologie existiert, kann selbst als Raster für die Zuordnung von Erkenntnissen und die Klassifikation laufender und neuer Forschungsprojekte zur Erkundung intelligenter Zivilisationen in den exopolitischen und spirituellen Dimensionen dienen.

Diese Hypothese stellt nämlich eine Verbindung von Wissenschaft und Spiritualität her und dar und wird es auf diese Weise ermöglichen, dass die Wissenschaft zu einer angemessenen Untersuchung und zu einem angemessenen Erfassen der menschlichen Seele zurückfindet und das Erkennen über die Ignoranz siegt. Für uns als wissende und bewusste menschliche Seelen besteht die Aufgabe darin, dieses Erkennen zu unterstützen und zu ermutigen.

Danksagung

Angesichts der Tatsache, dass es in diesem Buch um die multiplen Dimensionen des Omniversums geht, möchte ich mich an dieser Stelle für die unschätzbar wertvollen Hilfestellungen und Einblicke bedanken, die mir in dieser Lebensspanne von Personen und Kräften in exopolitischen und spirituellen Dimensionen zuteil wurden. Ohne sie wäre dieses Buch niemals entstanden.

Mein Dank gilt außerdem allen, die mich bei diesem Vorhaben so großzügig angeleitet und unermüdlich unterstützt haben: den hyperdimensionalen Zivilisationen, den spirituellen Entitäten und Seelen sowie der Quelle allen Seins.

Doch ich danke auch jenen, die versucht haben, die Veröffentlichung dieses Buches zu verhindern, weil sie dadurch lediglich zur Verbesserung des Manuskripts beigetragen haben.

Erwähnt werden soll hier nicht zuletzt die unermessliche Unterstützung, die ich im Laufe meiner Jahre in irdischen Dimensionen von so vielen Kollegen, Forschern und Freunden erhalten habe, dass der Platz nicht ausreicht, sie hier alle namentlich zu nennen. Ihnen allen danke ich ganz herzlich dafür.

Meinem Lektor Aidan Kelly möchte ich meine Dankbarkeit dafür ausdrücken, dass er – wie schon bei so vielen früheren Publikationen als Lektor für *Scientific American* und den Jeremy Tarcher

Verlag (Penguin-Gruppe) – meinem Manuskript im Interesse der Leser den nötigen Schliff gegeben hat.

Meinen Familienangehörigen, darunter meine Eltern und Geschwister, mein Sohn, meine Stieftöchter und meine Seelengefährtin und Ehefrau Dr. Geri DeStefano-Webre, gebührt unermesslicher Dank dafür, dass sie meine jahrelange Erforschung der dimensionalen Ökologie so geduldig hingenommen haben. Ohne sie hätte ich dieses Buch nicht schreiben können.

Und auch Ihnen, liebe Leserin und lieber Leser, die Sie hiermit erstmals eine Kartierung der dimensionalen Ökologie des Omniversums in den Händen halten, möchte ich danken. Möge sie Ihnen und Ihren Liebsten gute Dienste leisten!

Alfred Lambremont Webre

Sein Buch *Exopolitics: A Decade of Contact*, erschienen im Jahr 2000, hat die Exopolitik begründet – die Wissenschaft, die sich mit den Beziehungen zwischen intelligenten Zivilisationen im Multiversum befasst. Fünf Jahre später folgte *Exopolitics: Politics, Government and Law in the Universe*, das nicht nur die CIA zu umfassenden Nachforschungen über den Autor veranlasste, sondern auch die DARPA, eine Behörde des US-Verteidigungsministeriums, die Forschungsprojekte für die amerikanischen Streitkräfte durchführt, darunter Weltraumprojekte.

In seinem Werk *Das Omniversum* integriert Alfred Lambremont Webre empirisch ermitteltes Material über intelligente außerirdische Zivilisationen und intelligente Zivilisationen der Seelen im Zwischenleben und legt erstmals eine umfassende Hypothese zu einer funktionierenden Ökologie der Intelligenz in den zahllosen Dimensionen des Omniversums vor.

Der Autor ist Absolvent der Yale University und Yale Law School, wo er sich auf Internationales Recht spezialisierte. Als Fulbright-Stipendiat befasste er sich in Uruguay mit internationaler ökonomischer Integration. In Yale lehrte er Wirtschaftswissenschaften, an der University of Texas Staatsrecht. Er war juristischer Hauptberater der Umweltschutzbehörde von New York City und Zukunftsforscher am Stanford Research Institute der Stanford University, wo er die 1977 von Jimmy Carter auf den Weg gebrachte »White House Extraterrestrial Communication Study« leitete, eine Untersuchung zur Kommunikation mit Außeridischen. Darüber hinaus war er Delegierter einer regierungsunabhängigen Organisation bei den Vereinten Nationen und bei der UNISPACE Conference, die sich der Erforschung und friedlichen Nutzung des Weltraums widmete. Als einer von acht vorsitzenden Richtern hat er am Kuala Lumpur War Tribunal teilgenommen, einem internationales Tribunal gegen Kriegsverbrechen.

Alfred Lambremont Webre ist in mehreren gemeinnützigen Organisationen tätig. Sie befassen sich mit Friedenspolitik, Umwelt, Menschenrechten, sozialer Gerechtigkeit, dem menschlichen Bewusstsein, der Freiheit von neuronaler Kontrolle und Bewusstseinskontrolle sowie der Manipulation des Denkens und dem intelligenten Leben im Omniversum.

Kontakt und weitere Informationen:
www.exopolitics.com

Anmerkungen

Vorbemerkung – Zur Entstehungsgeschichte des Buches

1. Webre, *Exopolitica: La Politica, El Gobierno y La Ley en el Universo.*

Einführung – Eine Karte des Omniversums

1. Markowitz, »Five Reasons We May Live in a Multiverse«, http://bit.ly/18Q7t8N, aufgerufen am 2. Mai 2015.
2. Amoroso und Rauscher, *The Holographic Anthropic Multiverse*, p. 32.
3. Nancy Atkinson, »If We Live in a Multiverse, How Many Are There?«, www.universetoday.com/42696/if-we-live-in-a-multiverse-how-many-are-there/, aufgerufen am 25. Juni 2015; Andrei Linde und Vitaly Vanchurin, »How Many Universes Are in the Multiverse?«, http://arxiv.org/pdf/0910.1589v3.pdf, aufgerufen am 3. Mai 2015.
4. Ibid.
5. Krauss, *A Universe from Nothing*, www.pdf-archive.com/2014/10/19/lawrence-m-krauss-a-universe-from-nothing/lawrence-m-krauss-a-universe-from-nothing.pdf, p. 19, aufgerufen am 30. Juni 2015.
6. »Ecology«, Wikipedia, https://en.wikipedia.org/wiki/Ecology, aufgerufen am 25. Juni 2015.
7. Helmenstine, »Scientific Hypothesis, Theory, Law Definitions«, http://bit.ly/bV90Rj, aufgerufen am 3. Mai 2015.
8. »Evidence«, Wikipedia, http://bit.ly/1ETodZS, aufgerufen am 30. Juni 2015.
9. Newton, *Destiny of Souls*, p. 127-128.

Kapitel 1 – Das Omniversum verstehen lernen

1. Kramer, »Scale of Universe Measured«, http://bit.ly/1e96Rhq, aufgerufen am 3. Mai 2015.

2. »500 Billion – A Universe of Galaxies«, http://bit.ly/1grvKpP, aufgerufen am 3. Mai 2015.
3. Sebastian Anthony, »Astronomers Estimate 100 Billion«, http://bit.ly/13UiMgU, aufgerufen am 3. Mai 2015.
4. Randy Krum, »How Many Alien Civilizations?«, http://bit.ly/16ygWlH, aufgerufen am 3. Mai 2015.
5. *Report of Scientific Advisory Panel*, http://bit.ly/15ry5Na, aufgerufen am 3. Mai 2015.
6. Troy Matthew, »Science or Sacrilege? Atheists and Agnostics Are 76% More Likely Than Christians to Believe in the Existence of Extraterrestrial Life«, http://bit.ly/17omJWM, aufgerufen am 3. Mai 2015.
7. »One in Five (20%) Global Citizens Believe That Alien Beings Have Come Down to Earth and Walk Amongst Us in Our Communities Disguised as Humans«, www.ipsos.com, http://bit.ly/1cx0qWP, aufgerufen am 3. Mai 2015.
8. Newton, *Life Between Lives, Journey of Souls, Destiny of Souls* (deutsche Ausgaben siehe Literaturverzeichnis).
9. »Ipsos Global Advisory: Supreme Being(s), the Afterlife and Evolution«, www.ipsos.com, http://bit.ly/19mrjcT, aufgerufen am 3. Mai 2015.
10. »Americans' Belief in God, Miracles and Heaven Declines«, Harris Interactive Polls, www.harrisinteractive.com, http://bit.ly/1dne4bJ, aufgerufen am 3. Mai 2015.
11. Ibid.
12. Ibid.
13. Ibid.
14. Ibid.
15. Clow und Clow, *Alchemy of the Nine Dimensions*, xxiii.
16. Goswami, *The Self-Aware Universe*, p. 9-10.
17. Bromberg, »On Goswami's Monistic Idealism Worldview«, 11.
18. James S. Gordon, »The UFO Experience«, http://bit.ly/1fM1yHn, aufgerufen am 3. Mai 2015.
19. Alfred Webre, »Exopolitics: A Decade of Contact – Part 2«, UFO Evidence, http://bit.ly/GVR1dH, aufgerufen am 3. Mai 2015.
20. »Associated Press Reports that ›EXOPOLITICS‹ Nominated for 2005 ›Word of the Year‹«, *Exopolitics: Politics, Government, and Law in the Universe*, http://bit.ly/HaArqd, aufgerufen am 3. Mai 2015.
21. Webre, *Exopolitics*, p. 92.
22. »Project Pegasus«, www.facebook.com/groups/ProjectPegasus/search/?query=montauk%20chair#, aufgerufen am 30. Juni 2015.
23. Webre, »Third Whistle Blower Confirms Obama's Participation in CIA

Jump Room Program of Early 1980's«, http://bit.ly/O5TRcO, aufgerufen am 30. Juni 2015.

24. Ron Cowen, »Simulations Back up Theory That Universe Is a Hologram«, Nature online, http://bit.ly/1bDPwvE, aufgerufen am 3. Mai 2015.
25. Talbot, *The Holographic Universe;* Barrett, *The Holographic Canvas.*
26. PBS Kate Becker [AQ1].
27. Danielle Wiener-Bronner, »Don't Freak Out, But the Universe May Be a Hologram«, http://fus.in/1JV4nBJ, aufgerufen am 30. Juni 2015.
28. Webre, »Web Bot: Andrew Basiago Is Predicted ›Planetary Level‹ Whistleblower for Mars Life and Time Travel«, http://exopolitics.blogs.com/exopolitics/2011/12/web-bot-andrew-basiago-is-predicted-planetary-level-whistleblower-for-mars-life-and-time-travel.html, aufgerufen am 25. Juni 2015; Webre, »Why Is Hawking Affirming Time Travel and Appearing Ignorant of DARPA Secret Time Travel?«, www.examiner.com, http://exm.nr/GO2Cvz, aufgerufen am 3. Mai 2015; Webre, »Second Whistleblower Emerges to Confirm Reality of Time Travel«, www.bibliotecapleyades.net/ciencia/time_travel/esp_ciencia_timetravel33.htm, aufgerufen am 25. Juni 2015.
29. Newton, *Destiny of Souls*, p. 127-128.
30. Webre, »Time Travel and Political Control«, *Exopolitics: Politics, Government and Law in the Universe*, http://bit.ly/LoBF0T, aufgerufen am 3. Mai 2015.
31. Webre, »My 1970s Meeting with DARPA's Project Pegasus Secret Time Travel Program«, *Exopolitics: Politics, Government and Law in the Universe*, http://bit.ly/182i3dE, aufgerufen am 5. Mai 2015.
32. »The Urantia Book«, Urantia Foundation, http://bit.ly/1fCFBIr), aufgerufen am 3. Mai 2015.
33. Wyllie, *Revolt of the Rebel Angels,* 4.
34. Andrei Linde und Vitaly Vanchurin, »How Many Universes Are in the Multiverse?«, Cornell University Library online, http://bit.ly/HtbdEr, aufgerufen am 3. Mai 2015.

Kapitel 2 – Typologie intelligenter Zivilisationen

1. Persönliche Korrespondenz der Oxford University Press mit dem Autor, August 2009.
2. »Typology«, Wikipedia, http://bit.ly/1bbmDDI, aufgerufen am 3. Mai 2015.
3. Alfred Webre, »Exopolitics Researcher Develops Evidence-based Typology of Extraterrestrial Civilizations«, www.examiner.com, http://exm.nr/1fy4bwn, aufgerufen am 3. Mai 2015.
4. Joe Garland, »The Kardashev Scale«, Quarks to Quasars, http://bit.ly/1bNRJBm, aufgerufen am 3. Mai 2015; George Dvorsky, »How to Mea-

sure the Power of Alien Civilizations Using the Kardashev Scale«, i09, http://bit.ly/J3G0Yy, aufgerufen am 3. Mai 2015.

5. Michael Salla, »A Report on the Motivations and Activities of Extraterrestrial Races«, Exopolitics, http://bit.ly/H0ajyp, aufgerufen am 3. Mai 2015.
6. Wilcock, *The Synchronicity Key*, p. 9-10.
7. Elkins et al., »The RA Material«, recherchierbar auf The Law of One, http://www.lawofone.info/; komplette PDF aller fünf Bücher von The Law of One: www.llresearch.org/library/the_law_of_one_pdf/the_law_of_one_pdf.aspx), aufgerufen am 25. Juni 2015.
8. Ibid.
9. Ibid.
10. Ibid.
11. Ibid.
12. Ibid.
13. Ibid.
14. Ibid.
15. Manuel Lamiroy, »Density«, Exopaedia, http://bit.ly/1cF2Z9f, aufgerufen am 9. Mai 2015.
16. Newton, *Destiny of Souls*, p.127-128.
17. Pereira, *Arcturan Star Chronicles.*
18. Brown, *Cosmic Explorers*, p.147-177.
19. Lamiroy, »Exophenotypes«, Exopolitics South Africa, http://bit.ly/1giGxFn, aufgerufen am 3. Mai 2015.
20. Ibid.
21. Ibid.
22. Lamiroy, »Non-humanoid Mammalian Phenotype«, Exopaedia, http://bit.ly/16RSNXn, aufgerufen am 3. Mai 2015.
23. Lamiroy, »Humanoid Phenotype«, Exopaedia, http://bit.ly/19PpukK, aufgerufen am 3. Mai 2015.
24. Andrew D. Basiago, »Exopolitics Mars«, http://on.fb.me/1kjHfUD, aufgerufen am 25. Juni 2015.
25. Lamiroy, »Grey Phenotype«, Exopaedia, http://bit.ly/19PpukK und http://bit.ly/H6Dksh, aufgerufen am 3. Mai 2015.
26. Ibid.
27. »The Exobiology Project: Talking with the Small Greys«, Open Minds Forum 2013, http://openmindsforum.forumotion.com/t160-the-exobiology-project-talking-with-small-greys, aufgerufen am 13. Mai 2015.
28. Lamiroy, »Reptilian Phenotype«, Exopaedia, http://bit.ly/1czbS1F, aufgerufen am 13. Mai 2015.
29. »The Exobiology Project: Talking with the Hooded Reptilian«, Open Minds

Forum 2013, http://openmindsforum.forumotion.com/t160-the-exobiolo gy-project-talking-with-small-greys, aufgerufen am 13. Mai 2015.
30. Lamiroy, »Insectoid Phenotype«, Exopaedia, http://bit.ly/19ZhN1u, aufgerufen am 3. Mai 2015.
31. Lamiroy, »Hybrid Phenotype«, Exopaedia, http://bit.ly/17VJEc5, aufgerufen am 3. Mai 2015.
32. Huyghe, *Field Guide to Extraterrestrials;* Dickinson und Schaller, *Extraterrestrials: A Field Guide for Earthlings.*
33. »General/Mass Sightings«, UFO Evidence, http://bit.ly/18RXnFH, aufgerufen am 13. Mai 2015.
34. »Humanoid Cases«, UFO Evidence, http://bit.ly/19Ogyxj, aufgerufen am 13. Mai 2015.
35. »Pilot Sightings«, UFO Evidence, www.ufoevidence.org/topics/PilotSigh tings.htm, aufgerufen am 25. Juni 2015.
36. Lamiroy, »Exophenotypes«, http://bit.ly/1giGxFn, aufgerufen am 13. Mai 2915.
37. Webre, »Report: Between 2% of US Population and 14.7% of Global Population Are Being Involuntarily Teleported (Abducted) by Hyperdimentional Civilizations«, http://exopolitics.blogs.com/exopolitics/2013/08/report-bet ween-2-of-us-population-and-147-of-global-population-are-being-involun tarily-teleported-ab.html, aufgerufen am 25. Juni 2015.
38. Ibid.
39. Webre, »Mary Rodwell – ETs, Souls, The New Humans and a Coming Global Shift«, http://bit.ly/17tBY7B, aufgerufen am 13. Mai 2015.

Kapitel 3 – Zivilisationen in der Raumzeit unseres Sonnensystems

1. »What Does It Mean to be Human?«, Smithsonian National Museum of Natural History, http://bit.ly/GYzJfW, aufgerufen am 13. Mai 2015.
2. Alfred Webre, »New Data, Law of Evidence Support View of Mars Having Indigenous, Intelligent Extraterrestrial Life«, *Exopolitics: Politics, Government and Law in the Universe,* http://bit.ly/P9nxw6, aufgerufen am 13. Mai 2015.
3. Andrew Basiago, »Bernard Mendez«, Project Pegasus, http://on.fb.me/1adQyyt, aufgerufen am 13. Mai 2015.
4. Matt Slick, »Extraordinary Claims Require Extraordinary Evidence«, CARM, http://bit.ly/1aAH796, aufgerufen am 13. Mai 2015.
5. Basiago, »Project Pegasus«, http://on.fb.me/19pjqmo, aufgerufen am 13. Mai 2015.
6. Basiago, »Five Exophenotypes of Bipedal Humanoids«, Project Pegasus, http://on.fb.me/1kjHfUD, aufgerufen am 13. Mai 2015; »Andrew D. Ba-

siago«, Mars Anomaly Research Society (MARS), http://bit.ly/HbmVDJ, aufgerufen am 13. Mai 2015.

7. Persönliche Mitteilung, Gespräch mit Andrew D. Basiago über sein Telefonat mit Virginia Olds.
8. Basiago, »Five Exophenotypes of Bipedal Humanoids«.
9. Webre, »New Data, Law of Evidence Support View of Mars Having Indigenous, Intelligent Extraterrestrial Life«, *Exopolitics: Politics, Government and Law in the Universe*, http://bit.ly/P9nxw6, aufgerufen am 13. Mai 2015.
10. Basiago, »Discovery«, http://bit.ly/1aALaSK, aufgerufen am 25. Juni 2015.
11. Basiago, »Three Principal Exophenotypes of Humanoid Beings on Mars«, http://bit.ly/1cahkeq, aufgerufen am 13. Mai 2015.
12. Mike Spent, »Mars: Andrew D. Basiago«, http://bit.ly/1aGBdTK, aufgerufen am 3. Mai 2015.
13. Ibid.
14. Webre, »New Data, Law of Evidence«.
15. Ibid.
16. Webre, »Mars Visitors Basiago and Stillings Confirm Barack Obama Traveled to Mars«, *Exopolitics: Politics, Government and Law in the Universe*, http://bit.ly/10L2P5t, aufgerufen am 13. Mai 2015; Webre, »Third Whistleblower Confirms Obama's Participation in CIA Jump Room Program of Early 1980s«, Exopolitics, http://bit.ly/O5TRcO, aufgerufen am 13. Mai 2015.
17. Webre, »Mars Visitors«.
18. Ibid.
19. Ibid.
20. Ibid.
21. Basiago, »Mars«, Fear & Loathing online, p. 53, http://bit.ly/1aGBdTK, aufgerufen am 25. Juni 2015.
22. Webre, »Mars Visitors«.
23. Ibid.
24. Michael Rundle, »White House Denies President Obama Travelled to Mars via Teleport at Age 19«, Huffington Post, http://huff.to/1fU5xla, aufgerufen am 13. Mai 2015.
25. Webre, »Third Whistleblower«.
26. Basiago, »Bernard Mendez«, Project Pegasus, http://on.fb.me/1adQyyt, aufgerufen am 13. Mai 2015.
27. Webre, »Third Whistleblower«.
28. Ibid.
29. Ibid.
30. Ibid.

31. Ibid.
32. Ibid.
33. Ibid.
34. Ibid.
35. Webre, »Whistleblower Laura Magdalene Eisenhower, Ike's Great-Granddaughter, Outs Secret Mars Colony Project«, http://exopolitics.blogs.com/exopolitics/2011/12/by-alfred-lambremont-webre-jd-med-laura-magdalene-eisenhower-ikes-great-granddaughter-in-a-public-statement-lau.html, aufgerufen am 30. Juni 2015.
36. Michael Salla, »Whistleblower Claims He Served 17 Years at Secret Mars Military Base«, Exopolitics, http://bit.ly/1puQO4D, aufgerufen am 13. Mai 2015.
37. »Mars Experiencer Andrew D. Basiago Validates Mars Experiences of U.S. Marine Capt. Randy Cramer«, Exopolitics, http://bit.ly/1pv0exc), aufgerufen am 13. Mai 2015.
38. Ibid.
39. »Mars Exploration Program«, NASA Mars Exploration, http://1.usa.gov/16wjz3Z, aufgerufen am 13. Mai 2015.
40. Basiago, »The Discovery of Life on Mars«, Mars Anomaly Research Society (MARS), http://bit.ly/1aALaSK, aufgerufen am 13. Mai 2015; MARS, www.projectmars.net; »Martian Humanoid Exophenotypes«, Exopolitics, http://bit.ly/19Noxgb, aufgerufen am 14. Mai 2015.
41. Basiago, »The Discovery of Life on Mars«, http://bit.ly/1aALaSK, 6, aufgerufen am 13. Mai 2015.
42. Ibid.
43. »Martian Humanoid Exophenotypes«, Exopolitics, http://bit.ly/19Noxgb, aufgerufen am 14. Mai 2015.
44. »PIA10214, Spirit's West Valley Panorama«, NASA, Jet Propulsion Laboratory Photojournal, http://1.usa.gov/18Ue2Iu, aufgerufen am 14. Mai 2015.
45. Basiago, »Hoagland Affirms Belief That No Evidence Exists Mars Is Inhabited«, MARS, http://bit.ly/16yOv9f, aufgerufen am 14. Mai 2015.

Kapitel 4 – Hyperdimensionale Zivilisationen

1. Alfred Webre, »Up to 1 Billion Humans«, www.bibliotecapleyades.net/vida_alien/alien_abductionabductees30.htm; Alfred Webre, »Intention Experiments, Interdimensional UFOs and Multi-dimensional Beings Converge at Mt. Adams, WA«, Examiner, http://exm.nr/18DT1gZ, aufgerufen am 14. Mai 2015.
2. Webre, »Report: Between 2% of US Population and 14.7% of Global Population Are Being Involuntarily Teleported (Abducted) by Hyperdimentional

Civilizations«, *Exopolitics: Politics, Government and Law in the Universe*, http://bit.ly/1f4GcCi, aufgerufen am 9. Mai 2015.

3. »Alien Abduction Claimants«, Wikipedia, The Roper Poll, http://bit.ly/195jNAh, aufgerufen am 14. Mai 2015.
4. Webre, »Mary Rodwell – ETs, Souls, The New Humans and a Coming Global Shift«, *Exopolitics: Politics, Government and Law in the Universe*, http://bit.ly/17tBY7B, aufgerufen am 14. Mai 2015.
5. Neil Gould, »Galactic Diplomacy: The Greys«, ExoNews, http://bit.ly/181e3qD, aufgerufen am 14. Mai 2015; Neil Freer, »Sapiens Rising«, http://bit.ly/19H6gTj, aufgerufen am 15. Mai 2015.
6. International Community for Alien Research (ICAR), http://bit.ly/1aEN6v7, aufgerufen am 14. Mai 2015.
7. Webre, »Report: Between 2%«.
8. »Alien Abduction«, Wikipedia, http://bit.ly/HqHEmX, aufgerufen am 15. Mai 2015.
9. Webre, »Report: Between 2%«.
10. Webre, »When Will Extraterrestrial ›Disclosure‹ or Contact in the Public Domain Happen?«, *Exopolitics: Politics, Government and Law in the Universe*, http://bit.ly/1gdjmLC, aufgerufen am 15. Mai 2015.
11. »War«, Wikipedia, http://bit.ly/16mWQKW, aufgerufen am 14. Mai 2015.
12. Basiago, »Project Pegasus«, Project Pegasus, http://bit.ly/1aUmkxp, aufgerufen am 14. Mai 2015.
13. Webre, »Basiago and Eisenhower Reveal ›Marsgate‹ and Make Case for ›Alternative 4‹«, Examiner, http://exm.nr/17ya8VD, aufgerufen am 15. Mai 2015.
14. Webre, »Time Travel and Political Control«, *Exopolitics: Politics, Government and Law in the Universe*, http://bit.ly/LoBF0T, aufgerufen am 14. Mai 2015.
15. Relfe, *The Mars Records*, Vol. 2, p. 204.
16. Ibid, p. 205.
17. Ibid, p. 203.
18. Ibid, Vol. 1, p. 65, p. 77.
19. Ibid., Vol. 2, p. 110.
20. Webre, »Archons – Exorcising Hidden Controllers with Robert Stanley and Laura Eisenhower«, http://exopolitics.blogs.com/exopolitics/2011/12/archons-exorcising-hidden-controllers-with-robert-stanley-and-laura-eisenhower.html, aufgerufen am 14. Mai 2015.
21. Ibid.
22. Ibid.
23. John Lash, »Who Wrote the Reptilian Agenda?«, UFO Digest, http://bit.ly/1cLWRXT, aufgerufen am 14. Mai 2015.

24. Robinson et al., *NHC II*, 1:28.16, wie zitiert in: Webre, »Archons – Exorcising Hidden Controllers with Robert Stanley and Laura Eisenhower«, http://exopolitics.blogs.com/exopolitics/2011/12/archons-exorcising-hidden-controllers-with-robert-stanley-and-laura-eisenhower.html, aufgerufen am 26. Juni 2015.
25. Siehe Australian Close Encounter Research Network (ACERN), http://bit.ly/18DVPed, aufgerufen am 14. Mai 2015.
26. Mary Rodwell, »Extraterrestrials, Human Consciousness and Dimensions of Soul: The Intimate Connection«, *Exopolitics: Politics, Government and Law in the Universe*, http://bit.ly/19TrVWY, aufgerufen am 4. Mai 2015.
27. Ibid.
28. Ibid.
29. Ibid.
30. Ibid.
31. Ibid.

Kapitel 5 – Lenkungsstrukturen der intelligenten Zivilisationen

1. Andrei Linde und Vitaly Vanchurin, »How Many Universes Are in the Multiverse?«, Cornell University Library online, http://bit.ly/HtbdEr, aufgerufen am 14. Mai 2015; Randy Krum, »How Many Alien Civilizations Are There in the Galaxy?«, Cool Infographics, http://bit.ly/16ygWlH, aufgerufen am 14. Mai 2015.
2. Lindy Newlove-Eriksson und Johan Eriksson, »Governance beyond the Global: Who Controls the Extraterrestrial?«, Allacademic Research online, http://bit.ly/1g6woaX, aufgerufen am 14. Mai 2015; C. S. Cockell, »Liberty and the Limits to the Extraterrestrial State«, JBIS online, http://bit.ly/1crfovd, aufgerufen am 14. Mai 2015.
3. Arjun Walla, »Russian Prime Minister Confirms the Existence of Intelligent Extraterrestrial Life«, Collective Evolution, http://bit.ly/1hYqkT4, aufgerufen am 15. Mai 2015.
4. Brown, *Cosmic Explorers*, p. 147-177.
5. »What Is Remote Viewing?«, The Farsight Institute, http://bit.ly/1iB4cNb, aufgerufen am 15. Mai 2015.
6. Brown, *Cosmic Voyage*, p. 92.
7. Webre, »ET Council: Seeded *Homo sapiens* as Intelligent Beings with 12-strand DNA«, Examiner, http://exm.nr/1h6KiOF, aufgerufen am 15. Mai 2015.
8. Webre, »ET Council: We Will Increase UFOs, Address U.N. in 2014, Renew Ecology in 2015«, Examiner, http://exm.nr/HtiNyQ, aufgerufen am 15. Mai 2015; »More Predicted UFO Sightings over New York Confirm ET

Will Intervene in Ecology«, Examiner, http://exm.nr/17CmVq5, aufgerufen am 15. Mai 2015; »Stanley Fulham Dies, Warned ETs«, Examiner, http://exm.nr/16T0j6m, aufgerufen am 15. Mai 2015.
9. Webre, »ET Council«.
10. Webre, »More Predicted UFO Sightings over New York Confirm ET Will Intervene in Ecology«, http://ufodigest.com/article/more-predicted-ufo-sightings-over-new-york-confirm-ets-will-intervene-earths-ecology, aufgerufen am 26. Juni 2015.
11. Webre, »ET Council«.
12. Webre, »Are the UFOs Appearing in Russia Skies in Dec. 2010 Fulham's Predicted UFO Wave?«, Examiner, http://exm.nr/17y2DQW.
13. Ibid.
14. Fulham, *Challenges of Change.*
15. Persönliche Mitteilung.
16. Webre, »January 2011 UFO Wave over Moscow Is 3rd Independent Confirmation of ET Council«, http://www.bibliotecapleyades.net/disclosure/disclosure34.htm, aufgerufen am 26. Juni 2015.
17. Webre, »More Predicted UFO Sightings«; Webre, »January 2011 UFO Wave«.
18. Persönliche Mitteilung, E-Mail des Experten Randy Kitchur.
19. »Jewish Rabbi Details Possible Hebrew Calendar Rapture Timeline«, http://bit.ly/1ctlzyU, aufgerufen am 15. Mai 2015.
20. Webre, »Part 2 – Peter Kling: Christ Returns As an Extraterrestrial with the Armies of the Multiverse to Defeat the NWO?«, Exopolitics, http://bit.ly/JSviEI, aufgerufen am 15. Mai 2015.
21. Webre, »UFO Expert: Stanley Fulham UFO Predictions Fulfilled over NY, Moscow and London«, www.examiner.com/article/ufoexpert-stanley-fulham-ufo-predictions-fulfilled-over-ny-moscow-andlondon#ixzz1E0bhe8ir, aufgerufen am 30. Juni 2015.
22. Ibid.

Kapitel 6 – Die Dimensionen des Zwischenlebens

1. Senkowski, »Instrumental Transcommunication ITC«, http://itcvoices.org/wp-content/uploads/2015/04/Instrumental-Transcommunication-Senkowski-Full.pdf, aufgerufen am 26. Juni 2015.
2. Ibid.
3. Zammit und Zammit, *A Lawyer Presents the Evidence,* p. 165.
4. Ervin Laszlo, »An Unexplored Domain of Nonlocality«, www.worlditc.org/f_21_laszlo_scientific_explanation_of_itc.htm, aufgerufen am 26. Juni 2015.

5. Senkowski, »Instrumental Transcommunication ITC«, http://itcvoices.org/wp-ontent/uploads/2015/04/Instrumental-Transcommunication-Senkowski-Full.pdf, aufgerufen am 26. Juni 2015.
6. Zammit und Zammit, *A Lawyer Presents the Evidence*, p. 158.
7. Ibid, p. 158; Kubris und Macy, *Conversations Beyond the Light*, p. 102.
8. Ibid, p. 159.
9. Ibid, p. 159; Ostrander und Schroeder, *Psychic Discoveries Behind the Iron Curtain.*
10. Ostrander und Schroeder, *Psychic Discoveries Behind the Iron Curtain*; Zammit und Zammit, *A Lawyer Presents the Evidence*, p. 158-159.
11. Basiago, »The Sources of Time Travel«, http://bit.ly/1cPmciU, aufgerufen am 9. Mai 2015.
12. Mark Williams, »Invention of a Machine for Photographing the Past«, Project Pegasus, http://on.fb.me/HykL0u, aufgerufen am 15. Mai 2015.
13. Kevin Williams, »Dr. Ian Stevenson's Reincarnation Research«, http://bit.ly/HKqjF9, aufgerufen am 15. Mai 2015.
14. Ibid.
15. Ibid.
16. Fontana, *Is There An Afterlife?*
17. Ring, *Lessons from the Light;* Moody, *Life after Life.*
18. Zammit und Zammit, *A Lawyer Presents the Evidence*, p. 22-30.
19. Ibid, p. 111.
20. Berman und Lanza, *Biocentrism*, p. 159.
21. Anna Lemind, »Quantum Theory Proves That Consciousness Moves to Another Universe after Death«, Learning Mind, http://bit.ly/1f6wQFk, aufgerufen am 15. Mai 2015.

Kapitel 7 – Die intelligenten Zivilisationen der Seelen

1. Peake, *Is There Life After Death?*, p. 5039-5040.
2. Tim Miejan, »Journey of Souls with Michael Newton«, The Edge, http://bit.ly/1bpsY2m, aufgerufen am 15. Mai 2015.
3. Newton, *Destiny of Souls*, p. 1566-1567.
4. Newton, *Journey of Souls*, p. 127.
5. Newton, *Destiny of Souls*, p. 2261–2269.
6. Pereira, *Arcturan Star Chronicles.*
7. Newton, *Journey of Souls*, p. 103.
8. Newton, *Destiny of Souls*, p. 86.
9. Ibid, p. 340.
10. Newton, *Journey of Souls*, p. 261-265, 287-294, 294-296.
11. Ibid, p. 2325-2326.

12. Ibid.
13. Ibid, p. 2330-2334, 2339-2341.
14. Newton, *Destiny of Souls*, p. 5615-5620.
15. Ibid, p. 354.
16. Newton, *Journey of Souls*, p. 160.
17. Newton, *Destiny of Souls*, p. 619-634.
18. Wilcock, *The Synchronicity Key*, p. 194-195.
19. Newton, *Journey of Souls*, p. 3170-3176.
20. Mary Rodwell, »Extraterrestrials, Human Consciousness and Dimensions of Soul: The Intimate Connection«, http://bit.ly/19TrVWY, aufgerufen am 15. Mai 2015.

Kapitel 8 – Die Rolle hyperdimensionaler Zivilisationen im Omniversum

1. Alfred Webre, »NZ UFO Expert Describes Grey ET Management of Human Souls & Bodies Aboard Grey ET Spacecraft«, *Exopolitics: Politics, Government and Law in the Universe*, http://bit.ly/17Y7MSq, aufgerufen am 26. Juni 2015; Webre, »NZ UFO Expert: On a UFO, Grey ETs merged My Son's Soul into His Body in My Womb«, https://springd6.wordpress.com/2014/10/16/nz-ufo-expert-on-a-ufo-grey-ets-merged-my-sons-soul-into-his-body-in-my-womb, aufgerufen am 26. Juni 2015.
2. Webre, »NZ UFO Expert Describes Grey ET Management of Human Souls«; »NZ UFO Expert: On a UFO, Grey ETs merged My Son's Soul«.
3. Ibid.
4. Persönliche Mitteilung; Erklärung, die Suzanne Hansen dem Autor via E-Mail zum Zeitpunkt, als das Interview veröffentlicht wurde (Januar 2011), zukommen ließ.
5. Siehe »NZ UFO Expert Describes« und »Exopolitics TV – Grey ETs and the Human Soul with Suzanne Hansen and Alfred Lambremont«, www.youtube.com/watch?v=BgAi4A2Twzw, aufgerufen am 25. Juni 2015.
6. Ibid.
7. Webre, »NZ UFO Expert Describes«.
8. Montaldo, »Research Discussion with Host Joe Montaldo by Author on His Radio Program on ›UFO Undercover‹«, http://bit.ly/1aEN6v7, aufgerufen am 26. Juni 2015.

Schlusswort – Das Omniversum, wissenschaftlich betrachtet

1. »Report of Scientific Advisory Panel on Unidentified Flying Objects Convened by Office of Scientific Intelligence, CIA«, http://bit.ly/15ry5Na, aufgerufen am 15. Mai 2015.

2. Newton, *Journey of Souls*, p. 123.
3. Alfred Webre, »GOOD NEWS! Universe Singularity Now Emanating Pre-Wave Energy for ›Enlightened Unity Consciousness‹«, *Exopolitics: Politics, Government and Law in the Universe*, http://bit.ly/1avePQ0, aufgerufen am 15. Mai 2015.
4. Ibid.
5. Webre, »Is the ET Council 2015 Ecology Cleanup a Prelude to 2025 ›Paradise on Earth‹?«, http://exopolitics.blogs.com/exopolitics/2010/12/is-the-et-council-2015-ecology-cleanup-a-prelude-to-2025-paradise-on-earth.html, aufgerufen am 26. Juni 2015.
6. Webre, »Mary Rodwell – ETs, Souls, The New Humans and a Coming Global Shift«, http://bit.ly/17tBY7B, aufgerufen am 13. Mai 2015.
7. »Occupy Adam's Calendar Part 1, Extraterrestrial Genetic Manipulation«, *Exopolitics: Politics, Government and Law in the Universe*, http://bit.ly/W9o4jH, aufgerufen am 15. Mai 2015.

Literaturverzeichnis

Albo, Frank. »The Cipher Golden Boy: Occult Symbolism in the Manitoba Legislative Building«, in: *Manitoba Culture, Heritage and Citizenship*, Winnipeg/Manitoba 2010.

Allen, Rayelan. *The Obergon Chronicles.* BookSurge Publishing 2006.

Amoroso, Richard L. & Elizabeth A. Rauscher. *The Holographic Anthropic Multiverse: Formalizing the Complex Geometry of Reality.* Noetic Advanced Studies Institute, Technic Research Laboratories, Oakland/Kalifornien 2009.

Ann, Kristen. *Exploring Sacred Space.* Vast Quest Ventures 2011.

Anthony, Sebastian. »Astronomers Estimate 100 Billion Habitable Earth-like Planets in the Milky Way, 50 Sextillion in the Universe«, *ExtremeTech.com*, http://bit.ly/13UiMgU, aufgerufen am 1. Juli 2015.

Barrett, Sonia. *The Holographic Canvas.* Time Line Publishing, Hollywood/Kalifornien 2007.

Bateman, Wesley H. *Through Alien Eyes.* Light Technology Publishing, Sedona/Arizona 2000.

Belitsos, Byron. *The Adventure of Being Human: Lessons on Soulful Living from the Heart of the Urantia Revelation.* Origin Press, Kalifornien 2012.

Berliner, Don & Whitley Strieber [Hrsg]. »International Agreements and Resolutions — United Nations«, in: *UFO Briefing Document: The Best Available Evidence.* Dell, New York 2000.

Berman, Bob & Robert Lanza. *Biocentrism: How Life and Consciousness Are the Keys to Understanding the True Nature of the Universe.* BenBella Books, Kindle Edition 2010.

Bertell, Rosalie. *Planet Earth: The Latest Weapon of War.* Black Rose Books, Montreal/Kanada 2001. – Dt. Ausgabe: *Kriegswaffe Planet Erde*, J. K. Fischer Verlag, Gelnhausen-Roth 2016.

Blazquez, Francisca. *Dimensionalismo*. Museo Casa de la Moneda, Madrid/Spanien 2007.

Blazquez, Francisca & Joan Lluis Montane. *El Paraiso de la Nueva Luz*. Mandala Ediciones, Madrid/Spanien 2010.

Bourdais, Gildas. *COMETA – The French Report on UFOs and Defense: A Summary*. Center for UFO Studies (CUFOS), Chicago 1999.

Brown, Courtney. *Cosmic Explorers*. Dutton, New York 1999.

———. *Cosmic Voyage*. Dutton, Penguin Group, New York 1996. – Dt. Ausgabe: *Kosmische Begegnung*, Knaur Verlag, München 1997.

———. *Remote Viewing: The Science and Theory of Non-Physical Perception*. Farsight Press 2005.

Calleman, Carl Johan. *The Mayan Calendar and the Transformation of Consciousness*. Bear & Company, Rochester/Vermont 2004. – Dt. Ausgabe: *Der Maya Kalender und die Transformation des Bewusstseins*, Verlag der EU-Umweltakademie, Rosenheim 2007.

———. *The Purposeful Universe*. Bear & Company, Rochester/Vermont 2009. – Dt. Ausgabe: *Das absichtsvolle Universum*. Amra Verlag, Hanau 2017; auch als eBook.

Cameron, Grant. »UFO Studies Done and Proposed by the Carter Administration«, www.presidentialufo.com (2005), aufgerufen am 1. Juli 2015.

Cameron, Tilde & Tina Fiorde. *A Book of Insight*. Stone Circle Publishing, Copquitlam/British Columbia 2010.

Carlsberg, Kim. *Beyond My Wildest Dreams*. Bear & Company, Santa Fé/New Mexico 1995.

———. *The Art of Close Encounters*. Close Encounters Publishing, Sedona/Arizona 2010.

Carroll, Judy. *Human by Day, Zeta by Night: A Dramatic Account of Zetas Incarnating as Humans*. Wildflower Press, Columbus/North Carolina 2011.

——— & Helene Kaye. *The Zeta Message: Connecting All Beings in Oneness*. Wildflower Press, Columbus/North Carolina 2011.

Carter, Chris. *Science and Psychic Phenomena*. Inner Traditions, Rochester/Vermont 2007.

Chalker, Bill. *Hair of the Alien: DNA and Other Forensic Evidence of Alien Abduction*. Pocket Books 2005.

Chevalier, Andre. *I Speak to the Dead*. www.Amazon.com, Montreal/Kanada 2010.

Clow, Barbara Hand. *Awakening the Planetary Mind: Beyond the Trauma of the Past to a New Era of Creativity*. Bear & Company, Rochester/Vermont 2011.

———. *Catastrophobia: The Truth Behind Earth Changes in the Coming Age of Light*. Bear & Company, Rochester/Vermont 2001.

———. *The Mayan Code: Time Acceleration and Awakening the World Mind.* Bear & Company, Rochester/Vermont 2007. – Dt. Ausgabe: *Der Maya Code. Beschleunigte Zeit und das Erwachen des globalen Bewusstseins*, Amra Verlag, Hanau 2010.

———. *The Mind Chronicles: A Visionary Guide into Past Lives.* Bear & Company, Rochester/Vermont 2006.

———. *The Pleiadian Agenda: A New Cosmology for the Age of Light.* Bear & Company, Santa Fé/New Mexico 1995. – Dt. Ausgabe: *Plejadisches Kursbuch*, Goldmann Verlag, München 1997.

——— [mit Gerry Clow]. *Alchemy of Nine Dimensions.* Hampton Roads, Charlottesville/Virginia 2004.

Cockell, C. S. »Liberty and the Limits to the Extraterrestrial State«, in: *Journal of the British Interplanetary Society* No. 62, p. 139-157 (2009).

Colli, Janet Elizabeth. *Sacred Encounters: Spiritual Awakenings During Close Encounters.* Xlibiris, Bloomington/Indiana 2004.

Colombo, John Robert. *Extraordinary Experiences.* Hounslow Press, Toronto/Kanada 1999.

Cook, Nick. *The Hunt for Zero Point.* Broadway Books, New York 2002. – Dt. Ausgabe: *Die Jagd nach Zero Point.* Mosquito Verlag, Potsdam 2006.

Cooper, L. Gordon. »Astronaut Gordon Cooper Addressing UN Panel Discussion on UFOs and ETs, 1985«, in: *UFO Universe 1*, No. 3, November 1988.

Corak, Vedia Bulent (Onsu). *The Knowledge Book.* World Brotherhood Union Mevlana Supreme Foundation, Istanbul/Türkei 1995.

Cori, Patricia. *Before We Leave You*, North Atlantic Books, Berkeley/Kalifornien 2011. – Dt. Ausgabe: *Bevor wir euch verlassen. Botschaften der Wale und Delfine an die Menschen*, Amra Verlag, Hanau 2013.

———. *No More Secrets, No More Lies*, North Atlantic Books, Berkeley/Kalifornien 2008. – Dt. Ausgabe: *Keine Lügen, keine Geheimnisse mehr*, Neue Erde Verlag, Saarbrücken 2004.

Corso, Philip J. [mit William J. Birnes]. *The Day After Roswell.* Simon & Schuster, New York 1997. – Dt. Ausgabe: *Der Tag nach Roswell*, Kopp Verlag, Rottenburg 1998; auch als Taschenbuch 2002 im Goldman Verlag.

Deane, Ashayana. *Voyagers: The Sleeping Abductees.* Wildfire Press, Columbus/North Carolina 2001.

Deardorff, James & Bernard Haisch, Bruce Maccabee, Hal E. Puthoff. »Inflation-theory Implications for Extraterrestrial Visitation«, in: *Journal of the British Interplanetary Society 58*, p. 43-50 (2005).

Dewhurst, Richard J. *The Ancient Giants Who Ruled America.* Bear & Company, Rochester/Vermont 2014.

Dickinson, Terence & Adolf Schaller, *Extraterrestrials: A Field Guide for Earth-*

lings. Camden House, Firefly Books, Buffalo/New York 1994.

Dolan, Richard M. *UFOs and the National Security State: Chronology of a Cover-up, 1941–1973*. Hampton Roads Publishing, Newburyport/Massachusetts 2002.

——— & Linda Moulton Howe. *UFOs and the National Security State, Vol. 2: The Cover-Up Exposed, 1973–1991*. Keyhole Publishing 2009.

——— & Bryce Zabel und Jim Marrs. *A. D. After Disclosure: When the Government Finally Reveals the Truth About Alien Contact*. New Page Books, Wayne/New Jersey 2012.

Dvorsky, George. »How to Measure the Power of Alien Civilizations Using the Kardashev Scale«, http://bit.ly/J3G0Yy, 25. Februar 2013, aufgerufen am 1. Juli 2015.

Dyer, M. G. »Quantum Physics and Consciousness, Creativity, Computers: A Commentary on Goswami's Quantum-based Theory of Consciousness and Free Will«, in: *Journal Mind and Behavior 15*, p. 265-290 (1994).

Eisenhower, Jean. *Rattlesnake Fire*. Paradigm Salon Publishing, Silver City/New Mexico 2010.

Elder, Paul. *Eyes of an Angel*. Hampton Roads, Charlottesville/Virginia 2005.

Elkins, Don & Carla Rueckert, James Allen McCarty. *The Ra Material: An Ancient Astronaut Speaks, The Law of One, Nos. I-IV*. Whiteford Press 1984. – Dt. Ausgabe: *Das Gesetz des Einen. Das Ra-Material. Reine Textausgabe. Gesamtausgabe*, Gesetz Des Einen Verlag, Bielefeld 2016.

Ellegion, Michael & Aurora Light. *Prepare for the Landings*. Vortex, Scottsdale/Arizona 2008.

Ellis, George F. R. »Does the Multiverse Really Exist?«, in: *Scientific American*, 19. Juli 2011, www.scientificamerican.com/article.cfm?id=does-the-multiverse-really-exist, aufgerufen am 1. Juli 2015.

Essene, Virginia & Sheldon Nidle, *You are Becoming a Galactic Human*. Spiritual Education Endeavors, Santa Clara/Kalifornien 1994. – Dt. Ausgabe: *Nachricht vom Sirius. Der Photonenring*, Ch. Falk Verlag, Seeon-Seebruck 1996.

Eure, Robert Frank. *The Mysterious Vistors*. Xlibris, Bloomington/Indiana 2004.

Fernandes, Fernando & Joaquim Fernandes, Raul Berenguel. *The Fatima Trilogy*, herausgegeben von Andrew D. Basiago and Eva M. Thomson. Anomalist Books, San Antonio/Texas 2008.

Flem-Ath, Rand & Colin Wilson. *The Atlantis Blueprint*. Time-Warner, New York 2000.

Fulham, Stanley A. *Challenges of Change*. Amisk Enterprises, Winnipeg/Manitoba 2010.

Fontana, David. *Is There An Afterlife? A Comprehensive Overview of the Evidence*. NBN Books, Blue Ridge Summit/Pennsylvania 2005.

———. *Life Beyond Life: What Should We Expect?* Watkins Publishing, London 2009.

Garland, Joe. »The Kardashev Scale – Type I, II, III, IV & V Civilization«, in: *Quarks to Quasars*, 8. Oktober 2013, http://bit.ly/1bNRJBm, aufgerufen am 1. Juli 2015.

Garriga, Jaume & Alexander Vilenkin. »Many Worlds in One«, in: *Physical Review* No. 043511, D64, 26. Juli 2001.

Gibson, Mitchell Earl. *Your Immortal Body of Light.* Reality Entertainment, Forest Hill/Kalifornien 2006.

Good, Timothy. *Alien Contact.* William Morrow, New York 1993. – Dt. Ausgabe: *Top Secret. Die UFO-Akten*, Knaur Verlag, München 1999.

Goswami, Amit. »Consciousness in Quantum Physics and the Mind-body Problem«, in: *Journal Mind and Behavior 11*, No. 1, p. 75-96 (Winter 1990).

———. »Monistic Idealism May Provide Better Ontology for Cognitive Science: A Reply to Dyer«, in: *Journal Mind and Behavior 16*, No. 2, p. 135-150 (Frühling 1995).

———. »The Idealistic Interpretation of Quantum Mechanics« in: *Physical Essays 2*, p. 385-400 (1989).

———. *The Self-Aware Universe: How Consciousness Creates the Material World.* Tarcher/Putnam, New York 1993. – Dt. Ausgabe: *Das bewusste Universum*, Lüchow Verlag, Berlin 2002.

Greene, Brian. *The Hidden Reality: Parallel Universes and the Hidden Laws of the Cosmos.* Knopf, New York 2011. – Dt. Ausgabe: *Die verborgene Wirklichkeit*, Pantheon Verlag, München 2013.

Greene, Brian et al. »What Is Life Like in Other Parts of the Multiverse?", in: *Scientific American*, 21. November 2011, www.scientificamerican.com/article.cfm?id=fabric-of-the-cosmos-multiverse, aufgerufen am 1. Juli 2015.

Greer, Steven M. *Disclosure: Military and Government Witnesses Reveal the Greatest Secrets in Modern History,* Crossing Point Inc., Virginia 2001.

———. *Extraterrestrial Contact: The Evidence and Implications.* Crossing Point Inc., Virginia 2013.

———. *Hidden Truth: Forbidden Knowledge.* Crossing Point Inc., Virginia 2006. – Dt. Ausgabe: *Verborgene Wahrheit, verbotenes Wissen*, Mosquito Verlag, Potsdam 2007.

Haich, Elizabeth. *Initiation.* Aurora Press, Santa Fé/New Mexico 2000. – Dt. Ausgabe: *Einweihung*, Aquamarin Verlag, Grafing 2015.

Hardcastle, Rebecca. *Exoconsciousness: Your 21st Century Mind.* Author House, Bloomington/Indiana 2008.

Harper, John Jay. *Tranceformers: Shamans of the 21st Century.* Reality Entertainment, Foresthill/Kalifornien 2006.

Harris, Fred & Byron Belitsos [Hrsg.]. *The Center Within.* Origin Press, Novato/Kalifornien 1998.

Harris, Paola Leopizzi. *Connecting the Dots: Making Sense of the UFO Phenomenon.* Author House, Bloomington/Indiana 2005.

———. *Exopolitics: All the Above.* Author House, Bloomington/Indiana 2009.

———. *Exopolitics: How Does One Speak To A Ball Of Light?* Author House, Bloomington/Indiana 2007.

Hawkins, David R., *Power vs. Force.* Hay House, Carlsbad/Kalifornien 2002. – Dt. Ausgabe: *Die Ebenen des Bewusstseins*, VAK Verlag, Kirchzarten 2014.

Haze, Xaviant. *Aliens in Ancient Egypt.* Bear & Company, Rochester/Vermont 2013.

Hellyer, Paul. *Light at the End of the Tunnel.* Bloomington/Indiana 2010.

Helmenstine, Anne Marie. »Scientific Hypothesis, Theory, Law definitions, Learn the Language of Science«, in: *About Education*, http://bit.ly/bV90Rj, aufgerufen am 1. Juli 2015.

Horowitz, Leonard. *Walk on Water.* Tetrahedron, Sandpoint/Indiana 2006.

Huneeus, Antonio. »Statement to the Second Symposium on Extraterrestrial Intelligence and the Human Future, UN Society for Enlightenment and Transformation (SEAT)«, nachgedruckt im *SEAT Newsletter*, Dezember 1993.

Hurtak, J. J. *The Keys of Enoch.* The Academy for Future Science, Los Gatos/Kalifornien 1977. – Dt. Ausgabe: *Das Buch des Wissens. Die Schlüssel des Enoch*, Akademie für die Wissenschaft der Zukunft, Bischofszell 1996.

Huyghe, Patrick & Dennis Stacy. *The Field Guide to Extraterrestrials: A Complete Overview of Alien Life Forms Based on Actual Accounts and Sightings.* Avon Books, New York 1996.

Hynek, J. Allen. »Dr. J. Allen Hynek Speaking at the United Nations, November 27th, 1978«, UFO Evidence, www.ufoevidence.org/documents/doc757.htm, aufgerufen am 1. Juli 2015.

———. *The UFO Experience: A Scientific Inquiry.* Marlowe & Co., Washington D.C. 1998. – Dt. Ausgabe: *Ufo-Report. Ein Forschungsbericht*, Goldmann Verlag, München 1978.

——— & Jacques Vallée. *The Edge of Reality: A Progress Report on the Unidentified Flying Objects.* Quality Books, Oregon/Illinois 1975.

Jacobs, David M. *The Threat.* Simon & Schuster, New York 1998. – Dt. Ausgabe: *Bedrohung. Die geheime Invasion der Aliens*, Kopp Verlag, Rottenburg 2001.

———. *Walking Among Us: The Alien Plan to Control Humanity.* Red Wheel/Weiser, San Francisco 2015. – Dt. Ausgabe: *Alien-Hybriden! Sie sind mitten unter uns. Der Plan der Außerirdischen, die Menschheit zu unterwerfen*, Amra Verlag, Hanau 2017.

Julien, Eric. *The Science of Extraterrestrials.* Allies Books, Fort Oglethorpe/Georgia 2006.

Jung, Carl G. »Dr. Carl Jung on Unidentified Flying Objects«, in: *Flying Saucer Review 1*, No. 2 (1955).

Justice, J. *DNA in the Sands of Time.* Rosedog Books, Pittsburgh/Pennsylvania 2006.

Kanazawa, Satoshi. »Do Extraordinary Claims Require Extraordinary Evidence?«, in: *Psychology Today*, http://bit.ly/1chFcqK, aufgerufen am 1. Juli 2015.

Kardashev, Nikolai. »Transmission of Information by Extraterrestrial Civilizations«, in: *Soviet Astron 8*, p. 217 (1964).

Kardec, Allan. *The Spirits Book: 1019 Questions and Answers about the Immortality of the Soul.* White Crow, Guilford/Großbritannien 2009. – Dt. Ausgabe: *Das Buch der Geister*, Schirner Verlag, Darmstadt 2004.

Kean, Leslie. *UFOs: Generals, Pilots and Government Officials Go on the Record.* Three Rivers Press, New York 2011. – Dt. Ausgabe: *UFOs. Generäle, Piloten und Regierungsvertreter brechen ihr Schweigen,* Kopp Verlag, Rottenburg 2012.

Kitei, Lynne D. *The Phoenix Lights.* Hampton Roads, Charlottesville/Virginia 2004.

Kling, Peter. *Letters to Earth.* Eloquent Books, Durham/Connecticut 2009.

Knight-Jadczyk, Laura. *High Strangeness: Hyperdimensions and the Process of Alien Abduction.* Red Pill Press, Grand Prairie/Alberta 2008.

Komarek, Ed. *UFOs, Exopolitics and the New World Disorder.* Shoestring Publishing, Cairo/Georgia 2012.

Kramer, Miriam. »Scale of Universe Measured with 1 Percent Accuracy«, Space.com, http://bit.ly/1e96Rhq, aufgerufen am 1. Juli 2015.

Krapf, Philip H. *Meetings with Paul: An Atheist Discovers His Guardian Angel.* Origin Press, San Rafael/Kalifornien 2008.

———. *The Contact Has Begun.* Hay House, Carlsbad/Kalifornien 2001.

Krauss, Lawrence M. *A Universe from Nothing,* Simon & Schuster, New York 2012. – Dt. Ausgabe: *Ein Universum aus Nichts*, Knaus Verlag, München 2013.

Kubris, P. & M. Macy. *Conversations Beyond the Light with Departed Friends and Colleagues by Electronic Means.* Griffin Publishing, Boulder/Colorado 1995.

LaViolette, Paul A. *Decoding the Message of the Pulsars.* Bear & Company, Rochester/Vermont 2006. – Dt. Ausgabe: *Die Botschaft der Pulsare*, Mosquito Verlag, Potsdam 2011.

———. *Secrets of Antigravity Propulsion.* Bear & Company, Rochester/Vermont 2008. – Dt. Ausgabe: *Verschlusssache Antigravitationsantrieb*, Kopp Verlag, Rottenburg 2010.

———. *The Talk of the Galaxy.* Starlane Publications, Alexandria/Virginia 2000.

Ledwith, Miceál & Klaus Heinemann. *The Orb Project.* Atria Books, New York 2007. – Dt. Ausgabe: *Das Orb Projekt,* Goldmann Verlag, München 2008.

Linde, Andrei. »Inflation, quantum cosmology and the anthropic principle«, in: *Science and Ultimate Reality: From Quantum to Cosmos,* herausgegeben von J. D. Barrow, P. C. W. Davies & C. L. Harper, Cambridge University Press, Cambridge 2003.

Lipton, Bruce H. *The Biology of Belief.* Hay House, Carlsbad/Kalifornien 2008. – Dt. Ausgabe: *Intelligente Zellen,* Koha Verlag, Burgrain 2016 [aktualisierte und erweiterte Neuausgabe].

Lloyd, Andy. *Dark Star.* Timeless Voyager Press, Santa Barbara/Kalifornien 2005. – Dt. Ausgabe: *Dunkelstern. Planet X – die Beweise,* Kopp Verlag, Rottenburg 2008.

Lobuono, George. *Alien Mind: The Thought and Behavior of Extraterrestrials.* QC Press, Davis/Kalifornien 2010.

Lora, Doris & Russell Targ. »How I Was a Psychic Spy for the CIA and Found God«, Institute for Noetic Sciences (IONS), Oakland/Kalifornien 2003.

Lorgen, Eve. *The Love Bite: Alien Interference in Human Love Relationships.* E Logos, Bonsall/Kalifornien 1999.

Love, Frank. *The Broken Code.* Author House, Bloomington/Indiana 2007.

Mack, John E. *Passport to the Cosmos: Human Transformation and Alien Encounters.* Crown, New York 1999.

Maddaloni, Vincenzo. »Invention of a Machine for Photographing the Past«, in: *Domenica del Corriere 74,* No. 18, p. 26-29 (2. Mai 1972).

Manning, Jeane & Joel Garbon. *Breakthrough Power.* Amber Bridge Books, Vancouver/British Columbia 2009. – Dt. Ausgabe: *Overunity. Eine Reportage über die Jagd nach freier Energie,* Mobiwell Verlag, Immenstadt 2012.

Mannion, Michael. *Project Mindshift: The Re-education of the American Public Concerning Extraterrestrial Life 1947-1997,* M. Evans & Company, Lanham/Maryland 1998.

Markowitz, Clara. »Five Reasons We May Live in a Multiverse«, Space.com, 7. Dezember 2012, http://bit.ly/18Q7t8N, aufgerufen am 1. Juli 2015.

Marrs, Jim. *Alien Agenda: Investigating the Extraterrestrial Presence Among Us.* Harper Collins, New York 2000.

———. *Psi Spies,* Alien Zoo Publishers, Phoenix/Arizona 2000.

Marzulli, L. A. *Politics, Prophecy & the Supernatural.* Anomalos Publishing, Crane/Montana 2007.

McDonald, James E. »Dr. James McDonald's letter and statement to the United Nations, June 7th, 1967«, UFO Evidence, www.ufoevidence.org/documents/doc1056.htm, aufgerufen am 1. Juli 2015.

Meier, Eduard. *UFOs: Spaceships from Foreign Worlds.* FIGU, Schmidrüti/Thurgau 1999.

Miejan, Tim. »Journey of Souls with Michael Newton«, EdgeMagazine.net, 1. Juli 1997, http://bit.ly/1bpsY2m, aufgerufen am 1. Juli 2015.

Mitchell, Bob & Jason Quitt, *Forbidden Knowledge. Revelations of a Multi-Dimensional Time Traveler*, CreateSpace Independent Publishing, Amazon 2016. – Dt. Ausgabe: *Verbotenes Wissen. Was auf unserer Welt wirklich geschieht.* Amra Verlag, Hanau 2017; auch als eBook.

Moody, Raymond A. *Life After Life.* Harper One, San Francisco 1975. – Dt. Ausgabe: *Leben nach dem Tod*, Rowohlt Verlag, Reinbek bei Hamburg 2002.

Moore, Judith K. *Song of Freedom.* Light Technology Publishing, Flagstaff/Arizona 2002.

Munoz, Daniel. *Enigma de los Circulos de Inglaterra.* Espacio Alternativo, Jiutepec, Morelos/Mexico 2009.

Newlove-Eriksson, Lindy & Johan Eriksson. »Governance Beyond the Global: Who Controls the Extraterrestrial?« in: *Globalizations 10*, No. 2 (2013).

Newton, Michael. *Destiny of Souls: New Case Studies of Life Between Lives.* Llewellyn Publications, Woodbury/Minnesota 2009. – Dt. Ausgabe: *Die Abenteuer der Seelen*, Artha Verlag, Oy-Mittelberg-Haslach 2001.

———. *Journey of Souls: Case Studies of Life Between Lives.* Llewellyn Publications, Woodbury/Minnesota 2008. – Dt. Ausgabe: *Die Reisen der Seele*, Artha Verlag, Oy-Mittelberg-Haslach 1996.

———. *Life Between Lives: Hypnotherapy for Spiritual Regression.* Llewellyn Publications, Woodbury/Minnesota 2004. – Dt. Ausgabe: *Leben zwischen den Leben*, Artha Verlag, Oy-Mittelberg-Haslach 2005.

Norman, Ernest L. *The Truth About Mars.* Unarius Academy of Science, El Cajon/Kalifornien 1998.

Oakford, David L. *Journey Through The World Of Spirit, God, Gaia And Guardian Angels.* Reality Entertainment, Forest Hill/Kalifornien 2007.

Ocean, Joan. »Dolphin Connection«, in: *Dolphin Connection,* Kailua/Hawaii 1996.

Ostrander, Sheila & Lynn Schroeder. *Psychic Discoveries Behind the Iron Curtain.* Random House, New York 1971. – Dt. Ausgabe: *PSI. Die Geheimformel für die wissenschaftliche Erforschung und praktische Nutzung übersinnlicher Kräfte des Geistes und der Seele*, Scherz Verlag, Bern und München 1970.

Palacios, Rafael. *Extraterrestres: El Secreto Mejor Guardado.* Palmyra Verlag, Madrid/Spanien 2009.

Paquin, Marguerite. *Manual for the Soul.* White Pup Press 2009.

Peake, Anthony. *Is There Life After Death?*, Arcturus Publishing, London 2006.

Pearse, Steve. *Set Your Phaser to Stun.* Xlibris, Bloomington 2011.

Penrose, Roger. *Shadows of the Mind.* Oxford University Press, Oxford 1994. – Dt. Ausgabe: *Schatten des Geistes*, Spektrum Akademischer Verlag, Heidelberg und Berlin 1995.

———. *The Emperor's New Mind.* Oxford University Press, Oxford 1989. – Dt. Ausgabe: *Computerdenken*, Spektrum Akademischer Verlag, Heidelberg und Berlin 2002.

Penrose, Roger & S. R. Hameroff. »Orchestrated Reduction of Quantum Coherence in Brain Microtubules: A Model for Consciousness«, in: *Toward a Science of Consciousness: The First Tucson Discussions and Debates,* herausgegeben von S. R. Hameroff, A. W. Kaszniak & A. C. Scott, MIT Press, Cambridge 1996.

Pereira, Patricia. *Arcturian Star Chronicles.* Beyond Words Publishing, Hillsboro/Oregon 1998.

Pinchbeck, Daniel. *2012: The Return of Questzalcoatl,* Tarcher, Penguin Group, New York 2006. – Dt. Ausgabe: *2012. Die Rückkehr der gefiederten Schlange.* Sphinx im Hugendubel Verlag, Kreuzlingen und München 2007.

»Possibilities in Parallel: Seeking the Multiverse«, *Scientific American*, 20. Mai 2013, http://books.scientificamerican.com/sa-ebooks/books/possibilities-in-parallel-seeking-the-multiverse, aufgerufen am 1. Juli 2015.

Proud, Louis. *The Secret Influence of the Moon.* Destiny Books, Rochester/Vermont 2013.

Puthoff, Hal E. »CIA-Initiated Remote Viewing at Stanford Research Institute«, in: *The Intelligencer: Journal of US Intelligence Studies 12*, No. 1 (2001).

Rees, Martin. *Our Cosmic Habitat.* Princeton University Press, Princeton/New Jersey 2001. – Dt. Ausgabe: *Das Rätsel unseres Universums. Hatte Gott eine Wahl?,* dtv Verlag, München 2006.

Religa, Stella & Byron Belitsos. *The Secret Revelation: Unveiling the Mystery of the Book of Revelation.* Origin Press, Novato/Kalifornien 2002.

Report of the Scientific Advisory Panel on Unidentified Flying Objects Convened by the Reynolds, C. F. Invoking the Light. McPherson's Printing Group, Maryborough, Victoria/Australien 2007; auch auf http://www.cufon.org/cufon/robert.htm.

Rhine, J. B. *Extra-Sensory Perception.* Bruce Humphries, Boston 1934.

———. *New World of the Mind.* William Sloane Associates, New York 1953. – Dt. Ausgabe: *Neuland der Seele*, Deutsche Verlags Anstalt, Stuttgart und Berlin 1938.

——— [Hrsg]. *Progress in Parapsychology.* Parapsychology Press, Durham/North Carolina 1971.

——— & R. Brier [Hrsg]. *Parapsychology Today.* Citadel Press, New York 1968.

——— & J. G. Pratt. *Parapsychology: Frontier Science of the Mind.* Charles C.

Thomas, Springfield/Illinois 1957. – Dt. Ausgabe: *Parapsychologie. Grenzwissenschaft der Psyche*, Francke Verlag, Bern und München 1962.

Ring, Kenneth & Evelyn Elsaesser-Valarino. *Lessons from the Light: What We Can Learn from Near-Death Experiences*. Moment Point Press, Needham/Massachusetts 1998/2006. – Dt. Ausgabe: *Im Angesicht des Lichts*, Ariston Verlag, Kreuzlingen und München 2002.

Risi, Armin. *TranscEnding the Global Power Game.* Light Technology Publishing, Flagstaff/Arizona 2003. – Dt. Ausgabe: *Machtwechsel auf der Erde*, Govinda Verlag, Jestetten 1999. [Die englische Fassung wurde vom Autor neu geschrieben und ist kompakter. Sie enthält auch wichtige Zusammenhänge aus den ersten beiden Bänden seiner Trilogie, *Gott und die Götter* sowie *Unsichtbare Welten.*]

Robinson, James M., et al. [Hrsg. & Übers.] *The Nag Hammadi Library in English.* Harper, New York 1998.

Rosen-Bizberg, Fran. *Orion Transmissions Prophecy, Vol. I.* Terapia Homa, Fundacja/Polen 2003.

Salla, Michael E. *Exopolitics: Political Implications of the Extraterrestrial Presence.* Dandelion Books, Tempe/Arizona 2003.

———. *Exposing U.S. Government Policies on Extraterrestrial Life: The Challenge of Exopolitics.* Exopolitics Institute, Pahoa/Hawaii 2012.

———. *Galactic Diplomacy: Getting to Yes with ET.* Exopolitics Institute, Pahoa/Hawaii 2013.

———. *Insiders Reveal Secret Space Programs & Extraterrestrial Alliances.* Exopolitics Institute, Pahoa/Hawaii 2015. – Dt. Ausgabe: *Geheime Weltraumprogramme & Extraterrestrische Allianzen*, Amra Verlag, Hanau 2017.

———. *Kennedy's Last Stand: Eisenhower, UFOs, MJ-12 & JFK's Assassination.* Exopolitics Institute, Pahoa/Hawaii 2013.

Sambhava, Padma & Robert A. F. Thurman. *The Tibetan Book of the Dead.* Viking, New York 2006. – Dt. Ausgabe: *Das Tibetische Totenbuch. Das Große Buch der Natürlichen Befreiung durch Verstehen im Zwischenzustand*, Fischer Verlag, Frankfurt 2003.

Sauder, Richard. *The Richard Sauder Briefing.* Roman Schmitt Verlag, Kirchberg 2010.

Schuessler, John F. »UFOs, the UN and GA 33/426«, HUFON Report Newsletter, Dezember 1992, www.ufoevidence.org/documents/doc748.htm, aufgerufen am 1. Juli 2015.

Scott, A. *Stairway to the Mind: The Controversial New Science of Consciousness.* Springer, New York 1995.

Seife, Charles. *Zero: The Biography of a Dangerous Idea.* Creative Print & Design, London 2000. – Dt. Ausgabe: *Zwilling der Unendlichkeit. Eine Biographie der Zahl Null*, Goldmann Verlag, München 2002.

Silva, Freddy. *Secrets of the Fields: The Science and Mysticism of Crop Circles.* Hampton Roads Publishing, Hampton Roads/Virginia 2002.

Sivananda, Swami. *Mind: Its Mysteries and Control.* Divine Life Society, Rishikesh/Indien 2009. – Dt. Ausgabe: *Die Kraft der Gedanken,* Mangalam Books im Yoga Vidya Verlag, Horn-Bad Meinberg 2003.

Smith, Jerry E. & George Piccard. *Secrets of the Holy Lance.* Adventures Unlimited Press, Kempton/Illinois 2005.

Sparks, Jim. *The Keepers.* Wildflower Press, Columbus/North Carolina 2006.

Stanley, Robert M. *Covert Encounters in Washington, D.C.* Unicus Press, Providence/Rhode Island 2011.

Stapp, Henry P. »The Copenhagen Interpretation«, in: *Amer. J. Phys. 40*, p. 1098-1116 (1972).

———. *Mind, Matter and Quantum Mechanics.* Springer, New York 1993.

———. »Attention, Intention and Will in Quantum Physics«, in: *J. Consc. Stud. 6* (24. Mai 1999).

Steiger, Brad. *Guardian Angels and Spirit Guides.* Signet, New York 1995.

Steinberg, Max. *Celestial Science.* Steinberg, New York 2011.

Stevenson, Ian. »A New Look at Maternal Impressions: An Analysis of 50 Published Cases and Reports of Two Recent Examples«, in: *J. Scientific Exploration 6*, p. 353-373 (1992).

———. »American Children Who Claim to Remember Previous Lives«, in: *J. Nervous and Mental Disease 17*, No. 1, p. 742-748 (1983).

———. *Cases of the Reincarnation Type. Vol. 1: Ten Cases in India.* University Press of Virginia, Charlottesville 1975.

———. *Children Who Remember Previous Lives.* University Press of Virginia, Charlottesville 1978. – Dt. Ausgaben: *Wiedergeburt. Kinder erinnern sich an frühere Erdenleben*, Aquamarin Verlag, Grafing 1989, und Zweitausendeins Verlag, Frankfurt am Main 1992.

———. »Phobias in Children Who Claim to Remember Previous Lives«, in: *J. Scientific Exploration 4*, p. 243-254 (1990).

———. *Science, the Self and Survival After Death: Selected Writings*, herausgegeben von Emily Williams Kelly, Rowman & Littlefield 2013.

Strieber, Whitley. *Transformation: The Breakthrough.* William Morrow & Co., Beech Tree Books, New York 1988. – Dt. Ausgabe: *Transformation*, Heyne Verlag, München 1997.

Sturrock, Peter A. *The UFO Enigma.* Warner Books, New York 1999.

Susskind, Leonard. *The Cosmic Landscape: String Theory and the Illusion of Intelligent Design.* Back Bay Books, New York 2006.

Talbot, Michael. *The Holographic Universe.* Harper Perennial, New York 1991. – Dt. Ausgabe: *Das holographische Universum*, Knaur Verlag, München 1992.

Targ, Russell. *The Reality of ESP: A Physicist's Proof of Psychic Abilities.* Quest Books, Wheaton/Illinois 2012. – Dt. Ausgabe: *PSI. Die Welt ist anders, als sie zu sein scheint,* Crotona Verlag, Amerang 2013.

——— & Jane Katra. »The Scientific and Spiritual Implications of Psychic Abilities«, in: *Altern. Therapy and Health Medicine 7,* No. 3, p. 143-149 (2001).

——— & Harold Puthoff. *Mind-Reach.* Hampton Roads, Charlottesville/Virginia 1977.

Tegmark, Max. »Is ›The Theory of Everything‹ Merely the Ultimate Ensemble Theory?«, in: *Annals Phys. 270,* No.1, p. 1-51 (20. November 1998).

Tellinger, Michael. *Slave Species of God.* Zulu Planet, Johannesburg/Südafrika 2009. Auch: *Slave Species of the Gods.* Bear & Company, Rochester/Vermont 2012. – Dt. Ausgabe: *Die Sklavenrasse der Götter.* Kopp Verlag, Rottenburg 2015.

Tellinger, Michael & Johan Heine. *Temples of the African Gods.* Zulu Planet, Waterval Boven/Südafrika 2009. Auch: *African Temples of the Anunnaki.* Bear & Company, Rochester/Vermont 2013. – Dt. Ausgabe: *Die afrikanischen Tempel der Anunnaki.* Kopp Verlag, Rottenburg 2015.

Titor, John & Bob Mitchell & Jason Quitt, *Disclosed! Chronicles of John Titor II,* CreateSpace Independent Publishing, Amazon 2016. – Dt. Ausgabe: *Aufgedeckt! Die Chroniken des John Titor II.* Amra Verlag, Hanau 2017; auch als eBook.

Torres, Noe & Ruben Uriarte. *Mexico's Roswell: The Chihuahua UFO Crash.* Roswell Books 2008.

Tramont, C. V. *From Birth to Rebirth: Gnostic Healing for the 21st Century.* Granite Publishing, Columbus/North Carolina 2008.

Tremblay, Rodrigue. *The Code for Global Ethics.* Amherst Prometheus Books, Amherst/New York 2010.

Tunich, José Alberto. *Encuentros Cercanos con Extraterrestres.* CEFAE, Buenos Aires/Argentinien 1999.

Vasquez, John & Bruce Stephen Holms. *Incident at Fort Benning.* Timeless Voyager Press, Santa Barbara/Kalifornien 2000.

Vaughan-Lee, Llewellyn. *Awakening the World.* Golden Sufi Center, Inverness/Kalifornien 2006. – [Bisher liegen zwei Kapitel der unter dem Titel *Das Erwachen der Welt* geplanten deutschen Ausgabe übersetzt vor: »Der erste Schritt«, https://www.goldensufi.org/g_a_der_erste_schritt.html, und »Kollidierende Kräfte«, https://www.goldensufi.org/g_a_kollidierende_kraefte.html.]

Vilenkin, Alexander. *Many Worlds in One: The Search for Other Universes.* Hill and Wang, New York 2006. – Dt. Ausgabe: *Kosmische Doppelgänger. Wie es zum Urknall kam – Wie unzählige Universen entstehen*, Spektrum Akademischer Verlag, Heidelberg und Berlin 2010.

——— & Max Tegmark. »The Case for Parallel Universes«, in: *Scientific American*, 11. Juli 2011, www.scientificamerican.com/article.cfm?id=multiverse-the-case-for-parallel-universe, aufgerufen am 1. Juli 2015.

Von Neumann, John. *Mathematical Foundations of Quantum Mechanics.* Princeton University Press, Princeton/New Jersey 1955. Dt. Ausgabe: *Mathematische Grundlagen der Quantenmechanik. Zweite Auflage.* Springer Verlag, Berlin und Heidelberg 1996.

Wallace, Tim. *Hidden Wisdom.* Disinformation Books, Newburyport/Massachusetts 2010.

Ward, Suzanne & Matthew Ward. *Tell Me About Heaven: A Firsthand Description of the Afterlife.* Matthew Books, Camas/Washington 2006. – Dt. Ausgabe: *Matthew, erzähl mir vom Himmel*, Chr. Falk Verlag, Seeon-Seebruck 2009.

Webre, Alfred Lambremont. *Exopolitics: A Decade of Contact.* Universe Books, Vancouver/British Columbia 2000.

———. *Exopolitics: Politics, Government and Law in the Universe,* Universe Books, Vancouver/British Columbia 2005.

———. *The Levesque Cases.* PSP Books, Ontario/Kanada 1990.

——— & Philipp H. Liss. *The Age of Cataclysm.* Berkley Publishing Company, New York 1975.

Wilber, Ken. *A Brief History of Everything,* Shamballa, Boston/Massachusetts 2007. – Dt. Ausgabe: *Eine kurze Geschichte des Kosmos*, Fischer Verlag, Frankfurt am Main 1997.

———. *Integral Spirituality: A Startling New Role for Religion in the Modern and Post Modern World.* Integral Books, Boston/Massachusetts 2007. – Dt. Ausgabe: *Integrale Spiritualität*, Kösel Verlag, München 2007.

Wilcock, David. *The Source Field Investigations: The Hidden Science and Lost Civilizations Behind the 2012 Prophecies.* Dutton, Penguin Group, New York 2011; verwendet wurde die mp3-Datei von Brilliance Audio (2012). – Dt. Ausgabe: *Die Urfeld-Forschungen. Wissenschaftliche Fakten belegen alte Weisheitslehren*, Kopp Verlag, Rottenburg 2012.

———. *The Synchronicity Key: The Hidden Intelligence Guiding the Universe and You,* Penguin Group US Kindle Edition, 2013. – Dt. Ausgabe: *Der Synchronizitäts-Schlüssel. Die geheime Architektur der Zeit, die unser aller Schicksal lenkt*, Kopp Verlag, Rottenburg 2014.

Wilson, Simon Harvey. »Shamanism and Alien Abductions: A Comparative Study«, in: *Australian Journal Parapsychol. 1*, No. 2, Dezember 2001.

Wolchover, Natalie. »New Physics Complications Lend Support to Multiverse Hypothesis«, in: *Scientific American*, 1. Juni 2013, www.scientificamerican.

com/article.cfm?id=new-physics-complications-lend-support-to-multiverse-hypothesis, aufgerufen am 1. Juli 2015.

Wood, Ryan S. *Majic Eyes Only: Earth's Encounters with Extraterrestrial Technology.* Wood Enterprises 2005.

Woolf, Victor Vernon. *The Dance of Life.* International Academy of Holodynamics, Reno/Nevada 2005.

Wyllie, Timothy. *Revolt of the Rebel Angels: The Future of the Multiverse.* Bear & Company, Rochester/Vermont 2013.

Zammit, Victor & Wendy Zammit. *A Lawyer Presents the Evidence for the Afterlife.* White Crow Books, Guildford/Great Britain 2013.

Register

A

ACERN (Australian Close Encounter Research) 127, 207, 239

Aliens 59, 60, 64, 65, 68, 113-115, 207, 232, 234, 238, 239, 244, 245, 247-251, 253, 257
s. auch Außerirdische

Amoroso, Richard L. 10, 231, 244

Annunaki 113, 225, 256

Archonten 125-127

Arrigo, Jean Maria 80

Augenzeugen 15, 17, 18, 39, 51, 57, 58, 65, 69, 70, 73, 74, 80, 81, 99, 110 -112, 115, 116, 118, 124, 137, 142, 150, 177, 202, 206

Außerirdische 8, 9, 14, 16, 17, 19, 26, 27, 36-40, 43, 46, 49-52, 58-61, 66, 73, 75, 77, 79, 90, 92-95, 98, 101, 112, 114-116, 119, 124, 125, 127-135, 137, 140, 142, 143, 145-151, 153-158, 186, 201-204, 206-208, 210, 212-216, 219, 222-225, 230, 249
s. auch Aliens, 142, 143, 145

B

Basiago, Andrew D. 39, 40, 44, 45, 47, 61, 74-76, 78-89, 91-97, 99-101, 103, 105, 106, 108, 109, 118, 142, 167, 168, 193, 233-238, 241, 247

Basiago, Raymond F. 76, 82, 85, 102

Becker, Kate 42, 233

Beweise 15, 17, 18, 34, 35-38, 41, 53, 57, 72-74, 80, 98, 107, 108-111, 116, 127, 136, 137, 142, 150, 160, 161, 170, 172, 177, 179, 182, 183, 185, 187, 197, 206, 207, 217, 225, 251

Bewusstsein 13, 15, 18, 19, 24, 32-35, 37, 38, 47, 48, 51-56, 70, 113, 122, 125-127, 129, 131, 133-135, 139, 141, 146, 160, 164, 167, 170, 177, 180-183, 189, 191, 200, 218-222, 224, 226, 230, 245, 246, 248, 249

Biozentrismus 180-183, 241, 244

BOSS (Baryon Oscillation Spectroscopic Survey) 22

Bromberg, Facundo 34, 232

Byrd, Eldon A. 100

C

Calleman, Carl Johan 220, 221, 245

Channeling 38, 53, 139, 165

Chrononaut 39, 44, 61, 75, 77, 80, 81, 85, 86, 88, 91, 95, 96, 118, 142, 167, 193

Chronovisor 19, 38, 39, 45, 166-168

CIA (Central Intelligence Agency) 45, 46, 73, 75-77, 79, 81-83, 85-89, 91, 92, 95, 97-100, 102, 106, 107, 218, 229, 232, 236, 242, 251, 253

Ciakar 64

Clow, Barbara Hand 33, 57, 232, 245, 246

Clow, Gerry 33, 57, 232, 246
Colgate, Stirling 40
Cori, Patricia 143, 144, 246
Cowen, Ron 41, 233
Cramer, Randy 99, 100, 103, 105-107, 237

D

Dames, Ed 82, 84-88, 91-93, 101, 102
DARPA (Defense Advanced Research Agency) 44-46, 73, 74, 80, 82, 83, 85, 88, 90, 96, 229, 233
Dean, Robert 86
Delfine 68, 246
DNA 53, 68, 76, 113, 132, 134, 135, 143, 144, 194, 213, 239, 245, 256
Draco 64, 65, 119
Dugan, Regina E. 82-86, 91, 101
Dunham, Stanley Ann 83, 86

E

Echsen 64-66
Eisenhower, Laura Magdalene 88, 99, 100, 103, 106, 125, 237-239, 247, 254
Entdeckungen 23, 48, 61, 77, 78, 99, 106, 108, 109, 121, 130, 154, 167, 168, 194, 201, 207, 211, 221, 222, 224-115
Entführungen 38, 44, 55, 64, 65-67, 90, 112, 113, 122, 127, 128, 207, 212, 213, 223
Entwicklungen 9, 14, 16, 18, 19, 22, 27, 36, 37, 40, 44, 45, 48, 50-55, 58, 59, 61, 64, 67, 74-76, 81, 82, 105, 113, 125, 127, 129, 131, 138, 141, 143, 144, 156, 163, 165, 168, 176, 181, 182, 185, 187, 188-191, 193, 195, 199, 215, 219-222, 224
Ernetti, Pellegrino 18, 39, 166-169
Exophänotyp 17, 59-62, 64, 67, 68-70, 73-76, 81, 108-110, 201, 203, 204
Exopolitik 5, 7, 12, 13, 16-18, 28, 32, 35-38, 42-47, 49, 50, 54, 57, 59, 71, 72, 86, 105, 111, 113, 137, 144, 149, 160-162, 166, 168-172, 185, 186, 189-192, 194, 196-199, 208, 211, 212, 215-219, 223-227, 229-240, 242, 243, 249, 250, 254, 257
Experimente 15, 33, 120, 139, 161, 166, 169, 179-181, 195, 237

F

Fallstudie 17, 19, 27, 115, 204, 206, 212, 215
Falschmeldungen 47, 48, 80, 109, 155, 158, 225
Farsight-Institut 138, 139, 239, 245, 253
Fernbeobachtung 18, 21, 38, 41, 45, 59, 82, 120, 121, 137-141, 239, 245, 247
Fontana, David 176, 241, 247
Frei, Gebhard 167
frühere Leben 170-174, 176, 211, 255
Fulham, Stanley A. 144-146, 148-158, 240, 247

G

Garcia, Ernest 80
Gemelli, Agostino 18, 39, 166, 167-169
Goswami, Amit 33-35, 232, 247, 248
Gottesanbeterin 67, 108
Greys (»Graue«) 17, 19, 40, 60-67, 70, 74, 75, 77, 79, 90-98, 112, 113, 115, 119, 120, 132-134, 186, 201-204, 207-216, 223, 224, 234, 235, 238, 242
Gurdjieff, Georges Ivanovich 53, 56

H

Hameroff, Stuart 182, 253
Hansen, Suzanne 113
Hologramm 18, 19, 40-45, 94, 116, 118, 129, 139, 156, 157, 161, 167-169, 171, 172, 185-188, 190, 193, 199, 209, 224, 231, 233, 244, 255
Homo sapiens 72, 143, 144, 239
Humanoide 59-61, 67, 69, 72-78, 87, 101, 106-110, 234-237
Hunt, Courtney M. 77, 79, 83, 86,

95, 100, 104
Hybriden 67, 68, 113, 115, 209, 235, 249
hyperdimensional 5, 6, 14, 17, 19, 26, 37, 38, 43, 44, 48, 58, 61, 62, 66, 70, 74, 110-120, 122-125, 127, 131, 135, 143, 145, 152, 153, 158, 161, 186, 203, 204, 206-208, 210-216, 220, 222-224, 227, 237, 242, 250
Hypothese 11, 13-16, 18, 24, 32, 33, 35, 36, 53, 55, 112, 127, 129, 132, 135, 139, 153, 156, 160, 166, 169, 172, 176, 179, 180, 183-185, 192, 196, 198, 215, 217, 220, 225, 226, 230

I
ICAR (International Community for Alien Research) 113, 115, 238
Iguana 65
Insektoide 17, 67
interdimensional 16, 18, 20, 37, 44, 47, 48, 51, 53, 70, 95, 111, 125, 143, 152-155, 157, 185, 186, 189, 190, 192, 193, 200, 213, 215, 219, 220, 237
Interviews 7, 78, 80, 85, 91, 107, 142, 145, 149, 158, 188, 200, 208-212, 221, 242
ITK (Instrumentelle Transkommunikation) 160-166, 168

J
Jenseits 8, 13, 14, 24, 33, 162, 179, 180
Jürgenson, Friedrich 167
Jump Room 38, 40, 73-77, 79, 81, 83, 85, 86, 88, 89, 91-94, 96-99, 102-105, 117, 123, 233, 236

K
Kaku, Michio 51
Kardaschow, Nikolai 51, 250
Kardaschow-Skala 51, 233, 234, 247, 248
Kitchur, Randy 155-157, 240
Kommunikation 8, 18, 43, 46, 59, 79, 138, 139, 143, 144, 147, 153, 154, 157, 160-163, 165, 168, 204, 209, 221, 230
Kriege 46, 89, 115-119, 123, 124, 163, 184, 230, 244

L
Lanza, Robert 180-183, 241, 244
Lash, John 126, 238
Laszlo, Ervin 162, 240
Lemind, Anna 181, 241
Lenkungsstrukturen 5, 9, 16, 18, 31, 47, 51, 57, 58, 136, 137, 142-145, 151-158, 239
Linde, Andrei 11, 12, 23, 25, 48, 136, 231, 233, 239, 251
London 147, 149, 152, 153, 155, 157, 240

M
Marsbericht 99-107, 252
Marskolonie (Menschen) 57, 72, 73, 76, 79, 87, 118-119
Marsbewohner (Indigene) 17, 61, 72-80, 87, 107-110, 233-238
Marsianer 75-78, 81, 101, 107, 140
Marsprogramm 15, 40, 73-76, 78, 81-88, 91, 95-97, 99, 116-118, 120-122, 124
Marssimulation 93-95, 97
Marstraining 82-84, 87, 93, 101, 122
Medium 43, 138, 161, 163, 164, 179, 180, 212
Mendez, Bernard 81, 86, 89-97, 103, 142, 235, 236
Montauk 38, 39, 90, 232
Moskau 147, 149, 150, 152, 153, 155, 157
Mottenmann 64, 65
Multiversum 8, 10-14, 16-20, 23, 25-27, 35-37, 42-44, 47, 48, 53, 57-59, 95, 127-129, 136, 137, 139, 142, 160, 168, 169, 176, 185, 188, 194, 196-200, 202-204, 208, 215, 218, 219, 229, 231, 233, 239, 240, 244, 247, 248, 251, 253, 257

Myers, Frederick W. H. 179

N
Nachleben 14, 15, 18, 23, 24, 27-29, 43, 44, 55, 56, 211, 232, 241, 247, 257, 258
s. auch Zwischenleben
Nahtoderfahrung 41, 161, 164, 176-179
NASA 17, 73, 78, 84, 90, 96, 97, 106-110, 237
Neumann, Arthur 86, 99, 103
New York 45, 74, 90, 92, 146, 147, 149, 152, 153, 155, 157, 230, 239, 240
Newton, Michael 27, 41, 53, 185-188, 190, 192-204, 215, 219, 220, 231-234, 241-243, 252

O
Obama, Barack H. 81-89, 91-93, 95, 97-99, 101, 232, 236
s. auch Soetoro, Barry
Ökologie 13, 15-20, 24, 32, 35, 36, 52, 53, 55, 56, 68, 108, 127, 139, 143, 144, 151, 155-158, 166, 169, 171, 172, 176, 179-181, 183-185, 192, 196, 198, 217-220, 223, 225, 228, 230, 231, 239, 240, 243
Oxford University Press 8, 49, 50, 182, 233, 253

P
Päpste 166, 167
Parapsychologie 16, 28, 35, 40, 41, 44, 121, 138, 164, 167, 176, 215, 218, 251-254, 256
Paris 152, 153
Peake, Anthony 184, 241, 252
Penrose, Roger 182, 253
Plasmakammer 38, 40, 68, 194
Platon 184
Plejader 57, 91, 143-147, 152, 155, 246
Project Pegasus 44, 45, 73-75, 80, 81, 91, 96, 100, 232, 233, 235, 236, 238, 241

Q
Quantenphysik 11, 33, 41, 53, 113, 116, 164, 178, 181, 183, 241, 247, 248, 253, 255, 257
Quantentechnologie 40, 45, 73, 98, 117, 118, 167, 168, 182, 183
Quantenumgebung (SQE) 93-95, 98, 129, 163, 182, 251, 255
Quelle allen Seins 8, 12-14, 16, 19, 23, 24, 27-29, 42, 56, 185, 186, 188, 196, 197, 218, 219, 222-225, 227

R
Raumschiffe 19, 38, 44, 65, 70, 102, 112, 116, 122, 128, 133, 144, 149, 152, 155, 208, 210-212, 214
Rauscher, Elizabeth A. 10, 231, 244
Reinkarnation 8, 14, 19, 29, 30, 35, 40, 41, 53, 55, 130, 161, 169, 170, 173, 174, 176, 186, 190, 201, 202, 204, 206, 215, 216, 218, 224, 225, 241, 255
Relfe, Michael C. 86, 99, 103, 118, 119, 120, 122, 124, 142, 238
Relfe, Stephanie 119
Religionen 8, 23, 24, 27, 28, 31, 32, 34, 35, 129, 148, 225, 257
Reptilien 17, 64-67, 113, 115, 119, 120, 125, 234, 238
Rodwell, Mary 113, 127, 129, 131, 132, 135, 204, 207-209, 211-213, 215, 222, 235, 238, 239, 242, 243
Rumsfeld, Donald H. 45, 47
Rundle, Michael 88, 236
Russland 51, 90, 137, 148-151, 239, 240

S
Sagan, Carl 74
Salla, Michael E. 50, 52, 105, 234, 237, 254
Salla-Typologie 52
Schlangen 64-66, 247, 253
Seele 6, 8, 12-16, 18, 19, 23, 24, 27-29, 35, 37-44, 54-56, 127, 129-135, 148, 160, 162, 164, 169-172, 176, 177, 179, 180, 182-204, 206-

216, 218-220, 222-228, 230-235, 238, 239, 241-244, 250, 252, 253
Senkowski, Ernst 161, 163, 240, 241
Simulationen 25, 41, 96, 97, 126, 199, 200, 233
Sirianer 143-145, 247
Soetoro, Barry 81-84, 89
s. auch Obama, Barack H.
Sonnensystem 5, 17, 42, 52, 57, 58, 72, 75, 76, 78, 88, 111, 116, 124, 195, 221, 235
Spent, Mike 78, 85, 236
spirituell 6, 8, 12-14, 16, 18, 23, 27-29, 32, 40-44, 47, 53, 73, 96, 105, 108-110, 129, 139, 148, 157, 159-161, 166, 168, 169, 177, 179, 185-188, 192-194, 196, 197, 202, 214, 215, 218, 219, 223-227, 237, 246, 247, 250, 252, 255, 256, 257
Sprinkle, Leo 35
Stanley, Robert 125, 238, 239, 255
Stargates 38, 39, 44, 120, 185, 189, 190, 192, 193, 220, 221
Stevenson, Ian 41, 170, 172, 174-176, 241, 255
Stillings, Thomas 82, 83, 86
Stillings, William B. 77, 79, 81-88, 91, 93, 95-97, 99, 101, 103, 142, 236
Susskind, Leonard 42, 255

T

't Hooft, Gerard 42
Taylor, Tracey 131
Technologien 18, 19, 38-40, 44-47, 51, 58, 68, 73-76, 82, 92, 93, 98, 99, 102, 116-118, 120, 122-124, 135, 139, 145, 148, 161, 166, 209
Telepathie 18, 35, 43, 55, 126, 137, 142-144, 146, 164, 165, 175, 209, 212, 213, 218
Teleportation 18, 38, 40, 43-47, 70, 73, 74, 80, 82, 83, 86-88, 91-99, 102, 103, 111, 112, 118, 123, 127, 142, 156, 185, 189, 190, 192, 193, 208, 235-237
The Corkscrew 77, 79, 96, 105
Traumweber 186, 200, 201

U

UFOs 55, 61, 68, 69, 77, 113, 145, 146-158, 206, 207, 209, 223, 232, 235, 237-240, 242, 244-252, 254-256
Urantia (= Erde) 47, 48, 233, 244
Ursprung 13, 16, 19, 27, 28, 41, 42, 66, 69, 72, 73, 98, 132, 138, 143, 144, 146, 148, 172, 180, 187, 196, 218, 225

V

Vanchurin, Vitaly 11, 12, 23, 25, 48, 136, 231, 233, 239
Verschwörung 148, 151
Vietor, Tommy 88, 89, 98

W

Wale 68, 246
Whistleblower 57, 73, 88, 95, 97, 99, 103, 105, 115, 116, 118, 142, 233, 236. 237
Wiener-Bronner, Danielle 42, 233
Wilcock, David 39, 53, 201, 202, 234, 242, 257
Wurmlöcher 40, 102, 123

Y

Yadin, Yigal 80

Z

Zammit, Victor 161, 166, 177, 179, 240, 241, 258
Zeitreise 19, 43-47, 73, 74, 80, 90, 96-98, 117, 118, 120, 123, 124, 142, 156, 166, 168, 185, 192, 233, 238, 241, 252
Zwischenleben 6, 14, 18, 19, 23, 27-29, 40, 41, 43, 44, 55, 56, 130, 160-162, 166, 168-170, 177, 179, 180, 184, 185, 189-193, 198, 201-203, 208, 215, 218, 219, 223, 225, 230, 240
s. auch Nachleben